Welcher Stein ist das?

Dr. Rudolf Börner

Welcher Stein ist das?

Tabellen zum Bestimmen der wichtigsten Mineralien, Edelsteine und Gesteine

Mit 224 Textbildern und
191 Mineralien, Edelsteinen und Gesteinen
auf 16 farbigen Tafeln

Kosmos · Gesellschaft der Naturfreunde
Franckh'sche Verlagshandlung · Stuttgart

Umschlag von Georg Lechler nach einer Aufnahme von Uwe Höch
Textzeichnungen von Rudolf Oeffinger

Mineraltafeln nach Stücken des Mineralogischen Instituts der Universität Tübingen;
Tafeln Edel- und Schmucksteine nach Stücken des Instituts für Edelsteinforschung,
Außeninstitut der Universität Mainz, Idar-Oberstein, und der Firma Gebr. Bank, Idar-Oberstein

16. Auflage, 199.–213. Tausend

Franckh'sche Verlagshandlung, W. Keller & Co., Stuttgart/1974

Printed in Germany/Imprimé en Allemagne/LH 14 Fi
Für die kartonierte Ausgabe: ISBN 3-440-01853-9
Für die gebundene Ausgabe: ISBN 3-440-1854-7
Gesamtherstellung: Konrad Triltsch, Graphischer Betrieb, 87 Würzburg

Welcher Stein ist das?

Verzeichnis der Farbtafeln

Vorwort zur 1. Auflage (1938)

Für die Reihe der Kosmos-Naturführer ist dieser Band geschaffen worden. Er ist aus der Praxis entstanden und soll den Wunsch nach einem einfachen, dem Laien verständlichen Hilfsmittel endlich erfüllen.

Mit diesem Band soll sich jeder, der sich aus Beruf oder Neigung mit Mineralien und Gesteinen beschäftigt, ohne allzuviel Vorkenntnisse zurechtfinden können. Es gab bisher zwar gute, aber sehr teure Fachwerke, die nur von wenigen angeschafft und benutzt werden konnten. Daneben standen Bände, die wieder allzu laienhaft den Stoff behandelten oder nur kurze Auszüge gaben, in denen meist auch noch veraltete Angaben weiter vermittelt wurden.

Fast alle, auch die größeren Fachwerke, enthalten nicht die nötigen farbigen Tafeln oder nur solche in ungenügender Wiedergabe, so daß vielfach mit dem Mineral oder Gestein in der Natur keine Verwandtschaft mehr bestand.

Alle diese Übelstände will dieser Band zu vermeiden versuchen. Er bringt die wichtigsten Mineralien und Gesteine, für 200 der häufigsten Mineralien ausführliche Bestimmungstafeln — nach Farben eingeteilt —, daneben Einführungen und Übersichten, die für eine erfolgreiche Beschäftigung mit dem Stoff nötig sind. Er bringt ferner auf 14 meisterhaften Farbtafeln die wichtigsten Mineralien, Gesteine und auch Edelsteine.

Ich bin jedem Benutzer dieses Buches für Hinweise und Vorschläge dankbar, die es verbessern.

Der Verfasser

Vorwort zum 84. bis 98. Tausend (1950)

Dieses Buch hat einen großen Freundeskreis gefunden. Die vielen anerkennenden und fördernden Kritiken sind zum Vorteil dieser Neuauflage verwendet worden. Es wurde auch eine völlig neue Stoffaufgliederung vorgenommen.

Der erste Teil: „Welches Mineral ist das?“ enthält die Grundtabellen der 200 wichtigsten Mineralien, die meist durch Lötrohrangaben vervollständigt worden sind. Einige Tabellen zur Bestimmung nach dem Strich, nach Farben geordnet, sind angefügt.

Der zweite Teil: „Welcher Edel- oder Schmuckstein ist das?“ besteht aus einer allgemeinen Einführung in die Edelsteinkunde mit einer Übersicht über die physikalischen Eigenschaften der Kristalle und aus nach Farben geordneten Bestimmungstabellen für alle kristallinen und amorphen Edel- und Schmucksteine. Anschließend werden alphabetisch geordnete Übersichten gegeben, unter denen man noch das übrige Wissenswerte — wie etwa synthetische Steine, Bewertung, falsche Bezeichnungen usw. — finden kann. Das Edelsteinregister enthält auch für die deutschen Fachbezeichnungen die entsprechenden Worte in französischer, englischer und italienischer Sprache.

Der dritte Teil: „Welches Gestein ist das?“ bringt eine allgemeine Einführung in die Gesteinskunde, Aufbau der Lithosphäre, Mineralbestand der Gesteine, Struktur und Textur, sowie eine Systematik der Gesteine und zum Schluß ein sehr gedrängtes

Register der wichtigsten Gesteine, ihre Bewertung und Verwendung in der Praxis; damit hofft der Verfasser eine seit langer Zeit im Schrifttum bestehende Lücke ausfüllen zu können. Er glaubt damit auch den Studierenden der Bauindustrie und Technik ein kleines Hilfsmittel in die Hand gegeben zu haben.

Die meisten Farbtafeln (Nr. 1—4 und 9—14) sind neu (1957/58) angefertigt worden.

Möge dieser Band den gleichen Anklang finden wie bisher und den Freunden der Mineralogie und Petrographie ein nützlicher Begleiter sein. Für Hinweise und Verbesserungsvorschläge sind Verfasser und Verlag sehr dankbar.

Vorwort zum 99.—118. Tausend (1962)

Der Band ist, vor allem auch im Schrifttumverzeichnis, durchgehend überarbeitet und auf den neuesten Stand gebracht worden, so daß er seine Zuverlässigkeit bewahrt hat.

Vorwort zum 119.—148. Tausend (1965)

Bei der vorliegenden erweiterten Neuauflage wurde als wesentliche Verbesserung die Zahl der Edelsteintafeln von vier auf sechs erhöht. Diese sechs Tafeln wurden durch freundliche Vermittlung des Instituts für Edelstein-Forschung von Idar-Oberstein (Leitung Prof. Dr. Karl Schloßmacher) bei Gebrüder Bank, Edelstein-Schleiferei und -Handlung neu zusammengestellt und von der Kunstanstalt Brüllmann fotografiert und klischiert. Herrn Prof. Dr. Schloßmacher, Frau Christa Hegel und Herrn Dr. Bank sind wir für freundliche Beratung zu Dank verpflichtet.

Völlig neu bearbeitet wurde das stark erweiterte Schrifttumverzeichnis (Stand von 1964/65). Die kurze Aufzählung der wesentlichen guten Bildwerke, auch wenn diese zwischen dem kleinsten billigen Jugend-Taschenbuch und dem teuersten wissenschaftlichen Fachwerk schwanken, soll wenigstens dem Liebhaber die Auswahl erleichtern.

Das erweiterte ausführliche Sachregister – zu allen drei Abteilungen des Buches – soll die rasche Nachschlagemöglichkeit erleichtern.

Weiterhin bleibt noch zu erwähnen, daß von unserem Buch seit 1961 eine englische Übersetzung unter dem Titel: „Minerals, Rocks and Gemstones“ in dem englischen Verlag Oliver & Boyd in Edinburgh erschienen ist; sie erlebt im Jahr 1965 bereits die zweite Druckauflage. Im gleichen Jahr wird auch die holländische Bearbeitung unter dem Titel: „Welke Steen is dat?“ in dem Verlag W. J. Thieme & Cie. in Zutpen, Holland erscheinen.

Wir hoffen, mit der Neubearbeitung dem Fachmann und dem Liebhaber eine Freude gemacht zu haben.

Der Verfasser

Welches Mineral ist das?

Einleitung

Dieses Buch will dem echten Naturfreund einen Einblick in den Feinbau unseres Weltkörpers geben. Die Bestandteile, die an seinem Aufbau beteiligt sind, gilt es dem Leser vorzuführen. Nicht nur dem Laien, auch dem Studenten und Lehrer soll das Buch ein Hilfsmittel werden, die Mehrzahl aller häufigen Mineralien sowie die wichtigsten Gesteinstypen zu erkennen und richtig zu bestimmen. Es wurden schon deshalb die häufigsten Gesteine mit einbezogen, weil ja bekanntlich weitaus der größte Teil aller „Steine", die der Naturfreund aufhebt und mit nach Hause nimmt, nicht etwa Mineralien sind, sondern Gesteinsproben darstellen. Mineralien sind — im Gegensatz zu den Gesteinen — stofflich einheitliche und durch natürliche physikalische und chemische Vorgänge gebildete Bestandteile der Erdkruste. Sie sind also durch eine bestimmte chemische Formel gekennzeichnet und haben — abgesehen von den amorphen (gestaltlosen) Mineralien — eine wohlgeordnete innere Struktur. Sie können feste oder auch flüssige Stoffe sein; dagegen rechnet man gasförmige Stoffe nicht mehr zum Mineralreich. Meist haben sie bestimmte Umrißformen (Kristallformen), und man kann sie auch nach dieser Eigenschaft einteilen. Doch sind hierzu besondere Voraussetzungen notwendig, weshalb wir in den folgenden Tabellen von einer Einteilung nach Kristallformen absehen wollen, zumal viele Mineralien in verschiedenen Ausbildungsformen auftreten und ihre Bestimmung somit sehr erschwert ist. Die Mineraltabellen sind nach der Farbe angeordnet.

Die Gesteine sind Anhäufungen eines oder mehrerer Mineralien. Sie nehmen größere Räume ein und werden nach ihrer Entstehung und mineralogischen Zusammensetzung eingeteilt. Bevor wir uns den Gesteinen zuwenden, müssen wir die wichtigsten Mineralien, von denen aber ein nur geringer Teil gesteinsbildend auftritt, kennenlernen. Ein Überblick über die Entstehung und den Aufbau der Erde (S. 147ff.) erläutert die Verteilung der Elemente innerhalb des Erdkörpers und erweitert die für ein Verständnis der mineral- und gesteinsbildenden Vorgänge erforderlichen Kenntnisse.

Anhäufungen von Mineralien, die sich zur Metallgewinnung eignen, bezeichnet man allgemein als Erz. In der Mineralogie hat dieser Ausdruck eine andere Bedeutung, indem man alle Mineralien, die ein Metall in größerer Menge führen und sich meist durch metallischen Glanz und ein hohes Gewicht auszeichnen, Erze nennt. Besonders schön gefärbte, meist durchsichtige Mineralien, die sich auch durch weitere Eigenschaften (Farbenspiel u. a.) aus der großen Anzahl der Mineralien herausheben, bezeichnet man als Edelsteine.

Eine gut verwertbare Eigenschaft zum Bestimmen eines Minerals ist die Farbe des Striches, den es auf einer rauhen Porzellantafel hinterläßt. Dies ist ein sehr wichtiges Kennzeichen und bei manchen Mineralien fast die einzige Möglichkeit, im Gelände verschiedene Stoffe rasch zu unterscheiden. So ist z. B. das als Realgar oder Rauschrot bezeichnete Arsen-Schwefel-Mineral — trotz seiner intensiv roten Farbe — nur durch seinen orangegelben Strich von den sehr ähnlichen Stoffen wie Rotgültig, Zinnober oder Rotbleierz zu trennen (im Gelände). Da diese Strichtäfelchen in kleinen Abmessungen (5 × 9 cm) zu haben sind, ist es empfehlenswert, sie immer bei sich zu führen.

Ferner bringen wir in den Tabellen Angaben, die im Gelände leicht nachgeprüft werden können: es sind die Werte der Ritzhärte. Wir haben eine Härteskala, nach der wir die verschiedenen Härtestufen unterscheiden. Sie geht von 1—10 und ist eine Abstufung, die den großen Mangel an sich hat, daß die wirklichen Härteunterschiede von Stufe zu Stufe überhaupt nicht gleich sind. Sie ist aber nun einmal eingeführt und international im Gebrauch, und so wollen wir uns dieses Hilfsmittel nicht entgehen lassen, zumal man mit einigen kleinen Gegenständen diese Skala ersetzen und so leicht mitnehmen kann. Die nach Mohs benannte Härteskala hat folgende Werte:

Härte 1 hat Talk, Härte 2 hat Gips, Härte 3 hat Kalkspat, Härte 4 hat Flußspat, Härte 5 hat Apatit, Härte 6 hat Feldspat, Härte 7 hat Quarz, Härte 8 hat Topas, Härte 9 hat Korund, Härte 10 hat Diamant.

Die Handhabung dieser Skala ist ganz einfach; wir können einen Teil von ihr durch 4 leicht erreichbare Hilfsmittel ersetzen. Ein sehr gutes Taschenmesser hat eine Klinge von der Härte $5^1/_2$—6, so daß wir damit alle Mineralien von der Härte 1—6 ritzen können. Als weiteres Hilfsmittel nehmen wir ein Stückchen Fensterglas, das die Härte 5 hat. Danach kommt die Kupfermünze mit Härte 3, und zum Schluß nehmen wir noch unseren Fingernagel mit der Härte 2. Damit ist es also möglich, auch die Zwischenwerte von 1 (ritzbar mit Fingernagel), von 4 (ritzbar mit Glas und ritzt selbst Geldstück!) und 6 (ritzbar vom Messer und ritzt selbst Glas!) zu erhalten. Diese Bestimmung hat aber nur dann Wert, wenn man sie an einer frischen unverwitterten Stelle vornimmt, da angewitterte Stellen meist viel weicher sind. Bei manchen Mineralien ist es wichtig zu beachten, ob die Einzelkristalle (wenn diese sehr klein sind) auch festen Zusammenhang haben. Als Beispiel möge hier der Fall dienen, daß man mit dem Finger leicht in einem Sandhaufen ein Loch machen kann, obwohl die Sandkörner selbst die Härte von Quarz, also 7 haben. Man muß bei der Härteprüfung einen einzelnen Kristall gut festhalten, um einen Ritzversuch zu unternehmen. Die Mineraltabelle (S. 14ff.) ist so angeordnet: Innerhalb einer Farbgruppe sind die Mineralien nochmals nach der Härte geordnet (zuerst die geringen Härten!).

Die Zahl unter dem Strich in dieser Spalte zeigt das spezifische Gewicht. Zu seiner Feststellung braucht man eine sehr genaue Waage. Auf die Meßmethode soll hier nicht näher eingegangen werden. Darüber steht in jedem Physikbuch genügend, um dies selbst ohne Anleitung durchzuführen (also entweder mit einem Pyknometer, einer gewöhnlichen Analysenwaage oder mit der Mohr- bzw. Westphalschen Waage, welche die Auftriebsänderung eines in Lösung getauchten Minerals angibt). Einige Zahlen noch zum Überblick: Hohe Zahlen haben die Schwermetalle, wie Gold, Silber, Platin, Quecksilber usw., die alle über 10 liegen. Dann kommen die Erze von 4—7 und zum Schluß die Mehrzahl der übrigen Mineralien, die etwa mit 2—3 anzusetzen sind. Noch leichter sind einige organische Mineralien, wie Kohle u. a., die höchstens 1,7 erreichen.

Als nächstes Unterscheidungsmerkmal haben wir den Glanz und auch die Durchsichtigkeit zu nennen. Wir können verschiedene Arten von Glanz unterscheiden. Viele durchsichtige Mineralien haben Glasglanz (Ggl.). Talk hat typischen Seidenglanz, dagegen haben alle Metallmineralien einen mehr oder weniger gut ausgebildeten Metallglanz (Mgl.). Außerdem unterscheiden wir noch Perlmutterglanz (Perlmgl.), Fettglanz (Fgl.) und Diamantglanz (Dgl.). Der Sinn dieser Bezeichnungen ergibt sich von selbst und braucht nicht besonders erläutert zu werden.

Neben durchsichtigen (ds.) und undurchsichtigen (uds.) Mineralien unterscheiden wir noch durchscheinende (dsch.).

Die Spalte Bruch soll kennzeichnen, wie die Bruchflächen eines Minerals, die beim Zerkleinern entstehen, beschaffen sind. Man unterscheidet zwischen glattem, muscheligem oder splitterigem Bruch (d. h. rauh oder uneben).

Die Spaltbarkeit, unser nächstes Merkmal, kann verschieden deutlich ausgeprägt sein. Manches Mineral läßt sich überhaupt nicht in einer bestimmten Richtung zerlegen, ein anderes dagegen kann man in einer oder mehreren Richtungen, etwa mit einem Hammer, sehr gut zerlegen. Wir kennzeichnen den Grad der Spaltbarkeit mit den Stufen: sehr vollkommen, vollkommen, gut, deutlich, undeutlich oder nur angedeutet. Wichtig ist jedoch festzustellen, wieviele Spaltrichtungen auftreten. So hat z. B. Glimmer eine sehr gute Spaltbarkeit, und zwar nur nach einer Ebene; man kann ihn in ganz dünne Blättchen zerspalten. Dagegen wird jeder die Steinsalzwürfel kennen, die eine gute Spaltbarkeit nach drei Ebenen haben, sonst könnte ja kein so glatt begrenzter Körper wie der Würfel in Erscheinung treten. Ist die Spaltbarkeit besonders gut, so sieht die ganze Fläche glatt und perlmutterartig aus (wie etwa bei Steinsalz oder Gips), wogegen sie bei schlechter Spaltbarkeit kleine Unebenheiten aufweist und dadurch nur wenig oder gar keinen Glanz zeigt.

Die Spalte Vorkommen soll angeben, in welchem Nachbar- oder Muttergestein wir das betreffende Mineral im allgemeinen antreffen können. Wenn auch viele Mineralien ebenso in kristallinen Gesteinen wie auch in Schicht- oder Sedimentgesteinen auftreten können, so gibt doch die Kenntnis, welches Gestein es gerade in diesem Fall sein könnte, immerhin einen Gesichtspunkt mehr in unserer Bestimmungsfolge.

Die Begleiter des Minerals hängen eng damit zusammen. Viele Mineralien treten nicht allein auf, sondern stehen mit einer ganzen Gruppe von verwandten Typen in einem geschlossenen Verband. So sehen wir z. B. oft die schwärzlich-graue Zinkblende in Wechsellagerung mit dem helleren Wurtzit, oft auch mit Pyrit, wodurch noch häufig die kleinen Fältelungen dieser beiden Stoffe den Eindruck einer bänderartigen Struktur machen (Tafel II, Bild 13 Schalenblende). Oder wir haben die verschiedenen Kupfermineralien häufig alle in einem Stück vereinigt. Der smaragdgrüne Malachit z. B. ist recht oft mit der wunderbar azurblauen Kupferlasur (Azurit) vereinigt (Tafel II, Bild 10 und 12; Tafel VII, Bild 3 und 11).

Die Spalte Ausbildung soll angeben, in welcher Form das betreffende Mineral auftritt. Es braucht ja nicht immer ein Kristall zu sein. So kann es z. B. derb, d. h. massig, oder es kann blech- bzw. draht- oder gitterartig sein. Oder es kann, wie bei Glimmer, blättrig sein. Vielfach kommt ein Mineral nur als Anflug vor, d. h. es überzieht ein anderes Mineral mit einer feinen Staubschicht. So gibt es z. B. wasserhelle Quarzkristalle, die von einer ganz feinen Haut von dunkelgrünem Chlorit überzogen sind. Manchmal findet man auch blasige Ausbildung, die wir dann als nierig (nach dem Aussehen der Nieren) bezeichnen, so z. B. der rote Glaskopf, eine besondere Erscheinungsform des Roteisensteins. Eng mit dieser nierigen Ausbildung ist auch die zapfenförmige verwandt. Ohne Anhaltspunkt oder Auflagefläche entstandene Minerale sind oft knollig ausgebildet (Feuerstein, Jaspis). Ferner unterscheiden wir noch stengelige, prismatische oder flaserige Ausbildung, die vom Asbest oder Fasergips bekannt ist; in tafeliger Gestalt tritt der Glimmer auf, während der Talk feinschuppig ist.

Die Kristallform ist die charakteristischste Eigenschaft (neben der Farbe), die am meisten zur Bestimmung herangezogen wird. Wir unterscheiden in der Mineralogie amorphe und kristalline Körper. Amorph heißt formlos, d. h. der Körper hat keinen gesetzmäßig auftretenden Umriß. Man findet bei weitem die Mehrzahl aller Mineralien in kristallisiertem Zustand, wenn dies auch bei sehr vielen durch die außerordentlich kleinen Kristalle nicht mit dem bloßen Auge sichtbar wird. Dazu muß man sie schon vergrößert betrachten. Wenn auch bei vielen nicht nötig ist, eine mikroskopische (oder binokulare) Untersuchung durchzuführen, so kann doch als unerläßliches Hilfsmittel eine gute Lupe dienen. Es sei gleich darauf aufmerksam gemacht, daß man bei dieser Anschaffung nicht sparen soll. Hat man eine Einfachlupe, so achte man darauf, daß die Vergrößerung nicht allzu groß ist (nur 8—10fach), weil bei noch höherer Vergrößerung das Blickfeld zu klein wird und die seitliche Randverzerrung einen zu breiten Raum einnimmt. Will man dagegen etwas mehr Geld anlegen, wozu bei diesem Handwerkszeug nur geraten werden kann, so besorge man sich eine Doppel-Einschlaglupe mit schwacher (bis 6—8fach) und starker Vergrößerung (bis 20fach und mehr).

Die Spalte: Name und Formel versteht sich von selbst. Bei der chemischen Formel sind die international üblichen Signaturen angegeben worden. Bei den Namen werden auch häufig die bergmännisch üblichen Bezeichnungen mitgenannt. Dagegen sind veraltete oder nicht mehr gebräuchliche Namen weggelassen worden. Die Formeln sind nach H. Struntz: Mineralogische Tabellen, 2. Auflage gegeben.

In einzelnen Fällen werden Lötrohrangaben gemacht (V. d. L. = vor dem Lötrohr), welche eine besonders charakteristische physikalisch-chemische Reaktion kennzeichnen. (Entweder durch Hitze schmelzbar oder nicht; die Flammenfärbung und schließlich die Löslichkeit in Säuren oder Basen.)

Die 32 verschiedenen Kristallklassen sollen hier nicht durchgesprochen werden. Das würde zuviel wissenschaftlich-theoretischen Stoff in unseren Band bringen. Doch soll die Spalte Kristallform wenigstens grob die Gesamtform des Kristalls kennzeichnen, ohne jedoch dabei auf dessen gesetzmäßigen Bau einzugehen. Somit verstehen sich die Begriffe wie Steinsalz = würfelig, Turmalin = säulig oder Kalkspat = rhomboedrisch von selbst. Soweit die Körper einfache Kristallformen darstellen, sind sie auch als solche angegeben, damit der etwas mehr Geschulte auch einen Anhaltspunkt hat. Im übrigen soll die auf S. 13 u. 101 gegebene Übersicht über die 7 verschiedenen Kristallsysteme dies noch ergänzend erläutern. Dabei sind nicht die meist üblichen Regeln eingehalten worden, sondern es sollen nur in jeder Gruppe einige gute Beispiele gezeigt werden. Wem dies noch nicht ausreicht, der wird in der letzten Spalte „Skizze" eine Umrißzeichnung finden, die ihm auch noch bildlich das darstellt, was in der Spalte Kristallform beschrieben wurde. Mit Absicht sind nicht bei allen Mineralien Umrißskizzen gegeben worden, damit der Laie kein falsches Bild erhält, denn tatsächlich sind doch sehr viele Mineralien nur unter dem Mikroskop noch als Kristall erkennbar, d. h. sie sind mikrokristallin. Viele Mineralien verfügen über eine große Vielgestaltigkeit ihrer Kristallformen; so sind allein vom Kalkspat etwa 3000 Formen beschrieben worden, beim Epidot sind es über 200. Es werden also nur die häufigsten Umrisse in unserem Band gezeigt.

Schrifttumverzeichnis für die Tabellen siehe S. 191.

Schematische Übersicht über die verschiedenen Kristallklassen

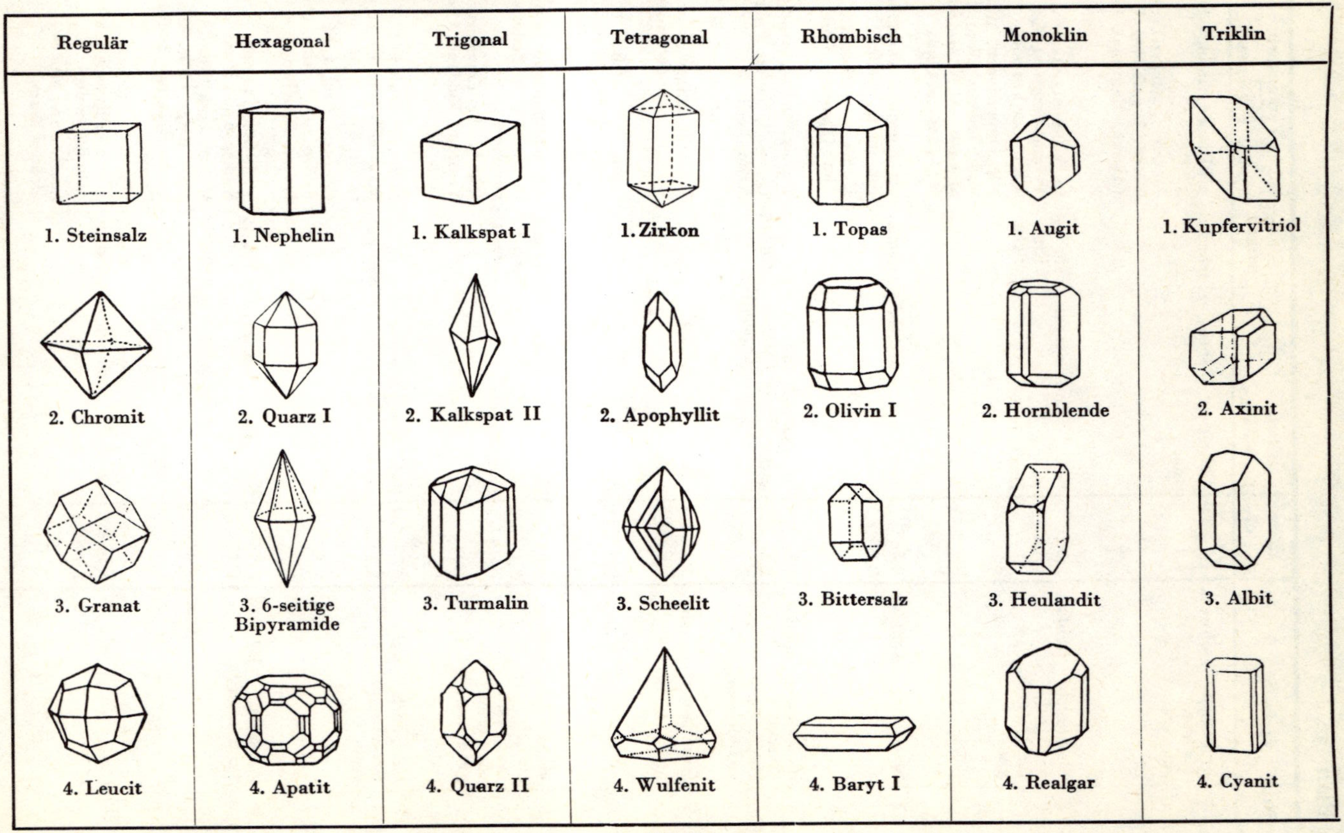

Regulär	Hexagonal	Trigonal	Tetragonal	Rhombisch	Monoklin	Triklin
1. Steinsalz	1. Nephelin	1. Kalkspat I	1. Zirkon	1. Topas	1. Augit	1. Kupfervitriol
2. Chromit	2. Quarz I	2. Kalkspat II	2. Apophyllit	2. Olivin I	2. Hornblende	2. Axinit
3. Granat	3. 6-seitige Bipyramide	3. Turmalin	3. Scheelit	3. Bittersalz	3. Heulandit	3. Albit
4. Leucit	4. Apatit	4. Quarz II	4. Wulfenit	4. Baryt I	4. Realgar	4. Cyanit

Abb. 1

Blau Nr. 1—9

Nr.	Farbe	Strich	Härte / Spez. Gew.	Glanz / Durchsichtigk.	Bruch	Spaltbarkeit	Vorkommen / Fundorte
1	indigoblau bis blau-schwarz	schwarz	1,5—2,0 / 4,7	Fgl. / uds.	eben	sehr gut	als Rinden, Anflug oder in Platten / Mansfeld, Sangershausen, Vesuv, Jugoslavien, USA, (Alaska, Montana), Chile
2	blau (auch weiß, rot, farblos, gelb, grau)	farblos	2,5 / 2,1—2,3	Ggl. / ds. (meist trüb)	musch.	sehr gut 3 Richtungen	in Sedimentgesteinen, als Verdunstungsrest der Meere der Vorzeit / alle Formationen, Mittel- und Süddeutschland, Ostalpen, Kaspi, Nord-Afrika, USA, Indien, China
3	blau	hellblau	2,5 / 2,2—2,3	Ggl. / dsch.	musch.	unvollk.	als Krusten, Ausblühungen, nierig, säulig / Harz (Rammelsberg), Rio Tinto (Spanien), Chile
4	indigoblau (frischer Bruch weiß. An Luft blau)	bläulich	2,5 / 2,6—2,7	Ggl. Perlmgl. / dsch.	(dünne Blättch. biegsam)	gut, nach 1 Richtg.	kugelig, nierig, krümelig / Cornwall, Bayer. Wald, Krim, Bolivien
5	lasurblau	kobaltblau	3,5—4,0 / 3,7—3,9	Ggl. / dsch. — uds.	musch.	gut	Kristalle, aufgewachsen in Gruppen, erdiger Anflug, traubig / Lyon, SW.-Afrika, USA, Banat, Rußl., Australien, Bolivien
6	violett-blau an sich farblos, auch grün, gelb, rot	farblos	4,0 / 3,1—3,2	Ggl. / ds. (ungefärbt)	glatt	sehr gut, nach 3 Achsen	auf Klüften und Drusen in Eruptiv- u. Sedimentgesteinen / sehr häufig, Erzgebirge, Vogtland, England, Alpen, USA
7	blau, auch farblos, weiß, grau	weiß	4,5—7,0 / 3,5—3,7	Ggl. Perlmgl. / uds.	faserig	z. T. sehr gut,	in Schiefern oft mit Staurolith verwachsen (s. Nr. 98) / Böhmen, Tirol, Ural Schweden, Tessin, USA, Indien, Brasilien
8	lasurblau, dunkelblau	hellblau	5,5 / 2,3—2,4	Ggl. Fgl. / uds.	musch.	z. T. gut z. T. weniger	in dichten Massen, mit Kalkspat und Pyrit / Mte. Somma (Vesuv), Albaner Berge, Chile, Afghanistan, Baikalsee, Buchara, Persien
9	blau, auch grau	weiß	5,5—6,0 / 2,3—2,4	Ggl. Fgl. / ds.—dsch.	musch.	ziemlich gut	in jungen Ergußgesteinen, Eläolithsyenite / Laacher See, Mte. Somma, Albaner Berge

Für die einzelnen Spalten der Tabellen sind die Hinweise in der Einleitung S. 9ff. zu vergleichen.

Begleiter	Ausbildung	Kristallform	Name / Formel	Skizze
Kupferglanz, Kupferkies, Verwitterungsprodukte von Cu-sulfiden	feinkörnig, dicht oder pulverig	Kristalle sehr selten, meist kleine dünne Täfelchen	**Kupferindig** (Covellin) / CuS (66 % Cu) + 33,5 S V. d. L. schmelzbar, brennt blau	kleine Kristalle
Gips, Ton, Anhydrit und alle anderen Salze (Haloide)	spätig, körnig, aber auch faserig wasserlöslich	Würfel	**Steinsalz** (Kochsalz) / NaCl V. d. L. schmelzbar gelbe Flamme Tafel XII, 6 Tafel XV, 6	
Kupferkies, aus dem es entsteht	stalaktitisch (säulig) oder nierig wasserlöslich	Kristalle selten und sehr klein	**Kupfervitriol** (Chalkanthit) / $Cu[SO_4] \cdot 5H_2O$	
Magnetkies oder Schwefelkies (bei Fossilien)	langsäulig, faserig, aufgewachsene Aggregate, strahlig	Kristalle säulig (monoklin)	**Vivianit** (Blaueisenerz) / $Fe_3^{\cdot\cdot}[PO_4]_2 \cdot 8H_2O$	
Kupfererze, Brauneisenerz	derb, dicht, als Anflug, strahlig, traubig	kurzsäulig oder dicktafelig, in Drusen oder kugelig	**Kupferlasur** (Azurit) / $Cu_3[OH|CO_3]_2$ Taf. II, 12 Taf. V, 9 V. d. L. schmelzb.	
ähnl. Schwerspat, Apatit, auch Feldspat (Orthoklas)	grobspätig, dicht, auch stengelig oder erdig	besonders in Würfeln, auch Zwillingskr., Pyramiden-Oktaeder	**Flußspat** (Fluorit) / CaF_2 Tafel IV, 4; VII, 1, 19; XII, 2 in H_2SO_4 löslich	
Staurolith Sillimantit	strahlig, dickkörnig	Kristalle lang, prismat., stengelig, radialfaserig	**Disthen** (Cyanit) / $Al_2[O|SiO_4]$ V. d. L. unschmelzbar	
s. Vorkommen	Kristalle selten, dichte Massen	dicht, amorph	**Lasurstein** (Lapislazuli) / $(Na,Ca)_8[(SO_4, S, Cl)|AlSiO_4)_3]$ Tafel V, 9 V. d. L. schmelzbar HCl entfärbt	dicht
	derb und in körniger A., auch Einsprenglinge	Zwillinge häufig kubisch	**Hauyn** / $(Na,Ca)_{8-4}[(SO_4)_{(2-1}|AlSiO_4)_6]$ V d. L. schwer schmelzbar	

Nr.	Farbe	Strich	Härte / Spez. Gew.	Glanz / Durchsichtigk.	Bruch	Spaltbarkeit	Vorkommen / Fundorte
10	himmelblau, dunkler oder heller	farblos	5,0—6,0 / 3,1	Ggl. / dsch. (aber nur Kanten)	uneben, splittrig	keine	in Quarzit, meist derb / Salzburg, Wallis, Steiermark, Schweiz, Schweden, USA und Brasilien
11	blau, farblos, grau, gelblichweiß	weiß	5,0—6,0 / 2,2—2,4	Ggl. / Fettig ds.—dsch.	musch.	ziemlich gut	in Syeniten, / Siebenbürgen, Portug., Norweg., Grönland, Kola, Bolivien, Laacher See, Mte. Somma
12	himmelblau, blaugrün	weiß	5,0—6,0 / 2,6—2,8	Wachsgl. / uds.	musch.	spröde	bes. häufig auf Verwitterungszonen aluminiumhaltiger Gesteine / Schlesien, Sachsen, Orient, Persien, Sinai, N.-Mexiko
13	tiefblauschwärzlich	blaugrau	6,0—6,5 / 3,0—3,1	Ggl. / dsch.	rauh	deutlich	in Glimmerschiefer und Gneis / Euböa, Zermatt, Aostatal, Bretagne, Neu-Kaledonien, California
14	blaßblau, saphirblau, teils klar oder trüb	—	6,5 / 3,7	hoher Gl., / z. T. als Schmuckstein uds. / ds.	musch., spröd	keine	kleine Kristalle / nur in der San-Benito-Mine, Kalifornien, USA
15	amethystfarbig, dunkellila, rosa, gelb, smaragdgrün	—	6,5—7,0 / 3,1—3,2	Ggl. / ds.	musch.	gut	in pegmatitischen Gängen, Gneis, Granit / Salzburg, Tirol, Schweden, Schottland, Irland, Madagaskar, Brasilien, USA, Kanada (Manitoba)
16	violett	weiß	7,0 / 2,65	Ggl. / ds., dsch.	musch., splittrig	keine	in vielen vulkanischen Gesteinen (Hohlräume), Mandeln, Gänge, Klüfte, / Drusen von Oberstein, Zillertal, Brasilien, Ceylon
17	blaugrau, gelblich	weiß	7,0—7,5 / 2,6	Fgl. / ds.—dsch.	musch.	z. T. deutlich	in Gneisen und Graniten / Bayer. Wald, Finnland, Norwegen, Schweden, (Falun), Spanien, Ceylon, Burma, Schottland
18	helles, lichtes Blau, meergrün grün: Nr.45/ Smaragd	weiß	7,5—8,0 / 2,7	Ggl. / ds.	musch., uneben	z. T.	in vulkan. Gesteinen, auf Drusen und Klüften / Elba, Irland, Ural, Brasilien, Australien, Madagaskar, Namib (SW.-Afrika)
19	blau, auch wasserhell, fleischfarben Vgl. rot = Rubin, blau = Saphir	weiß	9,0 / 3,9—4	Ggl. / ds.—trüb	musch. splittrig	vollk.	meist in Sand oder Kiesablag., in umgewandelten vulkanischen Gesteinen / Ceylon, Birma, Siam, Queensland, Madagaskar

Für die einzelnen Spalten der Tabellen sind die Hinweise in der Einleitung S. 9ff. zu vergleichen.

Begleiter	Ausbildung	Kristallform	Name Formel	Skizze
s. Vorkommen	meist derb, Zwillinge, Kristalle spitz pyramidal, seltener tafelig	monoklin, Kristalle selten	**Lazulith** (Blauspat) (Fe··,Mg) $Al_2[OH\|PO_4]_2$ V. d. L. schmilzt nicht	
Hauyn, Lasurstein, Nephelin, in Eläolithsyeniten	derb, in unregelmäßigen Körnern eingesprengt	regulär	**Sodalith** $Na_8[Cl_2\|(AlSiO_4)_6]$ V. d. L. schwer schmelzbar	meist derb, körnig
oft mit Brauneisen oder Chalzedon zusammen	feinkörnig, traubig oder nierig, gelartig	keine	**Türkis** (Kallait) $CuAl_6[(OH)_2\|PO_4]_4 \cdot 4\,H_2O$ Tafel V, 3 V. d. L. nicht schmelzbar	keine Kristalle
Staurolith (Nr. 98) typ. Natron-Hornblende (Nr. 134) in kristallinen Schiefern	stengelig, faserig	prismatisch, oft ohne Endfläche Aggregate körnig oder faserig	**Glaukophan** $Na_4Mg_{3-6}Fe_{2-3}^{\cdot\cdot}$ $Fe_{0-0,5}^{\cdot\cdot\cdot}Al_{3,5-4}$ $[(OH)_4Al_{0-1,5}$ $Si_{15,5-16}O_{44}]$ V. d. L. zu Glas schmelzend	säulig. 6-seitiges Prisma
Titan-Silikate Natrolith	eingewachsen	Doppelpyramide (bis max. 2 cm)	**Benitoit** $BaTi[Si_3O_9]$ V. d. L. zu durchsicht. Glas schmelzbar	
Beryll, Zinnstein, Turmalin, wichtigster Rohstoff zur Darstellung der Lithium-Salze	Aggregate, Zwillinge	monoklin, z. T. sehr groß, ähnlich Diopsid	**Spodumen** $LiAl[Si_2O_6]$ (rosa = Kunzit*) (grün = Hiddenit) *) Tafel VI, 14 V. d. L. mit roter Flamme schmelzb.	ähnlich Diopsid! Nr. 36
die übrigen Ausbildungen der Quarzkristalle	selten als Einzelkristalle, meist Drusen	prismatische Pyramiden, strahlig, hexagonal	**Amethyst** SiO_2 (siehe Quarze) Tafel V, 10 V. d. L. nicht schmelzbar	ähnlich Quarz, Nr. 194
Quarz Eläolith	schalig oder derb, auch als Geröll	Prismen mit abgerundeten Kanten	**Cordierit** (Dichroit) $Mg_2Al_3[AlSi_5O_{18}]$ Tafel V, 8 V. d. L. nur Kanten schmelzbar	
in den pegmatitischen Gängen der Granite	lang aufgewachsene Kristalle	walzenförmig, langsäulig, z. T. Durchwachsung	**Aquamarin** (Beryll Nr. 45) $Be_3Al_2[Si_6O_{18}]$ Tafel V, 1, 4 V. d. L. nur Kanten schmelzbar	
Chlorit, Magnetit, in Gesteinen wie Gneis, Glimmerschiefer	säulig, pyramidal, wie Tonnen, körnig, dicht	Säulen, z. T. sehr groß, steile Doppelpyramiden	**Saphir** (blauer Korund) Al_2O_3 Tafel V, 6 V. d. L. nicht schmelzbar	

Grün Nr. 20—28

Nr.	Farbe	Strich	Härte / Spez.Gew.	Glanz / Durchsichtigk.	Bruch	Spaltbarkeit	Vorkommen / Fundorte
20	lichtgrün, blaßgrün	farblos b. weiß	1,0 / 2,7—2,8	Perlmgl. / ds.—uds.	splittrig uneben	blättrig (fettig!)	in metamorphen Gesteinen / Fichtelgebirge, Sachsen, Schlesien, Mähren, Tirol, St. Gotthard, Ural, China, Kanada, Afrika
21	apfelgrün, silbrig-weiß, gelblich	weiß	1,5 / 2,8	Perlmgl. / dsch.	musch., blättrig	z. T. gut z. T. biegsam	auf Quarzgängen, Graniten usw. / Eifel, Ural, Zermatt in krist. Schiefer, Schlesien, Spanien, Ardennen
22	lauchgrün	grünlichweiß	1,0—2,0 / 2,8—2,9	Ggl. Perlmgl. / dsch.	splittrig	schuppig	Chloritschiefer (derb), Serpentin / überall, wo Chlorit oder Serpentin auftritt
23	schwärzlichgrün bis bläulichgrün	grünlichweiß	2,0 / 2,5—2,8	Ggl. Fgl. Perlmgl. / dsch.	splittrig	schuppig	Chloritschiefer auf Klüften / Tirol, Zermatt, Piemont, USA (Pennsylvanien)
24	dunkel-, olivgrün, bläulichgrün	—	2,0 / 2,3	matt / uds.	körnig! (kein B.)	keine	in marinen Sedimenten / Münsterland, Meeresküsten, England, USA
25	grün, apfelgrün, bläulich	grünlichweiß	2,5 / 2,6—2,8	Perlmgl. / ds.—dsch.	schwach, rauh	blättrig	Chloritschiefer, in Drusen und Klüften / Böhmen, Zermatt, Piemont, Transvaal
26	apfelgrün	grünlich	2,5 / 3,0—3,1	— / uds.	erdig! (kein B.)	körnig	Überzug auf Nickelerzen / Erzgebirge, Schlesien, Spanien, Kanada
27	apfel-, smaragdgrün	hellgrün	2,0—4,0 / 2,2—2,7	matt-erdig / uds.	musch., erdig	keine	in tonigen Massen eingebettet, z. T. sehr häufig wertvolles Nickelerz!! (lokal.) / Vogtland, Ural, USA
28	smaragdgrün, bläulichgrün, z. T. blau	grünlichweiß	2,0—2,4 / 2,0—2,2	Fgl. / uds., Kanten durchscheinend	musch.	keine	auf Kupfererzlagern, bei Brauneisen, lokal wichtiges Cu-Erz!! / Ungarn, Cornwall, Ural, Katanga, Rhodesia, Chile, Mexiko, Kalifornien

 Für die einzelnen Spalten der Tabellen sind die Hinweise in der Einleitung S. 9ff. zu vergleichen.

Begleiter	Ausbildung	Kristallform	Name / Formel	Skizze
Steatit (Speckstein und Tropfstein, Lavezstein), Bildstein	blätterig (Talk), dicht (Speckstein)	Kristalle monoklin, 6-seit. Tafeln	**Talk** (Speckstein) $Mg_3[(OH)_2|Si_4O_{10}]$ Tafel IV, 1 Tafel XII, 5 V. d. L. fast unschmelzbar	kleine Schüppchen (flache Tafeln)
Quarze, Schiefer, Granit, Zinnstein	strahlige, fächerartige Aggregate, derb bis dicht	rhombisch, tafelige Kristalle	**Pyrophyllit** $Al_2[(OH)_2|Si_4O_{10}]$ V. d. L. nur schwer schmelzbar	stengelige, 6-seitige Lamellen
Titanit usw.	kamm- und wulstförmige Aggregate	Kristalle selten kleine, 6-seitige Tafeln und Schuppen	**Chlorit** (Prochlorit) $(MgFe^{\cdot\cdot}Al)_6 \cdot (OH)_8$ Tafel XIII, 5 V. d. L. nicht schmelzbar	keine deutlichen Kristalle
Granat, Diopsid	Kristalle, derb, schuppige Aggregate	kleine, pyram. tafelige Kristalle, aufgewachsen	**Klinochlor** (s. Chlorit) $Mg_5Al(OH)_8$ $[AlSi_3O_{10}]$ V. d. L. zu graugelber Perle schmelzbar.	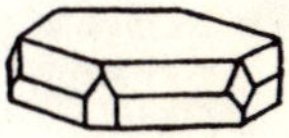
Sandstein, Mergel	eingewachsene oder lockere Aggregate, körnig	kugelförmige Aggregate bis etwa 3 mm Durchm.	**Glaukonit** (Grünerde) (FeAl)-Silikat Tafel XII, 8 V. d. L. zu schwarz. Glas schmelzbar	kleine, rundliche Körnchen
Olivingesteine, Serpentin	derbe, dichte Aggregate, serpentinartige Beschaffenheit	auf Drusen, rhomboedrisch, Drillinge	**Pennin** $Mg_5(Mg, Al)[(OH)_8$ $[(Al, Si)Si_3O_{10}]$ V. d. L. zu gelber Perle schmelzbar	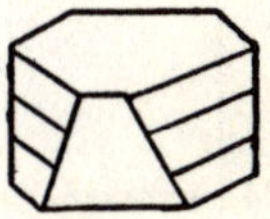
Kobaltblüte, Chloanthit, Rotnickelkies	erdiger Anflug, flockig	selten deutliche Kristalle, monoklin	**Nickelblüte** (Annabergit) $Ni_3[AsO_4]_2 \cdot 8\,H_2O$ in Säuren löslich	haarförmige Nadeln
Serpentingruppe, Nickelerz	derb, stalaktitisch, dicht	ein wasserhaltiges Nickel-Magnesiasilikat, Gel	**Garnierit** $(Ni, Mg)_6[(OH)_6|$ $SiO_{11}] \cdot H_2O$ V. d. L. nicht schmelzbar	massig bis erdig
Malachit, Azurit, Ziegelerz	derb, dicht, ohne Struktur	Gel, traubig, nierig, stalaktitisch	**Chrysokoll** $CuSiO_3 \cdot nH_2O$ Vgl. Nr. 34	amorph, feinfaserig

Grün Nr. 29—36

Nr.	Farbe	Strich	Härte / Spez. Gew.	Glanz / Durchsichtigk.	Bruch	Spaltbarkeit	Vorkommen / Fundorte
29	gras- bis schwärzlich-grün	apfelgrün	3,0—3,5 / 3,8	Ggl. / ds.—dsch.	musch.	vollk.	Oxydationserz (i. Wüsten) lokal wichtiges Cu-Erz / Deutschland selten, Chile, Peru, Bolivien, Nieder-Kalifornien, Australien, SW.-Afrika
30	grün, gelb, geflammt	weiß	3,0—4,0 / 2,5—2,6	matt / dsch.—uds.	musch., splittrig	faserig	Umwandlungsprodukt, in kristall. Schiefer, Kalksteinen / sehr verbreitet, in allen kristall. Schiefern
31	schwärzlich-grün- bis smaragd-grün	licht-grün	3,5—4,0 / 3,9—4,1	Ggl. Seid. gl. matt / dsch.—uds.	musch.	z. T. gut	häufiges Cu-Erz (Oxydationsprodukt) Höhlen / Siegerland, Harz, Kärnten, Cornwall, Ural, SW.-Afrika, USA, Australien
32	lauch- bis schwärzlich-grün, z. T. gelblich-grün	gelblich-grün	3,5—4,0 / 3,3—3,5	Fgl. / uds.	rauh	(körnig) sehr spröd	auf Brauneisen / Siegerland, Schlesien, Sachsen, S.-Frankreich
33	grün, an sich farblos, gefärbt, gelb, blau, meist hell, rosa	weiß, grau, gelblich-grau	5,0 / 3,2	Ggl. / dsch.—uds.	musch., uneben, splittrig	z. T. unvollk.	auf Klüften von Silikatgesteinen, auf Granitdrusen oder Gängen / Odenwald, Erzgebirge, Alpen, Spanien, Kola, Schweden, USA, Kanada, Bolivien, Mexiko
34	smaragd-grün	grün, gräulich, blau	5,0 / 3,3	Ggl. / ds.—dsch.	musch. bis uneben	gut	auf Kalkspatgängen und Klüften / Otawi (SW.-Afrika), Franz. Kongo, Katanga, Peru, Chile, USA, Turkestan
35	dunkelgrün, lichtgrün, weiß, hellgrau	weiß	5,0—6,0 / 2,9—3,1	Ggl. / uds.	splittrig	gut	eingewachsen in Marmor und Dolomit, auch in Strahlstein und Talkschiefer / Alpen (Tessin), Schottland, SW.-Afrika
36	lichtgrün, farblos, grau, gelb	weiß	5,0—6,0 / 3,3	Ggl. / ds.—dsch.	rauh	gut, öfters blättrig	kristalline Schiefer in metamorphen Kalken und Dolomiten / Alpen, Skandinavien, Ural, Vesuv, USA

Für die einzelnen Spalten der Tabellen sind die Hinweise in der Einleitung S. 9ff. zu vergleichen.

Begleiter	Ausbildung	Kristallform	Name Formel	Skizze
Malachit, Kieselkupfer	stengelig, strahlig, körnige, blättr. Aggregate. Auch als lockerer Sand	Kristalle meist prismatisch, stachelig	**Atacamit** (Salzkupfererz) $CuCl_2 \cdot 3\,Cu(OH)_2$ blaugrüne bis grüne Flamme	prismatische Kristalle, nadelig
entsteht auch aus Hornblende und Augit, Magnetit, Hämatit	blätterig = (Antigorit), faserig = (Chrysotil)	dichte Aggregate	**Serpentin** $Mg_6[(OH)_8 \mid Si_4O_{11}] \cdot H_2O$ ähnl. Chlorit Tafel XIII, 6 V. d. L. schwer schmelzbar	dicht, faserig
Kieselkupfer, Atacamit, Brochantit	derb, in nierigen, traubigen Aggregaten mit glaskopfartiger Oberfläche	dünn und lang prismatisch, nadelig, haarförmig in lockeren Büscheln	**Malachit** $Cu_2[(OH)_2 \mid CO_3]$ Tafel II, 10, 12 Tafel VII, 3, 11 V. d. L. schmelzbar	
Brauneisen	radialfaserige nierige und kugelige Aggregate (grüner Glaskopf)	rhombisch, Kristalle würfelig mit gerundet. Flächen	**Kraurit** Grüneisenerz $(Fe_2^{\cdots}, Fe_3^{\cdot\cdot})$ $[(OH)_3 \mid PO_4]$(?) V.d.L. zu schwarz. Kugel schmelzbar	zu selten u. klein
Hauptlieferant d. Phosphorsäure, wicht. techn. nutzbar. Mineral, bei Eisenerzen, Zinnstein, in vielen vulkan. Gesteinen	ein- und aufgewachsene Krist., z. T. sehr groß, derb, dicht, körnig, strahlig, faserig, traubig	Krist. kurz- oder langsäulig, auch dicktafelig, flächenreich. Bipyramiden und Prismen	**Apatit** $Ca_5[(F, OH, Cl) \mid (PO_4)_3]$ Taf. IV, 5, VIII, 1 **Fluorapatit** oder Chlorapatit, meist beide gemischt! $Ca_5(PO_4)_3Cl$ V. d. L. nur Kanten schmelzbar	
Kalkspat, Dolomit, als Erz zu selten, als wasserhalt. Gel z. T. sehr häufig = Chrysokoll	in Drusen, kl. säulige Krist. als Gel = Kieselkupfer = Chrysokoll	Rhomboeder, säulig, trigonal., derb = Chrysokoll, dicht, nierig	**Dioptas*** $Cu_3[Si_3O_9] \cdot 3\,H_2O$ Tafel VII, 9 **Chrysokoll** $CuSiO_3 \cdot nH_2O$ *) Tafel VII, 9 V.d.L. n. schmelzb.	
Chlorit, Talk, Serpentin	parallele = radialstengel. Aggregate, faserig	langgestreckte 6-seitige Prismen, Zwillinge	**Aktinolith** (Strahlstein) $Ca_2(FeMg)_5$ $[Si_8O_{22}](OH)_2$ **Tremolit** bzw. Grammatit V. d. L. schmelzbar	
Augit, Ägirin, (Begleiter d. südafr. Diamanten = Chromdiopsid!) Chlorit	blätterig, derb, stengelig, schalig und körnig	säulenförmig = Krist. mit gestreiften Flächen, Zwillinge	**Diopsid** $CaMg[Si_2O_6]$ Tafel VII, 8 V. d. L. schwer schmelzbar	

Nr.	Farbe	Strich	Härte / Spez.Gew.	Glanz / Durchsichtigk.	Bruch	Spaltbarkeit	Vorkommen / Fundorte
37	grünlichgrau, schwarz, braunschwarz	weißgrau	5,0—6,0 / 3,3—3,4	metall. Schiller / uds.	rauh	gut	sehr verbreitetes gesteinsbildendes Mineral. In vulkanischen Gesteinen, basischen Ergußgesteinen auch (Gabbro) / in allen vulkanischen Gebirgsgegenden, bes. den alten Gebirgsrümpfen
38	grün, gelbgrün, gelb, farblos oder weiß	weiß	6,0—6,5 / 2,8—3,0	Ggl. wachsart. Perlmgl. / ds.—dsch.	uneben	deutlich	auf Klüften, auf Gangtrümern, Drusen / Harzburg, Oberstein, Schwarzwald, Mähren, Tirol, Dauphiné, Schottland, Pyrenäen, Afrika, USA
39	braungrün, braun, gelb, rotbraun	weiß	6,5 / 3,3—3,5	Ggl. Bruch ist fettig / ds.—dsch.	rauh, splittrig	keine	in metamorphen Gesteinen, Kontaktmineral / Odenwald, Fichtelgebirge, Böhmen, Alpen, Skandinavien, Vesuv, Ural, USA, Kanada
40	olivgrün, gelbgrün, dunkelgrün, braun	weiß	6,5—7,0 / 3,3	Ggl. / ds.—dsch.	musch., unvollk.	gut	wichtiger Bestandteil basischer Eruptivgest., bes. Basalte, Melaphyr / Eifel, Böhmen, Schweden, Kaiserstuhl, Transvaal, USA (Staat New York), Brasilien, Burma
41	dunkelgrün, blaugrün, schwarzgrün	grau	6,0—7,0 / 3,3—3,5	Ggl. / dsch.—uds.	musch., uneben, splittrig	vollk. gut	Kontaktmineral, Umwandlungsprodukt, metamorph / Sachsen, Skandinavien, Ural, Alpen, USA (Alaska, Arizona, Lake Superior)
42	grünlich bis bläulich, farblos	weiß	7,0 / 2,9—3,0	Ggl. / ds.—dsch.	musch.	keine	Verwitterungsprodukt auf Salzhorsten / Staßfurt und alle übrigen Salzvorkommen der Erde!
43	dunkelgrün, braun, blau, rot, rosa auch schwarz (grün = Turmalin, blau = Indigolith, rot = Rubellit, braun = Dravit, schwarz = Schörl / vgl. Edelst. S. 144/145)	weiß	7,0 / 3,0—3,2	Ggl. / ds.—uds.	musch., uneben, splittrig	keine, spröd	in Eruptiv- und Kontaktgesteinen, Drusen / Harz, Sachsen, Alpen, Cornwall, Madagaskar, USA, Bolivien, Chile, Brasilien, Rußland

 Für die einzelnen Spalten der Tabellen sind die Hinweise in der Einleitung S. 9ff. zu vergleichen.

Begleiter	Ausbildung	Kristallform	Name / Formel	Skizze
Augit, Diopsid, Serpentin, Chlorit (verwittert zu Serpentin!)	stets eingewachsen in Tiefengesteine, blättrig	rhombisch monoklin	**Diallag** $Ca(Mg, Fe)[Si_2O_6]$ z. T. Al-haltig V. d. L. nicht schmelzbar	
Zeolith, Epidot, gediegen Kupfer, Analcim, Natrolith	Einzelkrist. selten, fächerkamm-artig oder kugelige Gruppen, schalig, nierig, strahlig, Zwill.	rhomb. Kristalle meist tafelig, auch säulig	**Prehnit** $Ca_2Al_2[(OH)_2 \mid Si_3O_{10}]$ V. d. L. schmelzbar	
Granat, Diopsid, Umwandlung in Glimmer, Chlorit, Skapolith, auch in Granat	kurze und dicke Säulen, selten pyramidal, oder langsäulig, oft schalig	tetragonal, auch derb, körnig. Oft strahlig oder kleinkörnig	**Vesuvian*)** (Idokras) $Ca_{10}(Mg, Fe)_2Al_4 [(OH)_4 \mid (SiO_4)_5 \mid (Si_2O_7)_2]$ ähnlich **Euklas**)** (Edelstein) Tafel VII, 4, 10 V. d. L. schmelzbar	*) **)
Garnierit, oft umgewandelt in Limonit (braun), Hämatit (rot), Serpentin (grün)	im Gestein körnig, als Kristall eingewachsen, lose	prismatisch oder dicktafelig, flächenreich	**Olivin** (Peridot) $(Mg, Fe)_2[SiO_4]$ (Chrysolith) Tafel VII, 14	
Granat, Augit, Hornblende, ähnlich: Turmalin, Vesuvian u. a. m.	sehr verbreitet, langgestreckt, stets nadelig bis säulig, flächenreich (mehr als 200 Formen!)	monoklin, Zwillinge, strahlige Gruppen	**Epidot** (Pistazit) $Ca_2(Al, Fe^{\cdots})_3 [OH \mid (SiO_4)_3]$ V. d. L. zu brauner magnet. Schlacke schmelzend Tafel XI, 10	
Carnallit, Gipshut	kleine, meist eingewachsene Kristalle häufig	würfelig, tetraedrisch	**Borazit** $Mg_6[Cl_2 \mid B_{14}O_{26}]$ V. d. L. schwer schmelzbar, grüne Flamme	
Granit, Feldspat, Biotit, Tonschiefer (schwarzer T.) Zinnstein, Apatit, Fluorit, Topas	bes. säulig, längs gestreift, Querschnitt nach 3 Seiten gerundet	trigonal, lange 3-seit. Säulen, Deckfläche und Unterfl. Flächenreich	**Turmalin** Bor-Silikat. Tafel V, 11, 12; VI, 11, 16, 18; VII, 17; XI, 9	

Nr.	Farbe	Strich	Härte Spez.Gew.	Glanz Durchsichtigk.	Bruch	Spalt- barkeit	Vorkommen Fundorte
44	olivgrün, grau, rötlichgelb	weiß	7,0—7,5 3,1—3,2	Ggl. meist uds.	uneben bis splittrig	versch. gut	typisches Kontaktmineral. In Schiefern neben Graniten Almeria in Andalusien, Tirol, Steiermark, Ural, Brasilien, Fichtelgebirge Vogtland, USA (Maine), Transvaal
45	grün bis smaragdgrün, gelb- bis blaugrün	weiß	7,5—8,0 2,6—2,8	Ggl. ds.—dsch.	musch., uneben	keine, spröd	in pegmatitischen Gängen des Granites oder Glimmerschiefer, oder Seifen Kolumbien, Ural, Salzburg, Transvaal, USA (Maine), Cornwall, Mähren, Schweden, S.-Afrika, Brasilien, Cornwall (England)
	rosenrot = Morganit, grün = Smaragd, blau = Aquamarin (Nr. 18), gelb (opalisierend) = Heliodor						

 Für die einzelnen Spalten der Tabellen sind die Hinweise in der Einleitung S. 9ff. zu vergleichen.

Begleiter	Ausbildung	Kristallform	Name / Formel	Skizze
oft Umwandlung in Muskovit, Sericit, seltener Disthen	dicksäulig (mit quadrat. Querschnitt) als stengelig-strahlig. Ausbild. Chiastolith	einfache Kristalle, rhombische S., Vierkantsäulen	**Andalusit** $Al_2[O\|SiO_4]$ V. d. L. nicht schmelzbar	
ähnlich Apatit, Quarz, Topas, Turmalin	lange Säulen stengelig, keine Zwill. Klar ds. als Edelstein = Smaragd!	6-seitige Prismen lang, oder gerundet, fast kugelig viele Flächen!	**Beryll** $Al_2Be_3[Si_6O_{18}]$ Tafel VII, 5, 16; VIII, 2	
s. Edelsteine S. 128 Beryll			**Smaragd** $Be_3(Al, Cr)_2[Si_6O_{18}]$ Tafel VII, 18	
			***) Chrysoberyll** Al_2BeO_4 Tafel VIII, 5, 8 2 Arten vorhanden a) Alexandrit Tafel VII, 2 s. S. 129 b) Cymophem s. S. 129 V. d. L. nur an Kanten schmelzb.	*)

Nr.	Farbe	Strich	Härte / Spez.Gew.	Glanz / Durchsichtigk.	Bruch	Spaltbarkeit	Vorkommen / Fundorte
46	rot (morgenrot)	orangegelb	1,5—2,0 / 3.5—3,6	Dgl. (blendeartig) / dsch.	musch.	mäßig gut nach zwei Richtg.	auf Erzgängen, bei Ergußgesteinen / Ungarn, Bosnien, Mazedonien, Persien, China, USA
47	rot, scharlachrot, cochenillerot, grau, stahlfarbig	cochenillerot	2,0—2,5 / 8,0—8,2	Dgl. / in dünn. Schicht ds.	uneben, splittrig	gut	Bereich des Vulkanismus, Gänge. Wichtigstes Erz zur Gewinnung des Quecksilbers / Italien, Spanien (Almaden), S.-Rußland, USA, Mexiko, China, Turkestan
48	scharlachrot, zinnoberrot (an Licht sofort dunkler	wie Farbe	2,5 / 5,57	Dgl. (blendeartig) / halbds. dsch.	musch.	gut	aus heißen Lösungen auf Gängen / sächsisches Erzgebirge, Schwarzwald, Vogesen, Frankreich (Dauphiné), USA, Chile
49	pfirsichblüt.-rot, an der Luft perlgrau	blaßrot	2,0—2.5 / 2,95	Ggl. (D-artig) / dsch.		sehr gut	Verwitterungsprodukt aus Speiskobalt und Kobaltglanz / Riesengebirge, bei Gießen (Lind. Mark), Thüringer Wald, England (Cornwall), Marokko
50	kupferrot, an der Luft dunkler	kupferrot	2,5—3,0 / 8,5—9,0	Mgl. / uds.	hakig	keine (biegsam)	entsteht aus Lösung nahe der Erdoberfläche, meist aus kupferhalt. Gesteinen / Siegerland, Banat, USA (Arizona, Montana, Utah), Chile, Katanga, Spanien
51	gelblichrot	orange	2,5—3,0 / 5,9—6,0	Dgl. (fettartig) / dsch.	musch., uneben	gut	auf Drusen, recht selten wo Bleierze mit Chromlösungen zusammentreffen / UdSSR, Brasilien, Tasmanien, Luzon (Philippinen)
52	dunkelrot, bleigrau bis eisenschwarz	kirschrot	2,5—3,0 / 5,85	Mgl. z. T. matt / uds. rot dsch.	musch., splittrig	gut	auf Gängen, aus heißen Lösungen entstanden. Wichtiges u. häufiges Silbererz / Erzgebirge, Böhmen, Spanien, Mexiko, Chile, Peru, Bolivien, USA, Kanada

Für die einzelnen Spalten der Tabellen sind die Hinweise in der Einleitung S. 9ff. zu vergleichen.

Begleiter	Ausbildung	Kristallform	Name / Formel	Skizze
Antimonit, Blei-, Arsen-, Silber-, Golderze	kurz- und langsäulig, nadelig, einzeln oder in Drusen	monoklin-prismatisch. Gute Kristalle selten, meist klein	**Realgar** AsS (Rauschrot) / V. d. L. schmelzbar, blau-weiße Flamme	
Quecksilber, Pyrit, Markasit, Antimonglanz, Quarz, Chalzedon, Karbonate	körnig, faserig dicht, derb oder eingesprengt	trigonal, dicktafelig, prismatisch, rhomboedrisch	**Zinnober** (Cinnabarit) / HgS V. d. L. flüchtig	
Pyrargyrit	derb, dentritisch, auch eingesprengt und Anflug	prismatisch oder skalenoedrisch	**Proustit** Arsensilberblende (lichtes Rotgültigerz) / Ag_3AsS_3 V. d. L. leicht schmelzbar	meist derb
Speiskobalt, Kobaltglanz	kugelig, nierig, blätterig, auch erdig, z. T. strahlig und als Anflug	kleine, nadelige Kristalle, faserig	**Kobaltblüte** (Erythrin) / $Co_3[AsO_4]_2 \cdot 8\,H_2O$ Tafel I, 5 V. d. L. schmelzbar, mit Säuren rote Lösung	Kristalle zu klein
Cuprit, ged. Silber, Kalkspat, Quarz	derb, eingesprengt, plattig, fein verästelt, auch Anflug	regulär, Oktaeder verzerrt	**Kupfer** (gediegen) / Cu V. d. L. leicht schmelzbar	meist derb
Bleiglanz und Chromerze	eingesprengt, derb, Anflug	lange Prismen, nadelig oder flach	**Rotbleierz** (Krokoit) / $Pb[CrO_4]$ Tafel I, 6 V. d. L. leicht zu Pb und grünem Cr_2O_3 schmelzbar, in Säuren leicht löslich	
Silbermineralien, Bleiglanz, Kalkspat	rauh, drusig, z. T. schön und gut entwickelt, z. T. verzerrt und schwer zu deuten	flächenreich, prismatisch	**Pyrargyrit** (Antimonsilberblende) [dunkles Rotgültig] / Ag_3SbS_3 V. d. L. leicht schmelzbar zu Ag-Korn, in HNO_3 löslich	

Nr.	Farbe	Strich	Härte / Spez. Gew.	Glanz / Durchsichtigk.	Bruch	Spaltbarkeit	Vorkommen / Fundorte
53	orangerot, gelb, braun	hellgelb	3,0 / 6,8—7,1	Fgl. bis Diamantgl. / ds.—dsch.	uneben		in Verwitterungszone vieler Lagerstätten von Bleierzen / Kärnten, Schottland, Spanien, Argentinien SW.-Afrika, USA
54	fleisch-, ziegelrot, weiß, gelb, grau	farblos, blaßrosa	3,0—3,5 / 2,77	Fgl. / dsch.	musch.	gut	in Kalibergwerken, hat zu wenig K_2O, nicht abgebaut (nur 16 %) / Alpen, Lothringen, Texas, deutsche Kalisalzvorkom., England
55	cochenillerot, rotbraun, metallgrau	braunrot	3,5—4,0 / 5,8—6,2	Mgl. / ds.—dsch.	musch., uneben	gut	in Verwitterungszone von vielen Erzen, sehr verbreitet und lokal als reiche Lagerstätte / in allen Teilen der Welt, bes. gut in S.-Frankreich, Chile, Peru, Ural, USA (Arizona), Spanien
56	rosarot, grau, braun, selt. farblos	rötlichweiß	4,0 / 3,3—3,6	Ggl. / dsch.	musch., uneben	gut	wichtiges Manganerz, häufiges Gangmineral / Nassau, Odenwald, Harz, Ungarn, Spanien, USA
57	blut- bis hyazinthrot	rötlichgelb	4,5—5,0 / 5,4—5,7	Dgl. / dsch.	musch.	gut	lagenartig zwischen metamorphen Kalken / Oberitalien, Tasmanien, USA (New Jersey)
58	rubinrot, gelbrot	rot bis braungelb	5,0 / 4,0	Dgl. / ds.	kein, biegsam	sehr gut	häufig auf Brauneisen, auch mit Pyrit / in vielen Brauneisenlagerstätten, Siegerland u. a. m.
59	licht-, kupferrot, braun anlaufend	bräunlich, schwarz	5,5 / 7,3—7,7	Mgl. / uds.	musch., uneben	z. T.	wichtiges Nickelerz, auf hydrothermalen Gängen / Erzgebirge, Schwarzwald, Spanien, England, Kanada, Argentinien
60	lichtfleischrot, rosenrot, auch braunrot	weiß	5,5—6,5 / 3,4-3,68	Ggl., Spaltfläche perlm.-artig / ds.—dsch.	musch., uneben	gut	bankartige Lagerung mit Hornsteinbänken und sed. Tonschiefer wechselnd / Harz, Westfalen, Spanien, Ungarn, Frankreich, Schweden, Ural, Brasilien, Mexiko, Australien

Für die einzelnen Spalten der Tabellen sind die Hinweise in der Einleitung S. 9ff. zu vergleichen.

Begleiter	Ausbildung	Kristallform	Name / Formel	Skizze
Pyromorphit	kurzsäulig, spitze Pyramiden	ähnlich Apatit	**Vanadinit** $Pb_5[Cl\|(VO_4)_3]$ V. d. L. schmelzbar, in Säuren löslich Tafel I, 4	kleine, langprismatische Kristalle
alle Kalisalze	derb, faserig, selten stengelig oder blätterig	langgestreckte Prismen, Aggregate	**Polyhalit** $K_2Ca_2Mg[SO_4]_4 \cdot 2H_2O$ löslich, Flamme violett	
Kupfer-Karbonate, gediegen Kupfer, Malachit	derb, dicht, körnig, haarförmig	Oktaeder, regulär	**Rotkupfererz** (Cuprit) Cu_2O V. d. L. zu Cu reduzierbar (über CuO), in Säuren und NH_3 löslich	
Gold-, Silber-, Zinkerzgänge, eiserner Hut	derb, traubig, spätig, dichte Aggregate, auch Glaskopf	kleine Kristalle (meist in Drusen)	**Manganspat** (Himbeerspat) (Rhodochrosit) $MnCO_3$ Tafel I, 21 Tafel VI, 15, 19 V. d. L. nicht schmelzbar	ähnlich Kalkspat
Franklinit, Kalkspat, Rhodonit	derb, körnig, schalig, blätterig	6-seitige, flache Tafel mit aufgesetzter Pyramide	**Rotzinkerz** (Zinkit) ZnO V. d. L. nicht schmelzbar	
Brauneisen, Nadeleisenerz, Pyrit	pulverig, glaskopfartig	dünne Täfelchen, Rosetten	**Rubinglimmer** γ-FeOOH V. d. L. schmelzbar, wird rot und magnetisch	flache Tafeln
Nickelerz, Schwerspat, Kupferschiefer, Kupferkies, Bleiglanz, Chromit	derb eingesprengt in Trümmern, traubig, nierig	Kristalle selten, 6-seitige Pyramiden	**Rotnickelkies** (Nickelin) (Arsennickel) $NiAs$ Tafel I, 19 V. d. L. schmelzbar, in konzentr. Säuren grün lösl.	Kristalle selten, derb
Ton- und Kieselschiefer kristallin. Schiefer, Hausmannit, Braunit, Magnetit, Bleiglanz	derb, grobspätig, körnig, dicht	tafelig, säulig, Kristalle selten, aber groß und unvollkommen	**Rhodonit** $MnSiO_3$ (Mangankiesel) V. d. L. schmelzbar, schwarze Kugeln	

Nr.	Farbe	Strich	Härte / Spez.Gew.	Glanz / Durchsichtigk.	Bruch	Spaltbarkeit	Vorkommen / Fundorte
61	rot bis rotbraun	rot, rotbraun	bis 6,5, aber sehr schwankend / 5,2—5,3	matt, stumpf / uds.	rauh	keine	auf Gängen, aber auch schichtig auf Lagerstätten, Einsprengling / Lindener Mark (bei Gießen), Dillmulde, Harz, USA (Alabama, Minnesota), Neu-Fundland Cumberland, Spanien
62	braunrot, blutrot, rotbraun, dunkelgrün (kein Blau!)	weiß	6,0—6,5 —7,0 / 3,4—4,6	Ggl., Fgl. / uds.	musch., splittrig rauh	schlecht	sehr häufiges und oft gesteinsbildendes Mineral. Kristall. Schiefer (in Erzlagerstätten). Kontaktmineral bei Kalken und Dolomiten / Spessart, Riesengebirge, Harz, Thüringer Wald, Kaiserstuhl, Böhmen, Alpen, Elba, Skandinavien, Rußland, England, Mexiko, Brasilien, Ceylon, Australien, Afrika, USA, Kanada
63	1. rosa, 2. rot, gelb, braun	1. weiß	7,0 / 2,65	1. Ggl., 2. Ggl. / 1. ds.-dsch. 2. uds.	musch., splittrig spröd	schlecht	1. in Pegmatiten, 2. sekundäre Quarze! / 1. Fichtelgeb., Finnland, Ural, USA (Maine), Brasilien, Südafrika. 2. als Kiesel in fast allen Geröllen

Für die einzelnen Spalten der Tabellen sind die Hinweise in der Einleitung S. 9ff. zu vergleichen.

Begleiter	Ausbildung	Kristallform	Name Formel	Skizze
mit Kalken, Porphyre, Orthoklase, Heulandit, Limonit	derb, dicht, faserig, erdig, schuppenartig, auch nierig (als Glaskopf oder Blutstein)	keine (aber schuppig)	**Roteisenstein** (Roter Glaskopf) (Blutstein) Fe_2O_3 derb Tafel I, 14 u. 15; Tafel X, 8 V. d. L. nicht schmelzbar, magnetisch	keine
kristallin. Schiefer, Kalkspat, Wollastonit, Epidot, Vesuvian, Magnetit, Hornblende, Biotit, Diopsid, Klinochlor, Bleiglanz	körnig, derb, oder dicht, eingesprengt	runde Körner oder Kristalle, kubisch, Dodekaeder, Ikositetraeder V. d. L. 1. schmelzbar = lichtgrün 2. schmelzbar = schwarz 3. schwer schmelzbar 4. schmelzbar = schwarz 5. schmelzbar	**Granat** Tafel VI, 6, 7; IX, 5, 6 1. (Grossular-Kalktongranat = hyazinthrot) Tafel VII, 6 $Ca_3Al_2[SiO_4]_3$ 2. (Andradit = Kalkeisengranat = braun) $Ca_3Fe_2^{\cdots}[SiO_4]_3$ (Melanit = schwarz) $Ca_3Fe_2^{\cdot\cdot}[SiO_4]_3$ 3. (Magnesiatongranat-Pyrop = blutrot) $Mg_3Al_2[SiO_4]_3$ 4. (Almandin-Eisentongr. = rotblau) $Fe_3^{\cdot\cdot}Al_2[SiO_4]_3$ 5. (Spessartin = rotbraun) Tafel IX, 6 $Mn_3Al_2[SiO_4]_3$ 6. Uwarowit $Ca_3Cr_2^{\cdots}[SiO_4]_3$ 7. Hessonit (orange Ed.) Tafel IX, 4 8. Demantoid (grün Ed.) Tafel VII, 15	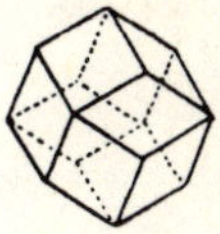 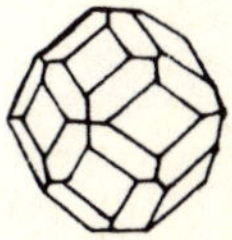
1. Ganggestein und Mineralien; 2. alle Begleiter in aufgearbeitetem Schottermaterial	1. grobkristallin. 2. meist gerollt	1. keine Kristallflächen 2. keine	1. **Rosenquarz*** SiO_2 2. **Eisenkiesel** SiO_2 *) Tafel VI, 10, 17 V. d. L. nicht schmelzbar	keine Kristalle

Nr.	Farbe	Strich	Härte / Spez.Gew.	Glanz / Durchsichtigk.	Bruch	Spaltbarkeit	Vorkommen / Fundorte
64	rot, blau, schwarz u. in allen Farben	weiß	8,0 / 3,5—4,1	Ggl. / ds.—uds.	musch.	schlecht	in Kontaktgesteinen / Mähren, Schweden, Ural, USA, Brasilien, Indien, Afghanistan, Siam
65	rot, blau, braun, grau, schwarz	weiß	9,0 / 3,9—4,1	Ggl. / ds.—dsch. bis uds.	musch., splittrig	Absonderung nach Zwill.-fläche	in Kontakt- und metamorphen Gesteinen, Seifen / Sachsen, Schweden, Ural, Naxos, S.-Afrika, Ceylon, Birma, Australien, Kanada, USA, Siam, Türkei, S.-Afrika

Tafel I: Erztafel 1, Eisen und Eisenbegleiter

1. Eisenmangan; 2. Brauneisenstein; 3. Spateisenstein (Siderit)
4. Vanadinit; 5. Kobaltblüte; 6. Krokoit; 7. Wolframit; 8. Brauner Glaskopf
9. Magnetit; 10. Psilomelan; 11. Kobaltglanz; 12. Scheelit; 13. Chromit
14. Eisenrahm; 15. Roteisenstein; 16. Magnetit; 17. Pyrolusit
18. Markasit; 19. Rotnickelkies; 20. Bohneisen
21. Manganspat; 22. Siderit-Spateisen; 23. Pyrit-Schwefelkies; 24. Descloizit

 Für die einzelnen Spalten der Tabellen sind die Hinweise in der Einleitung S. 9ff. zu vergleichen.

1
2
3
4
5
6
7
8
9
10
11
12
13
14
15
16
17
18
19
20
21
22
23
24

1
2
3
4
5
6
7
8
9
10
11
12
13
14

Begleiter	Ausbildung	Kristallform	Name / Formel	Skizze
Kalke und Dolomite, Granite, Zirkon, Granat, Magnetit, Chlorit	meist klein, einzeln gewachsen, Körner	reine Oktaeder gut ausgebildet, kubisch, Zwillinge!	**Spinell** — $MgAl_2O_4$ Tafel V, 7; VI, 5; IX, 2 V.d.L. nicht schmelzbar	
Chlorit, Spinell, Enstatit, Magnetit, Kaliglimmer, Eisenglanz, Quarz	derb, spätig, körnig, Kristalle tonnenförmig	eingewachsen, groß, prismatisch, pyramidal, tafelig, rhomboedr. V.d.L. nicht schmelzbar, in Säuren unlöslich	**Korund** — Al_2O_3 Tafel IV, 9; V, 6; VI, 1; VIII, 10 (ds. edler K. = blau = **Saphir*** Tafel V, 6 Tafel VIII, 10 — rot = **Rubin**** Tafel VI, 3 — kleinkörnig = **Schmirgel**	Korund Rubin

Tafel II: Erztafel 2

1. Kassiterit — Zinnstein; 2. Gediegen Quecksilber; 3. Antimonit; 4. Buntkupferkies
5. Cerussit — Weißbleierz; 6. Zinkblende; 7. Fahlerz
8. Bleiglanz; 9. Zinkblende — Kupferkies
10. Malachit; 11. Kupferkies; 12. Malachit mit Azurit
13. Schalenblende — Zinkblende; 14. Baryt-Schwerspat

Gelb Nr. 66—73

Nr.	Farbe	Strich	Härte / Spez. Gew.	Glanz / Durchsichtigk.	Bruch	Spaltbarkeit	Vorkommen / Fundorte
66	gelb, hellbraun		1,5—2,0 / 1,66–1,7	Ggl. / dsch.	—	gut	in Moorerde (Düngergruben) / Hamburg, Braunschweig, Australien, Guiana
67	zitronengelb	lichtgelb	1,5—2,0 / 3,4—3,5	Fgl. Perlmgl. / dsch.	Spaltfläche quer gestreift	sehr gut	wie bei Realgar, auch bei Verwitterung von Arsenmineralien / Ungarn, Mazedonien, Kaukasus, Italien, Kurdistan, Türkei und Persien
68	schwefelgelb, braun	blaßgelb	2,0 / 1,9—2,1	Fgl. Dgl. / ds.—dsch.	musch., uneben	gut	als vulkanisches Sublimationsprodukt, in sedimentären Lagerstätten (an Vulkanen) / Sizilien, Oberschlesien, Spanien, Kroatien, Louisiana, Texas, Japan
69	wachshoniggelb, wolkig	weiß	2,0—2,5 / 1,0—1,1	Fgl. / ds.—dsch.	musch.	spröd	jungtertiäre Schichten, Diluvium / Samland, Galizien, Sizilien
70	goldgelb, nicht anlaufend, durchscheinend grün	hellgoldgelb	2,5—3,0 / 15,5—19,3	Mgl. / uds.	hakig, sehr dehnbar	keine, weich, bearbeitbar	in Gängen oder auf sekundärer Lagerstätte (auf Seifen), Gänge in Eruptivgesteinen oder Tuffen / Fichtelgebirge, Salzburg, Tauern, Siebenbürgen, Ural, Mexiko, Ghana, Rhodesien, Australien, Sumatra, Indien, USA, (Alaska, Dakota, Kalifornien, Nevada), Neu-Seeland
71	honiggelb, orangegelb	gelb	3,0—3,5 / 4,9—5,0	fett. Dgl. / dsch.	—	ja	Verwitterungsprodukt von cadmiumhaltiger Zinkblende / Oberschlesien, Schottland, USA usw. häufig
72	orangegelb, zitronengelb, wachshoniggelb, rötlich	gelblichweiß	3,0 / 6,7—6,9	Dgl. Harzgl. / ds.—dsch.	musch. uneben bis spröd	ziemlich gut	durch Verwitterung auf Bleierzlagerstätten / Alpen, Tschechoslowakei, Ungarn, USA (Arizona, Pennsylv., Utah), Kongo, Brazzaville
73	blasses Gelb, farblos, weiß		3,5 / 4,3—4,5	Ggl. / ds.	—	vollk.	bei Verwitterung von Zink-Vorkommen / Griechenland, Algier, SW.-Afrika (Tsumeb), USA (Arizona, Utah)

Für die einzelnen Spalten der Tabellen sind die Hinweise in der Einleitung S. 9ff. zu vergleichen.

Begleiter	Ausbildung	Kristallform	Name / Formel	Skizze
viele Verwesungsprodukte	scharfkantige Kristalle, dreikantig	rhomb., Kristalle z. T. eingewachsen	**Struvit** $(NH_4)Mg$ $[PO_4] \cdot 6\,H_2O$ in Säuren löslich	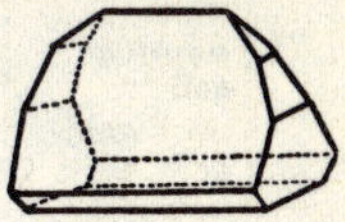
Realgar, die anderen Arsenmineralien	Kristalle klein, kurzsäulig, linsenartig-kugelige Gruppen, Anflug	monoklin, prismatisch, Krist. selten gut	**Auripigment** (Rauschgelb) As_2S_3 (sublimiert!) V. d. L. leicht schmelzend, blauweiße Flamme	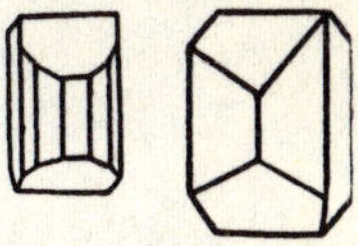
vulk. Auswurfsprodukte, Mergel, Gips, Cölestin, Kalkspat, Aragonit, Sulfate, Karbonate	körnig, faserig, strahlig, Zwill. dicht, mehlig, derb, eingesprengt. Knollen, Drusen, Anflug	rhombisch, Krist. z. T. groß, pyramidal	**Schwefel** S V. d. L. leicht schmelzbar. Zu SO_2 verbrannt, flüchtig	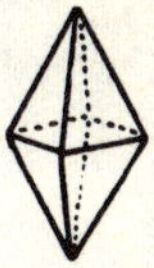
bernsteinähnliche Harze, Braunkohle, Sande, Tone	nierig, amorph, Körner, Platten, eingesprengt	amorph, tropfsteinartige Formen	**Bernstein** ca. $C_{40}H_{64}O_4$ Tafel VIII, 9, 11	keine Kristalle
Kiese, Fahlerze, Silbererze, Bleiglanz, Brauneisen, Quarz, Pyrit, Arsenkies, Baryt, Kalkspat, Flußspat, Zinkblende	blech- bzw. drahtartig, gute Krist. selten, Zwill. oft verzerrt. (Löslich nur in Königswasser)	regulär, kubisch. Würfel, Ecken u. Kanten gerundet	**Gold** Au Tafel III, 5 V. d. L. leicht schmelzbar, in Königswasser löslich	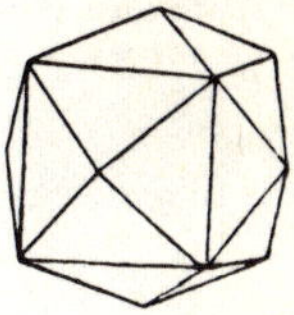
Zinkblende	pyramidal-tafelig. Habitus, Prismen. Anflug, erdig	hexagonal, Kristall selten u. klein	**Greenockit** CdS V. d. L. nicht schmelzbar, in HCl löslich	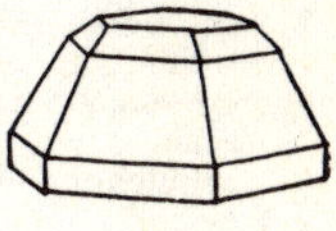
Bleierze, Kalkspat, Molybdänerz	säulig, pyramidal, dicht, derb, drusig, löcherige Aggr., krist. Krusten	tetragonal.-pyramidale Krist., meist aufgew., kurzsäulig. Tafeln	**Wulfenit** (Gelbbleierz) $Pb[MoO_4]$ Tafel III, 6 V. d. L. schmelzbar, in HCl und HNO_3 lösl.	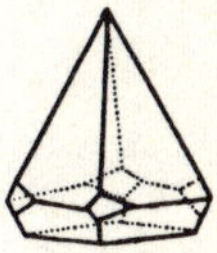
Zinkmineralien	drusig, kleinkörnige Aggregate	sehr klein, flächenreich	**Adamin** $Zn_2[OH \mid AsO_4]$ V. d. L. leicht schmelzend, in Säuren löslich	Drusen, kleine Körner

Nr.	Farbe	Strich	Härte Spez.Gew.	Glanz Durchsichtigk.	Bruch	Spaltbarkeit	Vorkommen Fundorte
74	messinggelb, auch goldgelb, bunt anlaufend, schwarz	grünlichschwarz	3,5—4,0 4,1—4,3	Mgl. gelb uds.	musch., uneben	selten feststellbar	auf Gängen und Kieslagern und in Kupferschiefer, sehr häufig Harz (Rammelsberg), Freiberg, Mansfeld, Elsaß, Spanien (Rio Tinto), Skandinavien, Devonshire, Cornwall, Japan, USA (New York, Pennsylvanien), Korea
75	messinggelb bis speisgelb	grünlichschwarz	3,5 5,3	Mgl. uds.	uneben	vollk.	nie in großen Mengen, aus anderen Nickelerzen sich bildend. Gänge Lindener Mark (bei Gießen), Siegerland, Nassau, Saarbrücken (in Kohle!), desgl. b. Dortmund, Cornwall, USA (Pennsylvanien)
76	gelb, rot, braun, schwarz	gelblichweiß, lederbraun	3,5—4,0 3,9—4,2	Dgl.—Fgl. ds., dsch.—uds.	spätig	gut	wichtigstes Zinkerz, magmatische Gangfolgen, hydrothermal. In Gängen, auch in Kalken u. Dolomiten Sachsen, Bayern, Harz, Siegerland, Schwarzwald, Westfalen, Schlesien, Banat, Böhmen, Schweden, Sibirien, Spanien, England, Australien, Kanada, USA (Idaho), Birma
77	gelblichweiß, erbsengelb, grau, gelblichbraun	farblos, verwittert, braunschwarz	4,0—4,5 3,7—3,9	Ggl. dsch.—uds.	musch., spätig	gut	in verschiedenartig. Lagerstätten, auf Gängen mit Kryolith und in Zinnerzgängen Siegerland, Harz, Steiermark, Kärnten, Thüring., Bayern, Westfalen, Lothringen, England (Cornwall, Wales), Spanien, Kroatien, Grönland, USA (Connecticut)
78	bronzefarben, tombakbraun, dunkleres Braun	grauschwarz	4,0 4,6	Mgl. uds.	musch., uneben	schalig	in basischen Eruptivgest., metamorph. Seltener auf Gängen Schwarzwald, Bergstraße, Böhmerwald, Freiberg, Siegerland, Norwegen, Wales, Kanada (Sudbury), Süd-Afrika

 Für die einzelnen Spalten der Tabellen sind die Hinweise in der Einleitung S. 9ff. zu vergleichen.

Begleiter	Ausbildung	Kristallform	Name / Formel	Skizze
Fahlerz, Zinkblende, Bleiglanz, Brauneisen, Malachit, Kupferlasur, Vitriol, Kupferglanz, Pyrit	meist derb, mit Quarz und Spateisen, klein, auf Drusen, Anflug, eingesprengt, nierig, nie faserig, strahlig	tetragonal, Flächen der Kristalle meist rauh, gerieft, matt, Zwill. häufiger als Einzelkrist.	**Kupferkies** (Chalkopyrit) $CuFeS_2$ Tafel II, 11 V. d. L. schmelzbar, blaue Flamme; schwarzes, magnetisches Korn	
mit Eisenspat, Kupferkies und anderen Kiesen, Nickelerze, Kupferschiefer, Pyrit, auch Kohle	faserig, haarförmige Büschel, selten derb	trigonal, nadelförmig, strahlig, radialfaserig	**Millerit** (Haarkies) (Nickelkies) NiS V. d. L. leicht schmelzbar, magnetische Kugel, in HNO_3 grün löslich	kleine Haare
Bleiglanz, Quarz, Kalk-, Schwer-, Fluß-, Eisen-, Mn-spat, Pyrit, Kupferkies	derb, spätig, körnig, häufig Zwillinge, strahlige Aggregate, z. T. auch dicht, faserig, schalig, krustenartig	regulär, tetraedrisch, kubisch, gewöhnlich verzerrte Kristalle	**Zinkblende** (Blende) Sphalerit ZnS Tafel II, 6, 9 ***Schalenblende** *Tafel II, 13 V. d. L. schwer Kanten schmelzend; Salzsäure löslich	
Quarz, Kupferkies, Toneisenstein, Kryolith, Zinnerze, Pyrolusit	derb, spätig, grobfeinkörnige Aggregate, oft sattelförm., in mit Ton vermengten Konkretionen dicht	rhomboedrisch, flache Kristalle, aufgewachs. Flächen, linsenförmig gekrümmt	**Eisenspat** (Spateisenstein, Siderit) $FeCO_3$ Tafel I, 3, 22 V. d. L. nicht schmelzbar, in heißer HCl löslich	
Magnetit, Pyrit, Kupferkies, Nickelerz, Ilmenit	derb, eingesprengt, körnige, dichte Aggregate, blätterig	hexagonal, 6-seitige Tafeln, Zwillinge, Prismen rosettenartig	**Magnetkies** (Pyrrhotin, Magnetopyrit) FeS V. d. L. schmelzbar, magnet. Korn	

Nr.	Farbe	Strich	Härte / Spez.Gew.	Glanz / Durchsichtigk.	Bruch	Spaltbarkeit	Vorkommen / Fundorte
79	gelb, braun, farblos, silberweiß, graugrünlich	weiß	5,0 / 4,3—4,5	Ggl. Perlmgl. / dsch.—uds.	musch., uneben	gut	wichtiges Zinkerz. Aus Verwitterung von Zinkblende, Kalkstein oder Dolomit verdrängend / Aachen, Baden, Schlesien, Kärnten, Sardinien, Spanien, England, Algier, Mississippi, USA (Missouri), Australien, SW.-Afrika, Ostasien
80	gelb, grünlich, braun, schwarz, rotbraun	farblos	5,0—5,5 / 3,4—3,6	Ggl.—Dgl. / halbds., uds.	musch., spröd	gut, z. T. schalig	in Eruptivgesteinen besonders häufig / Laacher See, bei Dresden, Tirol, Salzburg, Kanada, USA (Maine, Mass.), Halbinsel Kola (UdSSR)
81	hellgelb, dunkelbraun	weiß	5,0—5,5 / 4,8—5,5	fett. Fgl. / uds. udsch.	musch., spröd	z. T. gut	auf Klüften von Silikatgesteinen, in Graniten u. Gneisen eingewachsen. Meist nur mikroskopisch / Riesengeb., Böhmerwald, Norwegen, Brasilien Madagaskar, Ural, Vorderindien, Ceylon, Nigeria
82	braun, grün	weiß	5,5 / 3,2—3,5	Mgl. seidenartig / dsch.—uds.	kein	z.T. gut, schalig	in den Olivinknollen der Basalte / Harzburg, Schlesien, Schwarzwald
83	honiggelb, braun, blauschwarz, hyazinthrot	weißlich	5,5—6,0 / 3,8—3,9	Dgl. fettig, metallartig / dsch.-halbds.	kein	gut	auf Klüften, in verwitterten Eruptivgesteinen, Sandsteinen / St. Gotthard, Fichtelgebirge, Minas-Geräes, Colorado, Ural
84	gelb, messinggelb, speisgelb	grünlichschwarz	6,0—6,5 / 5,0—5,2	Mgl. / uds.	musch.	z. T. gut	sehr verbreitet in verschiedenartig. Lagerstätten und Gängen. Bei Verwitterung Rostflecken / Harz, Ostalpen, Spanien Portugal, Skandinavien, Frankreich, Zypern, Tasmanien, Transvaal, Elba, Banat, Mexiko, USA (Colorado, Pennsylvania)

Für die einzelnen Spalten der Tabellen sind die Hinweise in der Einleitung S. 9ff. zu vergleichen.

Begleiter	Ausbildung	Kristallform	Name / Formel	Skizze
Kalk und Dolomitspat, Zinkblende	derb, nierig, in zelligen, stalaktitischen, schaligen Massen und Krusten, dicht, porig, körnig	Krist. klein, dicht, auf der Oberfläche derbe Krusten	**Zinkspat** (Galmei) / $ZnCO_3$ In Säuren leicht löslich V. d. L. nicht schmelzbar, in HCl löslich	meist zu klein und undeutlich
Chlorit, Albit, Adular, Hornblende, Sanidin	derb, körnig, schalige Aggregate, Briefkuvertform, Durchdringungszwillinge	monoklin, holoedrisch, prismat. verlängert, an aufgewachsenen Kristallen, Zwillinge	**Titanit** (Sphen) / $CaTi[O\|SiO_4]$ V. d. L. schwer schmelzbar, mit H_2SO_4 zersetzbar	
Granat, Zirkon, Chromit, Gold, Diamant	sandartig als Geröll, dicktafelig (bes. wichtig: Monazitsande)	monoklin. Kristalle einzeln, auch aufgewachsen od. lose	**Monazit** (Turnerit) / $Ce[PO_4]$ V. d. L. kaum schmelzbar, in HCl löslich	
Serpentin	faserig mit bronzeartigem Schiller, Kristalle selten	rhombisch unvollständig ausgebildete Gemengteile von Gesteinen	**Bronzit** / $(Mg, Fe)_2[Si_2O_6]$ (Vgl. Augit Nr. 137) V. d. L. nur als Splitter schmelzbar	Kristalle sehr selten
Bergkristall, Rutil	spitz-pyramidal, auch rundlich oder flach	tetragonal, kleine Kristalle, zerstreut aufsitzend	**Anatas** / TiO_2 V. d. L. nicht schmelzbar	
Eisenglanz, Bleiglanz, Kupferkies, Zinkblende, Arsenkies, Magnetkies, Gold. Rohstoff für Schwefelsäure und Kupfererz	stark glänzend, glatt, Dreieckstreifung, körnige Aggregate oder radialstrahlig, derb, eingesprengt. knollige. nierige Formen. Häufig. Versteinerungsmittel	regulär, Kristalle oft sehr gut, teilweise auch stark verzerrt. Etwa 60 verschiedene Formen	**Pyrit** (Schwefelkies, Eisenkies) / FeS_2 Tafel I, 23; III, 8; VIII, 12 V. d. L. schmelzbar, schwarze magnetische Kugel	

Gelb Nr. 85—86

Nr.	Farbe	Strich	Härte / Spez.Gew.	Glanz / Durchsichtigk.	Bruch	Spaltbarkeit	Vorkommen / Fundorte
85	gelb, grünlich (wie Pyrit)	grünlich schwärzlichgrau	6,0—6,5 / 4,8—4,9	Mgl. / uds.	uneben, spröd	unvollk.	Auf Gängen, Konkretionen im Ton usw. / Aachen, Oberschlesien, Clausthal, Freiberg, Böhmen, Bolivien
86	gelbrot, weingelb, meerblau, grün, farblos	weiß	8,0 / 3,5—3,6	Ggl. / ds.—uds.	musch., uneben	vollk.	typisches Mineral saurer Tiefengesteine und deren Kontakt, seltener in Gneisen und Granuliten / Sachsen, Irland, Schweden, Ural, Kleinasien, Mexiko, SW.-Afrika, Japan, Kalifornien, Brasilien

 Für die einzelnen Spalten der Tabellen sind die Hinweise in der Einleitung S. 9ff. zu vergleichen.

Begleiter	Ausbildung	Kristallform	Name / Formel	Skizze
Kupferkies, Pyrit	stengelig, tafelig, Kamm- u. Speerkiese, eingewachsen	rhombisch, kurzprismatisch, Zwillinge V. d. L. schmelzbar, schwarze magnetische Kugel	**Markasit** / FeS_2 Tafel I, 18	
Granit, Zinnstein	derb in stengligen, seltener dichten Aggregaten, kurz, auch langsäulig „Pyknit“	rhombisch, kurzprismatisch Doppelpyramide, Zwillinge V. d. L. nicht schmelzbar	**Topas** / $Al_2[F_2 \mid SiO_4]$ Tafel IV, 8; IX, 7, 8; VIII, 3, 4 rechts (Rauchquarz — und — Topas = Quarz Nr. 194 s. S. 83)	

Braun Nr. 87—94

Nr.	Farbe	Strich	Härte / Spez. Gew.	Glanz / Durchsichtigk.	Bruch	Spaltbarkeit	Vorkommen / Fundorte
87	braun, gelb, schwarz	gelb, rostbraun	1,0—5,5 / ca. 3,8 wechselnd	glasartig	musch.	keine	Verwitterungsprodukt eisenhaltiger Mineralien, Gelb- und Braunfärbung bedingend / auf der ganzen Erde sehr verbreitet Minette-Erze
88	tombakbraun, rötlich, bunt anlaufend	schwärzlichgrau	3,0 / 4,9—5,3	Mgl. / uds.	musch., milde	selten deutlich	wichtiges Kupfererz! Sedimentär u. magmatisch / Siegerland, Sachsen, Schlesien, Schweden, Cornwall, Südafrika
89	lichttombakbraun	schwarz	3,5—4,0 / 4,6—5,0	Mgl. / uds.	spröd	gut, körnig	wichtigstes Nickelerz, sehr ähnlich Magnetkies (mit ihm vergesellschaftet) / Schwarzwald, Schweden, Norwegen, Transvaal, Sudbury (Kanada), UdSSR
90	lichtdunkelbraun	lichtbraun	3,5—4,0 / 4,0	Ggl. / uds.	faserig, glatt	gut	mit gewöhnlicher Schalenblende, bzw. Strahlenbündel häufig / Aachen, Oberschlesien, Böhmen, Bolivien
91	braun, blau, grün, honiggelb, orangerot, weiß, farblos	weißlich	3,5—4,0 / 6,7—7,0	Fgl. diamantartig / dsch.	musch., uneben, spröd	keine	in Bleiglanzlagerstätten / Harz, Clausthal, Freiberg, Ems, Holzappel, Sieg, Badenweiler, Böhmen, Cornwall, Rhodesia, USA (Pa.)
92	schwarzbraun, lichtgelb	braun bis braungelb	5,0—5,5 / 3,8—4,3	Dgl., seidig, matt / dünne Splitter dsch.	rauh	gut	Verwitterungserz (nahe Oberfläche) / Siegerland, Thüringer Wald, Böhmen, Cornwall, Rußland, USA (Mich.)
93	gelblichbraun bis rotbraun, z. T. schwarz	gelblich, weiß bis braun	5,5—6,0 / 3,9—4,2	Dgl. / ds.—dsch.	schlecht (spröd)	unvollk.	auf Spalten und Klüften einzeln gewachsen, in Silikatgesteinen / Tirol, Schweiz, Wales, USA (Arkansas)
94	bräunlich, rötlichbraun, schwarz, grünlich	gelblichgrau bis dunkelgrün	6,0—6,5 / 3,5	Glas- bis Harzgl. / uds., Kanten dsch.	uneben	deutlich	Natronaugit der Eruptivgesteine, in Pegmatitgängen / Schweden, Norwegen, Kola, Grönland, Siebenbürgen, Portugal, USA (Arkansas), Brasilien

Für die einzelnen Spalten der Tabellen sind die Hinweise in der Einleitung S. 9ff. zu vergleichen.

Begleiter	Ausbildung	Kristallform	Name / Formel	Skizze
Pyrit, Eisenspat	erdig, faserig, oolithisch, nierig, derb, fest, locker, glatte, schwarze Oberfläche	feinkristallin, ehem. Gel (brauner Glaskopf) (Oolithe-Minette) Bohnerze	**Brauneisenstein** (Limonit) / $Fe_2O_3 \cdot nH_2O$ Tafel I, 2, 8 V. d. L. nicht schmelzbar	zu kleine Kristalle
Kupferkies, Kupferglanz, Zinkblende, Bleiglanz, Magnetit	derb, trümmerart. oder eingesprengt, dicht, plattig	regulär, rauhflächiger Würfel	**Buntkupferkies** (Bornit) / Cu_5FeS_4 Tafel II, 4 V. d. L. schmelzbar, graue magnetische Kugel	Kristalle selten
Kupferkies, Magnetkies, basische Tiefengesteine	kleine bis faustgroße Körner	hexakisoktaedrisch. Körner ohne Kristallform	**Pentlandit** (Eisennickelkies) / $(Fe,Ni)_9S_8$ (?) In HCl nicht löslich	körnige Aggregate
Zinkblende	derb und meist in schalenartigen Lagen, auch krustig	hexagonal. Kristalle sehr selten, Streifung, 6-seit. Prismen mit Pyramide	**Wurtzit** / (z. T. als Strahlen-Schalenblende bezeichnet ZnS V. d. L. nur Kanten schwer schmelzbar	Kristalle selten gut ausgebildet
mit Bleiglanz	nierig, traubig, derb, eingesprengt, Anflug, Krusten	hexagonal, prismatisch, oft Tonnenform	**Pyromorphit** / $Pb_5[Cl\|(PO_4)_3]$ V. d. L. schmelzbar, blau-grüne Flamme	
Brauneisen (Limonit)	strahlige, faserige Aggregate; derb, dicht, pulverig, körnig	rhombisch, Doppelpyramiden prismatische Kristalle, haar- oder nadelförmig	**Nadeleisenerz** (Goethit) / α-FeOOH V. d. L. schmelzbar	
Silikatgesteine	lose oder einzeln aufgewachsene Kristalle	rhombisch, vertikal gestreift, tafelig	**Brookit** (Arkansit) / TiO_2 V. d. L. nicht schmelzbar	
Alkalifeldspäte, Nephelin, Augite und Hornblenden	in drusigen Gesteinen aufgewachsen, haarförmig, faserig, Zwillinge	eingewachsene Kristalle, z. T. lang, säulig, gestreckt. Streifung	**Aegirin** (Akmit) / $NaFe^{\cdots}[Si_2O_6]$ V. d. L. gut schmelzbar, gelbe Flamme	

Nr.	Farbe	Strich	Härte / Spez. Gew.	Glanz / Durchsichtigk.	Bruch	Spaltbarkeit	Vorkommen / Fundorte
95	braun, schwarz, rotbraun, blutrot	gelblichbraun	6,0—6,5 4,2—4,3	Dgl. dsch.—uds.	musch., uneben, spröd	z. T. gut, z. T. weniger gut	in manchen Gesteinen, z. B. Tonschiefern, mikroskop. erkennbar. Häufigstes Titandioxyd, bergmännisch gewonnen. Auf Pegmatitgängen gewachsen, in Gabbrogesteinen und Apatitgängen Tirol, Siebenbürgen, Schweden, Norwegen, Limoges, USA (Arkansas, Florida, Georgia, Virginia), Ontario, Indien, Australien
96	nelkenbraun, rauchgrau, pflaumenblau, grünlich	weiß	6,5—7,0 3,3	Ggl. ds.—dsch.	musch., spröd	ziemlich deutlich	Kontaktbereich von Eruptivgesteinen Harz, Sachsen, Schweiz, Ungarn, Spanien, Cornwall, USA (Kalif., New York, Pennsylv.), Kanada
97	braun und braunschwarz	weiß bis hellgelb	6,0—7,0 6,8—7,1	Kristallflächen glänzend dsch.—uds.	musch.,	unvollk.	wichtig. Zinnerz (Bergzinn und Seifenzinn) Erzgebirge (Zinnwald), Fichtelgebirge, Cornwall, Bretagne, Katanga, Nigeria, Bolivien, SW.-Afrika, Birma, Siam, Malaiische Staaten, Insel Bangka u. Billiton, Südamerika, Australien
98	rotbraun, schwarzbraun	weiß	7,0—7,5 3,7—3,8	Ggl., auch matt dsch.—uds.	musch., uneben, splittrig	gut	in metamorph. Gesteinen Spessart, Steiermark, Tirol, Mähren, Tessin, Bretagne, UdSSR, USA, Schweiz, Schottland
99	braunrot, an sich farblos	weiß	7,5 3,9—4,8	Dgl.—Fgl. ds.—uds. dsch.	musch.	unvollk.	häufig in Eruptivgesteinen u. kristall. Schiefer Siebengebirge, Norwegen, Wales, Ural, Kanada, USA (Carolina, Connecticut, New York), Ceylon, Südafrika, Indien, Australien (N. S. W.)

 Für die einzelnen Spalten der Tabellen sind die Hinweise in der Einleitung S. 9ff. zu vergleichen.

Begleiter	Ausbildung	Kristallform	Name / Formel	Skizze
Titanmineralien, Apatit, Bergkristall, Cyanit	derbe Massen, Körner, feinste Härchen in Bergkristall eingewachsen	tetragonal, prismatische Kristalle, säulig, strahlig, nadelig. Zwillinge bis Viellinge. Verzerrte u. gestreifte Formen	**Rutil** / TiO_2 V. d. L. nicht schmelzbar, in Säuren unlöslich	
Turmalin, Magnetit	derb, schalig, stengelig, spätige Aggregate	triklin, scharfkantig, einzeln oder drusig	**Axinit** / $Ca_2(Mn,Mg,Fe)Al_2BH[SiO_4]_4$ V. d. L. gut schmelzbar, grüne Perle	
Quarz, Orthoklas, Muskovit, Rutil, Zinnkies, Kupferkies, Wolframit, Scheelit, Arsenkies, Zinkblende, Magnetkies, Pyrit, Bleiglanz	derb, eingesprengt, körnig, dicht	sehr wechselnd, aufgewachsene Kristalle, Streifung, kurzsäulig	**Zinnstein** (Zinnerz) (Kassiterit) / SnO_2 Tafel II, 1 V. d. L. nicht schmelzbar, in Säuren unlöslich	
in Gneisen und Glimmerschiefer	eingewachsen, säulig, Zwillinge, Durchkreuzungszwillinge	rhombisch, kurzbis langsäulig, 6-seitige Säulen	**Staurolith** / $2Al_2SiO_5 \cdot Fe^{\cdot\cdot}(OH)_2$ Tafel IX, 1 V. d. L. nicht schmelzbar, in Säuren nicht lösl.	
Granite, Quarzporphyre, Trachyt, Sandsteine, Syenit (Zirkon-Syenite!)	säulige, eingewachsene Kristalle, nicht derb, Kristalle z.T. lose, abgerollt, körnig	prismatisch, pyramidal, Zwillinge selten	**Zirkon** / (Hyazinth) $Zr[SiO_4]$ Tafel V, 5; IX, 5; X, 7 links. V. d. L. nicht schmelzbar, in Säuren unlöslich	

Grau Nr. 100—105

Nr.	Farbe	Strich	Härte Spez.Gew.	Glanz Durchsichtigk.	Bruch	Spaltbarkeit	Vorkommen Fundorte
100	bleigrau, (schwach violett)	dunkelgrau verrieben schmutzig lauchgrün (Unterschied gegen Graphit)	1,0—1,5 4,7—4,8	Mgl., stark uds.	kein, biegsam, nicht elastisch	sehr gut	wichtigstes Molybdänerz, häufig, aber meist kleine Mengen, Pegmatite, Quarzgänge Bergstraße, Riesengebirge. Erzgebirge, Skandinavien, Cornwall, Spanien, Marokko, Australien, Kanada, USA (Colorado, New Mexico), Nordafrika, China
101	bleigrau, schwarz anlaufend	grau	1,5 11,4	matt uds.	kein (plattig, weich)	keine	in manganreichen Erzlagern Schweden, Siebenbürgen, USA (Idaho, New Jersey), Korea, UdSSR (Altai, Ural)
102	bleigrau bis zinnweiß, bunt anlaufend	dunkelbleigrau	2.0 6,8—7,2	Mgl., stark uds.	musch.	sehr gut	auf Zinnerzgängen und Silber-Kobalt-Gängen Erzgebirge, Banat, Schweden, Cornwall, Australien (Neusüdwales, Queensland), Bolivien
103	bleigrau, oft bunt anlaufend	dunkelbleigrau	2,0 4,6—4,7	Mgl., stark, matt anlaufend uds.	musch.	sehr gut	wichtigstes Antimonerz, auf Erzgängen neben Quarz Harz, Westfalen, Erzgeb., Fichtelgebirge, Böhmen, Frankreich (Auvergne), England (Cornwall), UdSSR, Italien (Sardinien), Portugal, Algier, Japan, China, Bolivien
104	grauweiß, gelblich-dunkelgrau	schwarz	2,0—2,5 etwa 5,0	Mgl., uds.	kein	gut	wicht. Manganerz „Eiserner Hut" Siegerland, Lindener Mark bei Gießen, Braunfels, Bingerbrück, Thüringen, Transkaukasien, Transvaal, Minas-Gerães, Goldküste, Indien, USA (Arkansas)
105	dunkelbleigrau, eisenschwarz	dunkelgrau, glänzend	2,0—2,5, 7,0—7,3	Mgl. läuft matt an uds.	musch.	undeutlich	wicht. Silbererz, in Bleierzgängen, seltener im Sandstein (Utah) Erzgebirge, Riesengebirge (Schneeberg, Freiberg, Annaberg), Ungarn, USA (Nevada, Utah), Südamerika, Mexiko, Kanada

 Für die einzelnen Spalten der Tabellen sind die Hinweise in der Einleitung S. 9ff. zu vergleichen.

Begleiter	Ausbildung	Kristallform	Name / Formel	Skizze
Granite, Quarzgänge. Leicht mit Graphit zu verwechseln	derb, in blättrigen und schuppigen Aggregaten (biegsame Blättchen)	hexagonal, flache 6-seitige Tafeln. Kristalle selten kurzsäulige, tonnenartige Kristalle	**Molybdänglanz** (Molybdänit) / MoS_2 V. d. L. nicht schmelzbar, grüne Flamme	
manganreiche Eisenerzlager	haar- und drahtförmig, eingesprengt und lose	regulär, Kristalle bis 4-cm-Würfel Kristalle selten, Würfel	**Blei** / Pb (gediegen!) leicht schmelzbar	
Antimonglanz, Kupferkies	derb, spätig, stengelige Aggregate (wie Antimonit)	spießige, strahlige, nadelige Kristalle	**Wismutglanz** (Bismuthin) / Bi_2S_3 V. d. L. leicht schmelzbar	nadelige Säulen, ähnlich Antimonglanz
Wismutglanz, Antimonglanz, Bleiglanz, Zinnober, Realgar, Auripigment	spießig, nadelig, auch derb, faserig, in Büscheln	rhombisch, strahlig, Kristalle schlecht, Streifung	**Antimonglanz** (Antimonit, Grauspießglanz) / Sb_2S_3 Tafel II, 3; III, 10 Mit Streichholz schon schmelzbar	
Weichmanganerz, Graumanganerz, Psilomelan	wirrstrahlig, faserig, spießig	rhombisch, in strahligen, kristallinen Massen	**Pyrolusit** Weichmanganerz / MnO_2 Tafel I, 17 V. d. L. nicht schmelzbar	
Bleiglanz, mit Chlorsilber in Sandstein	derb, in Platten, zahn-haarförmig, gestrickt, dornartig	regulär, meist Würfel mit Oktaeder	**Silberglanz** (Argentit) / Ag_2S V. d. L. schmelzbar, in konzentr. HNO löslich	kleine, schmale Kristalle

Nr.	Farbe	Strich	Härte / Spez.Gew.	Glanz / Durchsichtigk.	Bruch	Spaltbarkeit	Vorkommen / Fundorte
106	bleigrau, Stich ins Rötliche, z. T. matt anlaufend	gräulichschwarz	2,5 / 7,2—7,6	Mgl. stark / uds.	spätig, flachmusch.	sehr gut	wichtigstes und häufigstes Bleierz. Auf hydrothermalen Gängen, sedimentär / Harz. Eifel, Siegerland, Schlesien, Erzgebirge, Bleiberg (Kärnten), Böhmen, Schweden, Sibirien, Spanien, Griechenland, USA (Colorado, Idaho, Kansas), Brit. Columbia, Birma, S.-Afr. (Rhodesia), Australien (NSW.)
107	dunkelbleigrau	glänzend dunkelgrau	2,5—3,0 / 5,7—5,8	starker Mgl. / uds.	musch. bis uneben	unvollk.	wichtigstes Kupfererz (nicht häufigstes!) in Absätzen aus heißen Lösungen od. Verwitterungslösungen / Siegerland, Harz (Rammelsberg), Schlesien, Messina, Spanien, SW.-Afrika, USA, Mexiko, Norwegen, England (Cornwall)
108	dunkelbleigrau	schwarz	2,5 / 5,8—6,2	Mgl. / uds.	kein	faserig	auf Gängen aus heißen Lösungen, Spateisengänge / Harz, Böhmen, Tirol Toskana, Schweden, Ural
109	bleigrau bis stahlgrau, eisenschwarz	grau	3,0 / 5,7—5,9	Mgl. / uds.	musch.	undeutlich	wichtiges Blei-Kupfer-Erz, ähnlich Fahlerz / Harz, Siegerland, Böhmen, Ungarn, Italien, Cornwall, Mexiko, Bolivien, Chile, Peru

Tafel III: Erztafel 3

1. Schwarzer Glaskopf; 2. Osmiridium; 3. Gediegen Silber; 4. Scherbenkobalt — Arsen
5. Gediegen Gold; 6. Gelbbleierz; 7. Bleiglanz (Würfel und Oktaeder kombiniert)
8. Schwefelkies; 9. Titaneisen; 10. Antimonit; 11. Bleiglanz mit Spateisen

 Für die einzelnen Spalten der Tabellen sind die Hinweise in der Einleitung S. 9ff. zu vergleichen.

1
2
3
4
5
6
7
8
9
10
11

1
2
3
4
5
6
7
8
9
10

Begleiter	Ausbildung	Kristallform	Name / Formel	Skizze
Kupferkies, Quarz, Kalkspat, Baryt, Spateisen, Zinkblende, Silbererz, ähnlich Antimonglanz	derb eingesprengt, z. T. plattig, Anflug, spätig, körnig, faserig, feinkörnig und ausgewalzt, d. h. dadurch schichtig, Bleischweif	regulär, würfelig (mit Oktaeder), Kristalle oft sehr gut, groß, Kanten abgerundet	**Bleiglanz** (Galenit) / PbS (schichtig als Bleischweif!) Tafel II, 8 Tafel III, 7, 11 V.d.L. verknisternd, grüngelber Beschlag, in HNO_3 löslich	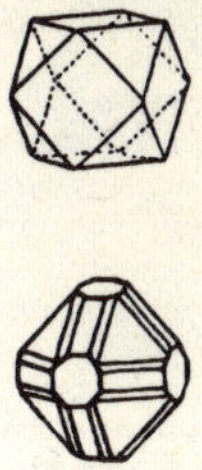
Blei-Silberglanz Fahlerz, Bornit, Enargit, Kupferkies, Kupferkarbonate, Cuprit und gediegenes Kupfer	derb, spätig, als Überzug, erdig, plattig, dichte Struktur	rhombisch, Kristalle in Gruppen, dicke Tafeln oder Säulen, Zwillinge	**Kupferglanz** (Chalkosin) / Cu_2S V.d.L. mit Zerspratzen schmelzend, in HNO_3 blau löslich	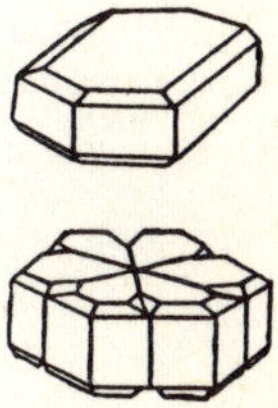
Antimonglanz, Bleiglanz, Quarz, Spateisen	derb, feinkörnig, dicht, faserig, strahlig	monoklin, Krist. sehr selten, prismatisch	**Boulangerit** / $5\,PbS \cdot 2\,Sb_2S_3$ V.d.L. schmelzbar	meist feinkörnig, stengelig, faserig
Bleiglanz, Fahlerz, Baryt, Spateisen	derb, körnig bis dicht, auch eingesprengt	rhombisch, dicktafelig, zahnradartig	**Bournonit** (Rädelerz) / $2PbS \cdot Cu_2S \cdot Sb_2S_3$ V.d.L. gut schmelzbar	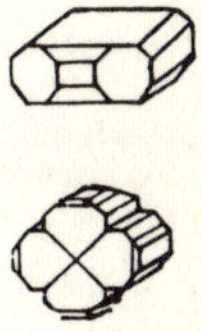

Tafel IV: Härtetafel (nach Mohs)
1. Talk; 2. Gips; 3. Kalkspat
4. Flußspat; 5. Apatit; 6. Feldspat
7. Quarz; 8. Topas
9. Korund; 10. Diamant

Nr.	Farbe	Strich	Härte / Spez. Gew.	Glanz / Durchsichtigk.	Bruch	Spaltbarkeit	Vorkommen / Fundorte
110	stahlgrau bis eisenschwarz	schwarz	3,5 / 4,4	Mgl. / uds.	spröd	vollk.	wichtiges Kupfererz auf Gängen mit Cu-Kies / Tirol, Ungarn, Serbien, Spanien, USA (Montana), Chile, Peru, Argentinien, Japan, Luzon, SW.-Afrika
111	stahlgrau, eisenschwarz, bunt angelaufen mit Kupferkies überzogen, messingfarb.	schwarz bis rötlichbraun, grau	3,0—4,0 / 4,4—5,4	Mgl. / uds.	musch. bis uneben	fast fehlend	auf Gängen neben Kupferkies / Harz, Siegerland, Erzgebirge, Tirol Ungarn, Böhmen, Peru, Bolivien, USA (Montana)
112	grau-weiß, gelblich, bräunlich	farblos	3,5—4,0 / 2,85 bis 2,95	Ggl. / hell bis dsch.	musch.	gut, vollk.	auf sedimentären Lagerstätten. Erz- u. Mineralgänge in Dolomitgestein, in Gipsgestein, Chlorit- und Talkschiefer / Tirol, Spanien, Ungarn, Erzgebirge, im Devon der Eifel u. a. Formationen, Italien
113	stahlgrau bis olivgrau	schwarz	4,0 / 4,3—4,5	Mgl. / uds.	uneben	undeutlich	auf den Lagerstätten des Zinnstein, der Zinkblende / Erzgebirge (Zinnwald, Freiberg), Cornwall, Tasmanien, Bolivien
114	stahlgrau, ins Silberweiß	wie Farbe	4,0—4,5 / 14—19	Mgl. / uds.	hakig, dehnbar	keine	magmat. Ausscheidung, Verwitterungslager / Südafrika, Kanada (Alaska, Columbia, Ontario), Neuseeland, Ural, Südamerika, Borneo, Abessinien
115	stahlgrau bis eisenschwarz	glänzender Strich grau	4,0—5,0 / 7,88	Mgl. / uds.	hakig, dehnbar	nur an künstl. Kristallen	meist meteor. Ursprungs / Kassel, Irland, Grönland, Auvergne, Brit. Columb., Neuseeland
116	aschgrau bis gelblich, grünlichgrau	weiß	6,0 / 3,23 bis 3,38	Ggl. / uds.	uneben	vollk.	metamorphe Gesteine. Schiefer u. Erupt.-Gest., Eisen- u. Kupfererzlagerstätten / Fichtelgebirge, Tirol, Kärnten, Mähren, Wallis, Norwegen, Ostafrika-Tansania, USA (Tennessee)

 Für die einzelnen Spalten der Tabellen sind die Hinweise in der Einleitung S. 9ff. zu vergleichen.

Begleiter	Ausbildung	Kristallform	Name / Formel	Skizze
Pyrit, Kupferglanz, Bornit Manganit	derb, körnig, strahlig, spätig	rhombisch, prismatisch, Streifung (vertikal!)	**Enargit** Cu_3AsS_4 in HNO_3 löslich	Kristalle selten
Pyrit, Arsenkies, Kupferkies. Blei-, Kupferglanz. Zinkblende, Bournonit, Bornit, Enargit, Zinnober	derb eingesprengt, körnig, dicht dreieckstreifig	regulär, tetraedrisch, Kristalle flächenreich, gut ausgebildet, selten würfelig	**Antimon-Fahlerz** $(CuFe)_{12} \cdot Sb_4S_{13}$ = Tetraedrit-Cu-Sb-Fahl-E.), Tafel II, 7 (Arsenfahl-E. = lichtes F. = Cu-Ag-F.) (Quecksilber-F. = Schwarzit = Cu-Hg-Sb-Fahlerz). V. d. L. schmelzb.	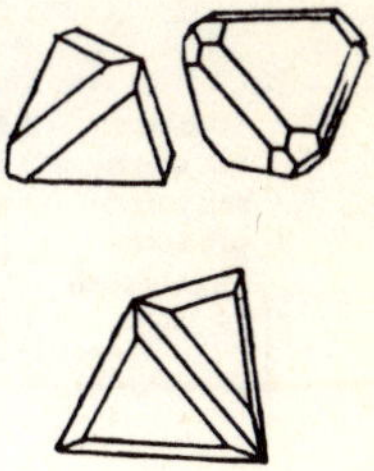
Kalkspat, Gips Chlorit, Talk	Kristalle sattelförmig, zuckerkörnig, dicht, stengelig	rhomboedrisch, Zwillinge (wie Kalkspat)	**Dolomit** $CaMg\,[CO_3]_2$ V. d. L. nicht schmelzbar, in HCl löslich	
Zinnstein, Zinkblende	derb eingesprengt, feinkörnig, dichte Aggregate	tetragonal, sehr selten Kr., klein tetraedrisch	**Zinnkies** (Stannin) Cu_2FeSnS_4 V. d. L. schwer schmelzbar, in HNO_3 blaue Lösung	Kristalle sehr selten
Platinmetalle, Iridium, Olivin, Chromit, Quarzgänge	körnig, eingespr., schuppig, gerollte Klümpchen	regulär, Kristalle selten, würfelig. Habitus	**Platin** Pt V. d. L. nicht schmelzbar, in heißem Königswasser löslich	meist gerollte Körner
Magnetit, meteor. Begleiter	körnig schuppig, plattig, tropfenart. derb eingespr.	regulär, Kristalle unbek.	**Eisen** (tellurisches = meteorisch. Eisen) Fe V. d. L. nicht schmelzbar, in Säuren löslich	keine Kristalle
Hornblenden, Eisen-, Kupfererzlager	derb, stengelig, streifig (längs), spätig, faserig	rhombisch. prismatisch, gestreckt geknickt	**Zoisit** $Ca_2Al_3[OH(SiO_4)_3]$ Als Edelstein tiefblau Tansanit	langsäulige Kristalle, gestreift! (s. Feldspat)

Nr.	Farbe	Strich	Härte / Spez.Gew.	Glanz / Durchsichtigk.	Bruch	Spaltbarkeit	Vorkommen / Fundorte
117	glasiggrau	weiß	6,0 / 2,53 bis 2,56	Ggl.-Perlmgl. / ds.—trüb	musch., uneben, spröd	fast vollk.	wichtiger Gemengteil junger Eruptivgesteine / Laacher See, Drachenfels, Karlsbad, Vesuv
118	stahlgrau bis eisenschwarz, oft bunt angelaufen	kirschrot bis rotbraun	6,5 / 5,2—5,3	Mgl. / uds.	musch., rauh, spröd	keine	wichtiges und sehr verbreitetes Eisenerz, Kristall. Schiefer, Stöcke, Lager / Lahn-Dillmulde, Siegerland, Sachsen, Harz, Hunsrück, Eifel, Elba, Spanien (Bilbao), Graubünden, Banat, Ukraine, USA (Alab., Minn., Miss.), Kanada, Kuba, Brasilien
119	graulichgelb, graugrün bräunlich	weiß	6,0—7,0 / 3,2	Ggl., Fgl, / ds.—dsch.	uneben	vollk.	in Gneisen und Glimmerschiefern, Gängen / Sachsen, Siebengebirge, Tirol, Bretagne, Auvergne, Schottland, Indien, USA (Conn., Mass., New York)
120	grauweiß	—	7,0 / 2,2—2,6	matt / dsch.—uds.	musch.	keine	in der Schreibkreide wie z. B. Rügen u. a. m.

 Für die einzelnen Spalten der Tabellen sind die Hinweise in der Einleitung S. 9ff. zu vergleichen.

Begleiter	Ausbildung	Kristallform	Name / Formel	Skizze
Feldspäte und Quarz	ein- u. aufgewachsen, glasig-rissige Struktur, tafeliger Habitus	monoklin	**Sanidin** (Kalinatronfeldspat) / $(K,Na)[AlSi_3O_8]$ in Abb. Trachyt Tafel XIV, 5 V.d.L. nur Kanten schmelzend	
Magnetit, Limonit, Lava	1. derb, faserig, schuppig, nierig 2. kristallin, körnig	2. trigonal, auf- bis eingewachsen, viele Formen, pyramidal, würfelähnlich	**Hämatit** (Eisenglanz) (Roteisenstein) / Fe_2O_3 1. = Roteisenstein 2. = Eisenglanz Tafel I, 15 Tafel X, 8 V.d.L. nicht schmelzend, in HCl löslich	
Pegmatit, Quarz	faserig, strahlig, stengelig, schalig, derb, Geröll	rhombisch, Kristalle sehr klein, nadelig	**Sillimanit** (Faserkiesel) / $A[AlSiO_5]$ V.d.L. nicht schmelzbar, in Säuren nicht löslich	dünne, feine Nadeln!
Kreide, Opal	derb, knollig, bis plattige Konkret.	keine	**Feuerstein** (Flint) / SiO_2 V.d.L. nicht schmelzbar, in Flußsäure schwer löslich	amorph

Schwarz Nr. 121—126

Nr.	Farbe	Strich	Härte / Spez.Gew.	Glanz / Durchsichtigk.	Bruch	Spaltbarkeit	Vorkommen / Fundorte
121	rein-schwarz. braun	rein-schwarz bis braun	1,0—6,0 (Übergänge) Wad = 1 Psilomelan = 6 / 0,2—4,3	matt, wachsartig, selten Mgl. / uds.	brüchig bis rauh	keine	wirtschaftlich wichtigstes Manganerz, alle Manganlagerstätten, „Eiserner Hut", Auslaugungs- u. Oxydationslagerstätten / Siegerland, Linden, Mark b. Gießen, Braunfels, Bingerbrück, Thüringen, Transvaal, Minas-Geräes, Indien, USA (Arkansas)
122	schwarz, braunschwarz, eisenschwarz, dunkel, stahlgrau	rein grau schimmernd	1,0 / 2,1—2.3	Mgl. od. matt / uds.	uneben	gut	in metamorph. Gestein, flözartig in kristall. Sch. in körnigen Kalken / Harz, Passau, Ostalpen, Apennin, Finnland, Sibirien, Cornwall, Mexiko, USA (Ariz., New York), Kanada, Madagaskar, Ceylon, Korea
123	pechschwarz	schwarz	1,0—2,0 / 1,1—1,2	Fgl. / uds.	musch.	keine	lagerartig in Klüften und Gängen, Imprägnation (Kalk und Sandsteine) / Harz, Hannover, Cornwall, Schweiz, Italien, Schweden, Totes Meer, Trinidad, Venezuela, Kuba, Kanada
124	schwarz	schwarz	2,0—2,5 / 1,15—1,5	Ggl., Fgl. / uds.	musch.	schuppig	als Flöze vieler Formationen, Ruhrgebiet, Saar, Oberschlesien, England, Frankreich, Belgien Holland, Polen, ČSSR, USA, Kanada, China, Indien, S-Afrika, Australien
125	schwarz, silbergrau, gelblich, braun	weiß	2,0—3,0 / 2,9—3,1	Perlmgl,, Mgl. / dsch.	keiner, blättrig	sehr vollk., 1 Richt.	in zinnsteinführenden Graniten und Gneisen / Zinnwald, Cornwall u. a. m., sehr viele Granit bereiche
126	schwarz, dunkelbraun, dunkelgrün	weiß	2,5—3,0 / 2,8—3,2	Perlmgl., Mgl. / dsch.—uds.	elastisch, biegsam	sehr vollk. 1 Richt.	häufigster Glimmer, in erupt. u. metamorph. Gesteinen, auch in groben Sedimenten / Monte Somma (Vesuv), Albaner Berge, Laacher See, viele Granitgebiete der Erde

 Für die einzelnen Spalten der Tabellen sind die Hinweise in der Einleitung S. 9ff. zu vergleichen.

Begleiter	Ausbildung	Kristallform	Name / Formel	Skizze
Psilomelan und Pyrolusit	traubige, knollige, zapfige Massen, auch dendritisch, locker, pulverig, gelartig	keine Kristalle	**Manganomelan** Psilomelan, Wad z. T. schwarzer Glaskopf / MnO_2 Tafel I, 10 Tafel III, 1 V. d. L. nicht schmelzbar	keine Kristalle
keine Begleitmineralien, nur umgebende Schichtglieder	dicht, schichtig	hexagonal 6-seitige Schuppen und Tafeln	**Graphit** / C Tafel XIII, 1 V. d. L. nicht schmelzbar	meist derb, Kristalle selten
in Granit, Gneis, Glimmerschiefer, Porphyr	1. kristallin. 2. derb, eingespr., körnig, strahlig, schuppig, nierig, erdig, fettig anzufassen	keine, amorph!	**Asphalt** (Erdpech, Bergpech) / organischer Stoff!	keine. amorph!
keine typischen Begleiter	derb, eingesprengt, in Gangtrümmern, Platten, traubig, kugelig, nierig	keine, organische Verbindung Gestein!	**Steinkohle** (Anthrazit) / 74—94 % C, 3—20 % O, 1—5 % H	keine, Schuppen!
Quarz, Zinnstein, Scheelit, Flußspat	blättrig, radial gruppiert	monoklin, tafelig, 6-seitiger Umriß V. d. L. gut schmelzbar, rote Flamme	**Zinnwaldit** (Lithioneisenglimmer) / $K(Fe,Li)_3$ $[(F,OH)_2 \mid AlSi_3O_{10}]$	radial stehende Schuppen
Granit, Syenit, Diorit, Porphyr, Trachyt	flache, tafelige, biegsame Blättchen	monoklin, 6-seitige Blättchen, Krist. ein- u. aufgewachsen. Habitus hexagonal oder rhomboedrisch V. d. L. zu schwarzem Glas schmelzend	**Biotit** (Magnesiaeisenglimmer) / (Kalium-Aluminium-Magnesium-Eisen-Silikat) $K(Mg,Fe,Mn)_3$ $[(OH,F)_2 \mid AlSi_3O_{10}]$ Tafel XI, 11	

Nr.	Farbe	Strich	Härte / Spez.Gew.	Glanz / Durchsichtigk.	Bruch	Spaltbarkeit	Vorkommen / Fundorte
127	schwarz (frischer Bruch grau)	schwarz	3,0—4,0 5,4—5,9	Mgl., matt uds.	feinkörnig, dicht	vollk.	auf Silber- und Kobalterzgängen Harz, Erzgeb., Schwarzwald, Vogesen, Böhmen, Chile, Japan
128	schwarzbraun	dunkelbraun	4,0 4,3—4,4	Mgl. (nur frisch) dsch. (Splitter rot dsch.)	uneben	vollk.	frisch sehr selten, mit Pyrolusit in Gängen Harz, Thür. Wald, Cornwall, Neu-Schottland u. a. m.
129	pechschwarz, grünlich-, bräunlichgrau	dunkelgrün bis bräunlich	4,0—6,0 9,0—9,7	Fgl. (frisch), meist matt uds.	musch.		radioaktiv hydrothermale Erzgänge oder Pegmatite, nicht sehr häufig Bayern (Wölsendorf), Böhmen (Joachimsthal), Erzgeb., Schlesien, Norwegen, Schweden, Südafrika (Katanga), Kanada, USA (Connecticut, Dakota), Tanganjika (Afrika)
130	schwarz, dunkelbraun	gelbbraun bis schwarz	5,0—5,5 7,14 bis 7,54	fett. Mgl. uds.	uneben, spröd	vollk.	wichtigstes Wolframerz. In Granitgängen (Pegmatite) meist mit Zinnsteinvorkommen Erzgebirge (Zinnwald), Vogtland, Spanien, Bolivien, Brasilien, USA (Colorado), Malaiische Staaten, Birma, SW.-Afrika, Queensland, Korea, China
131	eisenschwarz, Stich ins Braune	braun	5,5 4,7—4,8	fett. Mgl. uds.—dsch.	uneben	vollk.	in metamorph. Gesteinen Harz, Schweden
132	eisenschwarz, braunschwarz	schwarz	5,5 5,0—5,2	Mgl., matt uds.	musch., spröd	unvollk.	wichtiges, sehr verbreitetes Eisenerz in allen Eruptivgesteinen Sachsen, Thüringen, Siegerland, Harz u. a. m., Schweden (Kirunavara, Gällivaara), Finnland, Banat, Ural, USA (New York, Wyoming, Utah), Mexiko, Chile

 Für die einzelnen Spalten der Tabellen sind die Hinweise in der Einleitung S. 9ff. zu vergleichen.

Begleiter	Ausbildung	Kristallform	Name / Formel	Skizze
Silber- und Kobalterze	meist dicht, schalig, wie Glaskopf, lagig, knollig, traubig	derb, rhomboedr., Krist. selten, würfelig, nadelig	**Arsen** (Scherbenkobalt) / As Tafel III, 4 V. d. L. flüchtig, ohne zu schmelzen. Knoblauchgeruch	Kristalle zu selten!
Pyrolusit, Baryt, Calzit	strahlig, stengelig, radiale Aggreg., Bündel, selten körnig	rhomb., Kristalle in Drusen, langprismatisch, Zwillinge	**Manganit** / MnOOH V. d. L. nicht schmelzbar, in HCl löslich	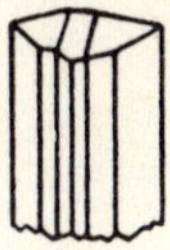 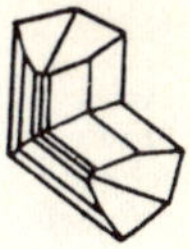
Silber-, Wismut-, Kobalterze, Glimmer	derb, dicht, nierig, stengelig, rundschalig, selten mulmig	regulär, Kristalle nur in Pegmatiten (Würfel)	**Uranpecherz** (Uranit, Pechblende) / UO_2 V. d. L. schwer schmelzbar, in HNO_3 u. H_2SO_4 löslich	meist amorph.
Quarz, Apatit, Turmalin, Molybdänglanz, Flußspat, Zinnstein	tafelig, nadelig, strahlig, Streifung, auch derb in strahl. Aggr.	monoklin, Kristalle prismatisch, Zwillinge häufig	**Wolframit** / (Mn, Fe)[WO_4] Tafel I, 7 V. d. L. schmelzbar, in HCl löslich	 
Magnetit, Braunit, Kalkspat, Manganit	derb, spätig, körnig	tetragonal, ein- u. aufgewachsene Kristalle, pyramidal. Habitus	**Hausmannit** / Mn_3O_4 V. d. L. nicht schmelzbar, in HCl löslich	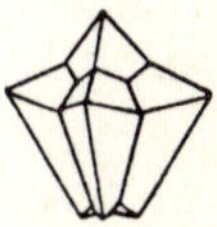
Ilmenit, Korund, Spinell, Olivin, Eisenglanz, Cu-Kies, Granat, Lievrit, Magnetkies	derb, eingespr., körnig, schalig, dicht, Aggr.	regulär, ein- und aufgewachsene Kristalle, verzerrt, gestreift, Zwillinge	**Magnetit** (Magneteisenerz) / Fe_3O_4 Tafel I, 9, 16 V. d. L. sehr schwer schmelzbar, in HCl löslich	Kristalle klein 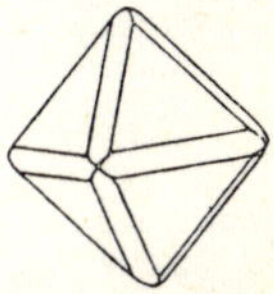

Nr.	Farbe	Strich	Härte / Spez.Gew.	Glanz / Durchsichtigk.	Bruch	Spaltbarkeit	Vorkommen / Fundorte
133	schwarz, braunschwarz	braun	5,5 / 4,5—4,8	fett. Mgl. / uds.	uneben bis musch.	keine	wichtigstes Chromerz! Meist an Nickel- und Platinlagerstätten gebunden / Schlesien, Steiermark, Banat, ehem. Bosnien, Mazedonien, Griechenland, Norwegen, Neuseeland, Kaledon., Türkei, Kuba, S-Afrika, Kanada, UdSSR, Philippinen
134	rabenschwarz, etwas braun, selten grünlich	grau-, grünbraun	5,0—6,0 / 2,9—3,4	Ggl. / uds.	rauh	vollk.	sehr verbreitetes u. auch gesteinsbildend. Mineral. In Eruptivgestein. Kristall. Schiefer / besonders gute Kristalle in Skandinavien u. a. m
135	eisenschwarz, schwärzlich-braun	schwärzlich	5,0—6,0 / 4,5—5,0	etwas Mgl., sonst matt / uds.—dsch.	musch.	keine (scheinbar bei Zwill.)	häufigster Gemengteil von Eruptivgest. a. Klüften / Aschaffenburg, St. Gotthard, Schweden, Norwegen, USA (Wyoming, Massachusetts), Indien, Malaya, Kanada
136	schwarz, ins Bräunliche	schwärzlich	5,5—6,0 / 4,1	fett. Ggl. / uds.	uneben	deutlich	Kontaktmineral, in krist. Schiefern / Nassau, Schlesien, Elba, Toskana, Griechenland, Grönland
137	pechschwarz, grünlichschwarz	graugrün	6,0 / 3,3—3,5	Ggl., matt / uds.	musch. bis uneben	teilweise gut	sehr verbreitetes und auch gesteinsbildend. Mineral, vulk. Gesteine, kristall. Schiefer / gute Kristalle in Eifel (Daun), Kaiserstuhl, Böhmen, Auvergne, Vesuv

 Für die einzelnen Spalten der Tabellen sind die Hinweise in der Einleitung S. 9ff. zu vergleichen.

Begleiter	Ausbildung	Kristallform	Name Formel	Skizze
Peridotit, Serpentine, Nickel- und Platinerze	Krist. selten, meist eingesprengt, körnig, derb, in Trümmern und Nestern	Kristalle sehr selten, Oktaeder	**Chromit** (Chromeisenerz) $FeCr_2O_4$ Tafel I, 13 V.d.L. nicht schmelzbar (magnetisch), in Säuren nicht löslich	
Biotit, Chlorit, Epidot, Augit, Diallag	kristall., derb, stengelig, faserig, körnig	monoklin. Kristalle, ein- u. aufgewachsen, kurzsäulig, Zwillinge, V.d.L. leicht schmelzbar, von HCl zersetzt	**Hornblende** (Hypersthen) (Amphibol), chem. sehr kompliz. Silikatgemisch von $(Na,K)_{0,5-2}Ca_{3-4}$ $Mg_{3-8}Fe^{\cdot\cdot}{}_{2-4}$ $(Al,Fe^{\cdot\cdot\cdot})_2$ $[(OH)_4 \vert Al_{2-4}Si_{14-12}$ $O_{44}]$ Tafel XI, 8	
Eisenglanz, Magnetit, Apatit	krist. u. strahlig, körnig, blättrig, tafelig	trigonal, rhomboedrischer Habitus, tafelig, Rosetten, Zwillinge	**Ilmenit** (Titaneisen) $FeTiO_3$ Tafel III, 9 V.d.L. nicht schmelzbar, in Säuren schwer löslich	
Augit, Sodalith, Flußspat, Zinnerze, Zoisit, Epidot	krist. u. strahlig, selten körnige Aggr.	rhombisch, aufgewachs. Kristalle, langsäulig, nadelig, streifig	**Lievrit** (Ilvait) $CaFe_2^{\cdot\cdot}Fe^{\cdot\cdot\cdot}$ $[OH \vert (SiO_4)_2]$ V.d.L. schmelzbar, von HCl zersetzt	
Diopsid, Hornblende, Epidot, Biotit, Chlorit, Limonit, Feldspäte	krist. und derb, körnig, eingespr., nadelig	kurzsäul., prism., 8-seit. Umriß Zwill. rhomb. Pyroxene = Enstatit, Bronzit, monokline Pyroxene = Diopsid, Diallag, Spodumen; trikline Pyroxene = Wollastonit, Rhodonit	**Augit*)** (Pyroxen) V.d.L. schmelzbar $Ca_{6,5}Na_{0,5}Fe_1^{\cdot\cdot}$ $Mg_6(Al,Fe^{\cdot\cdot\cdot},Ti)_2$ $[Al_{1,5-3,5}Si_{14,5-12,5}$ $O_{48}]$ Tafel XI, 7 **Hypersthen**)** V.d.L. schmelzbar $(Fe,Mg_2[Si_2O_6]$ **Fassait***)** $Ca_8Mg_{6,5}(Fe^{\cdot\cdot\cdot},Ti)$ $_{0,5}Al_1[Al_{1,5-2}$ $Si_{14,5-14}O_{48}]$ V.d.L. schwer schmelzbar	*) **) ***)

Nr.	Farbe	Strich	Härte Spez.Gew.	Glanz Durchsichtigk.	Bruch	Spalt-barkeit	Vorkommen Fundorte
138	eisen-schwarz	dunkel-braun bis rot-braun	6,0—6,5 5,0—5,2	Mgl. uds.	rauh	unvollk.	in metamorph. krist. Kalken d. Zinkerzlagerstätten besonders gut USA (New Jersey, Franklin-Furnace)
139	eisen-schwarz, bräunlich-schwarz	schwarz, bräun-lich	6,0—6,5 4,7—4,9	fett. Mgl. uds.	uneben, spröd	wenig gut	in metamorph. Gesteinen, lokal als wertvolles Manganerz Harz, Thüringer Wald, Italien (Piemont), Schweden, S-Afrika, Vorderindien

 Für die einzelnen Spalten der Tabellen sind die Hinweise in der Einleitung S. 9ff. zu vergleichen.

Begleiter	Ausbildung	Kristallform	Name / Formel	Skizze
Rotzinkerz, Willemit, Zinkerze	krist., meist eingewachsen und ganz abgerundet	kubisch	**Franklinit** $ZnFe_2O_4$ V. d. L. nicht schmelzbar, in heißer HCl löslich	Kristalle selten gut
körnige Kalksteine und Dolomite, Hausmannit	kristallin u. auch derbkörnige Aggr.	tetragonal, Krist. klein, ähnlich Oktaedern	**Braunit** (z. T. Hartmanganerz) $Mn_4^{\cdot\cdot}Mn_3^{\cdot\cdot\cdot\cdot}$ $[O_8\|SiO_4]$ V. d. L. nicht schmelzbar	meist derb

Nr.	Farbe	Strich	Härte / Spez.Gew.	Glanz / Durchsichtigk.	Bruch	Spaltbarkeit	Vorkommen / Fundorte
140	zinnweiß	—	flüssig / 13,5 bis 13,6	Mgl. / uds.	—	—	in Tropfen in Zinnober / Rheinpfalz, Spanien, ehemaliges Serbien, Peru, USA (Kalifornien, Texas)
141	weiß,gelb, grünlich, bläulich	weiß	1,0 / 2,2—2,6	Perlmgl., auch matt / uds.	musch., erdig	vollk.	Hauptmineral der wirtschaftl. wichtigen Kaolinlager. In Sedimenten, Lagerstätten, auch Verwitterung / Sachsen (Meißen), Schlesien (Strehlen), Passau, Cornwall, Frankreich (Limoges), ČSSR, Italien, USA (Arkansas), Japan
142	schneeweiß, blaßgelb	glänzend	2,0—2,5 / 3,2—3,8	matt / uds.	spröd	vollk.	auf Galmeilagerstätten, Verwitterungsprodukt / Österreich (Bleiberg, Kärnten), Oberschlesien, Spanien, Sardinien, USA (Pennsylvanien), Algier, Kanada
143	weiß, lichtgrün grau braungelb	weiß	2,0 / 2,93–3,0	silberweiß / Seidengl.	kein	faserig	Umwandlungsprodukt der Hornblende, mit Strahlstein oder als Schnüre im Serpentin / Sachsen, Schlesien, Kanada, Transvaal, Cypern, Rhodesien, Ural
144	silberweiß, rötlich, bunt anlaufend	bleigrau, metallschimm.	2,0—2,5 / 9,7—9,8	Mgl. / uds.	feinkörnig	vollk.	auf Gängen von Zinnerz, Nickelsilber, Zinnsilbererz, häufig in intrusiver Folge / Schneeberg (Erzgebirge), Zinnwald, Cornwall, NS.-Wales, Queensland, Bolivien
145	zinnweiß	weiß	2,0—3,0 / 6,1—6,3	Mgl. / uds.	spröd	z. T. gut	in Erzen / Siebenbürgen, USA (Californien, Colorado), Australien, England (Cornwall)
146	weißlich, gelblich, farblos, rot	weiß	1,0—2,0 / 1,6	Ggl. / speckig	musch.	vollk.	wichtigstes der primären Kalisalze. Auf Kalisalzlagerstätten / norddeutsche Kalisalzlager, Galizien, Spanien, Persien

 Für die einzelnen Spalten der Tabellen sind die Hinweise in der Einleitung S. 9ff. zu vergleichen.

Begleiter	Ausbildung	Kristallform	Name / Formel	Skizze
Zinnober	flüssig in kl. Tropfen, bei —40^0 fest	fest-rhomboedr., bei gewöhnlicher Temp. flüssig	**Quecksilber** Hg Tafel II, 2 V. d. L. leicht flüchtig	flüssig! keine Kristalle
Tonerdesilikate, Feldspäte, Nephelin, Leucit, Skapolith	erdig, schuppig mager, dünne Plättchen, lockere Massen	monoklin, deutliche Schüppchen	**Kaolinit** (Kaolin, Porzellanerde z. T.) Tafel XIII, 3 $Al_4[(OH)_8 \| Si_4O_{10}]$ schmelzbar, in H_2SO_4 völlig zersetzt	Schuppen keine Kristalle
Messingblüte, Galmei, Nickelsmaragd	derb, erdig, dicht, schalig, Ausblühung, Anflug (kreideartig)	amorph oder winzige Kristalle (mikrokristallin!)	**Zinkblüte** $Zn_5 \| (OH)_3 \| CO_3]_2$ V. d. L. nicht schmelzbar, in Säuren löslich	monokline, mikrokristall. Kristalle
Serpentin, Chrysotil-Faserserpentin. Meerschaum, Strahlstein	faserig, filzig blättrig, schuppig	monoklin	**Asbest** (Serpentinasbest) $H_4Mg_3Si_2O_9$ Mg-Silikat V. d. L. schwer schmelzbar (kleine Splitter!), von HCl und H_2SO_4 zersetzt	feine Fasern
Wismutglanz, Kobaltglanz, Zinnstein, Rotnickelkies	krist. und derb, blättrig, körnig, Aggr., federartig verästelt, streifig	rhomboedrisch, Krist. selten, Zwillinge	**Wismut** Bi V. d. L. völlig flüchtig	Kristalle selten Hex. Zwill.
Gold, Selentellur	löcherig, derb eingesprengt	rhomboedrisch, Krist. selten prismatisch	**Tellur** Te V. d. L. leicht schmelzbar	derb
Kalisalze, Steinsalz, Anhydrit	krist. und eingesprengt, in Schnüren und Lagen, grobkörnige Aggr.	rhombisch, Krist. selten, hexagonaler Habitus	**Carnallit** $MgCl_2 \cdot KCl \cdot 6H_2O$ V. d. L. leicht schmelzbar	

Nr.	Farbe	Strich	Härte / Spez.Gew.	Glanz / Durchsichtigk.	Bruch	Spaltbarkeit	Vorkommen / Fundorte
147	silberweiß, gelb, braun anlaufend	silberweiß	2,5—3,0 9,6–12,0	Mgl. uds.	hakig, dehnbar	—	derb, in Nestern, eingesprengt, als Anflug Freiberg (Sachsen), Sardinien, USA, Kanada, Mexiko, Bolivien, Australien, Peru
148	weiß, rötlich, bräunlich	weiß	2,5—3,0 2,95	Ggl. bis Perlmgl. dsch.	spätig, uneben	z. T. gut	in zinnerzführendem Granit in großen Mengen Grönland, USA (Colorado), Ural
149	weiß, graulich anlaufend	bleigrau	3,0—3,5 6,6—6,7	Mgl. uds.	uneben	gut	auf Erzgängen Harz, Kärnten, Böhmen, Schweden, Portugal, Australien, Kanada u. a. m.
150	silberweiß	silberweiß	3,0—3,5 13,7 bis 14,8	Mgl. uds.	musch.	—	auf Zinnoberlagerstätten und sonstigen Erzgängen Oberlahnstein, Ungarn, Spanien, Schweden, Chile
151	silberweiß, nach hellgelb	dunkles Grau	3,5 9,4–10,0	stark Mgl. uds.	uneben	z. T. vollk.	auf Silbererzgängen, auch auf Silberkobaltgängen Harz, Schwarzwald, Vogesen, Spanien, Chile, NS.-Wales
152	weiß, trüb, farblos lichtgefärbt	weiß	4,5 2,44–2,5	Ggl. dsch.—uds.	uneben	z. T. feststellbar	auf Erzgängen, auch in Eruptivgesteinen, in Drusen Harz, Oberstein, Böhmen
153	graulichweiß, ins Gelbliche	weiß	4,5—5,0 5,9—6,1	diam. Fgl. dsch.—uds.	musch., uneben	spröd, z. T. gut	neben Wolframit wichtigstes Wolframerz, in Pegmatiten, hydrothermale Bildungen Tirol, Schlesien, Erzgebirge, Skandinavien, ČSSR, Cornwall, USA, Bolivien
154	weiß, grau	weiß	4,5—5,0 2,8—2,9	perl. Ggl. dsch.	rauh	vollk.	Kontaktmineral, bes. in Kalken Bergstraße (Odenwald), Banat, Schwed., Finnland, Mexiko, New York, Kan.

 Für die einzelnen Spalten der Tabellen sind die Hinweise in der Einleitung S. 9ff. zu vergleichen.

Begleiter	Ausbildung	Kristallform	Name / Formel	Skizze
Bleiglanz, Silberglanz, Cerussit	krist. und plattig, meist derb, verzerrt, klumpig, verästelt, haarartig	regulär, verzerrte Würfel oder Oktaeder	**Silber** Ag Tafel III, 3 V. d. L. leicht schmelzbar, in HNO_3 löslich	
Quarz, Spateisen, Pyrit, Bleiglanz, Kupferkies, Zinnstein	krist. und derb, körnig, spätig, plattig	monoklin, würfelig, streifig, Zwillinge	**Kryolith** $Na_3[AlF_6]$ Am Streichholz schmelzbar, in HCl und H_2SO_4 löslich (z. T.)	
Antimonit, Silber- und Arsenmineralien	krist. und derb, spätig, blättrig, nierig, eingesprengt	rhomboedrisch, Kristalle selten, würfelig, tafelig, Vierlinge und Sechslinge	**Antimon** Sb V. d. L. leicht schmelzbar, völlig flüchtig	Kristalle sehr selten, massig
Zinnober	krist. und derb, eingesprengt, plattig, moosartig	regulär flächenreiche Kr.	**Amalgam** (HgAg)	oft derb
Silbererze, Bleiglanz, Arsen und Antimonmineral.	krist. und derb, eingesprengt, spätig, körnig, plattig, streifig	rhombisch, säulig, Pyramiden, Zwillinge	**Antimonsilber** (Dyskrasit) Ag_3Sb V. d. L. leicht schmelzbar	
Magnetkies	krist. und Zwillinge	monoklin	**Harmotom** $(Ba, K_2)_2$ $[Al_4Si_{11}O_{30}] \cdot$ $10\,H_2O$ V. d. L. leicht schmelzbar, von HCl zersetzt	
Quarz, Wolframit, Flußspat, Zinnstein, Baryt	kristallin und derb, als Krusten	tetragonal, pyramidal, tafelig, streifig, Zwillinge	**Scheelit** (Tungstein) $Ca[Wo_4]$ Tafel I, 12 V. d. L. schwer schmelzbar, in HCl und HNO_3 löslich	
Granat, Vesuvian, Diopsid, Epidot	kristallin u. derb, strahlig, stengelig, blättrig, faserig	monoklin, Krist. selten gut!	**Wollastonit** $CaSiO_3$ V. d. L. schwer schmelzbar	

Nr.	Farbe	Strich	Härte / Spez.Gew.	Glanz / Durchsichtigk.	Bruch	Spalt-barkeit	Vorkommen / Fundorte
155	weiß, farblos, grau, grünlich, rot	weiß	5,0—6,5 / 2,54 bis 2,77	Perlm. fettg. Ggl. / uds.	musch.	vollk.	Feldspat (Plagioklas) — ähnliche Gruppe aus heißen Lösungen, Kontaktbildung, pegmatit. Magma / Laacher See, Passau, Pyrenäen, Schweiz, Skandinavien, Tessin, USA (New Jersey, New York, Mass.), Brasilien
156	zinnweiß, lichtgrau	grau-schwarz	5,0 / 6,4—6,6	Mgl. / uds.	uneben, spröd	schlecht	häufiges und wichtiges Co- und Ni-Erz, hydrothermal / Bieber bei Gießen, Mansfeld, Erzgeb., Odenwald, Schwarzwald, ČSSR, Cornwall, Dauphiné, Kanada (Ontario), Marokko
157	weiß, grau, gelblich-weiß	weiß	5,0—5,5 / 2,2—2,4	Ggl. Seid. Gl. / ds.—dsch.	musch.	vollk.	gehört zur Gruppe der Zeolithe auf Hohlräumen und Blasen des Basaltes und Phonolithes / Hessen, Hohentwiel, Auvergne, Island, Färöer, Norwegen, Schottland, Südafrika
158	grau, weiß, farblos, gelb, fleischrot	weiß	5,5 / 2,2—2,3	Ggl. / ds.—trüb	musch., uneben	schlecht	Hydrothermale Entstehung auf Hohlräumen von Basalten / Harz, Böhmen, Island, Orkney, Italien, USA, Ind. Ozean (Inseln)
159	weiß, Stich ins Rötliche	grau-schwarz	4,5—5,5 / 4,8—5,8	Mgl. / uds.	uneben, spröd	vollk. z. T.	Hydrothermale Bildungen / Siegerland, Ungarn, Schweden, SW.-Afrika, USA (Maryland u. Miss.), Katanga, Rhodesien
160	silberweiß, ins Rötliche	grau	5,5 / 6,0—6,4	Mgl. / uds.	musch.	z. T. gut	wichtiges Co-Erz, aber nie sehr viel, Kontaktmineral, häufig auf Gängen, krist. Schiefer / Erzgebirge, Skandinavien, Kanada, Australien

Für die einzelnen Spalten der Tabellen sind die Hinweise in der Einleitung S. 9ff. zu vergleichen.

Begleiter	Ausbildung	Kristallform	Name / Formel	Skizze
Muskovit, Biotit, Epidot, Albit, Kaolin, Plagioklase	kristallin u. derb, körnig, stengelig, strahlig, Aggr. dicht	tetragonal, aufgewachsen, langgestreckt	**Skapolith** (Wernerit) (Marialith und Mejonitmoleküle) $Na_8[(Cl_2, SO_4, CO_3, (OH)_2)\|(AlSi_3O_8)_6]$ und $Ca_8[(Cl_2, SO_4, CO_3, (OH)_2(Al_2Si_2O_8)_6]$ V. d. L. leicht schmelzbar	
Kobaltblüte, Nickelblüte, Rotnickelkies	kristallin u. derb, eingespr., körnig, dicht, nierig, gestrickt	regulär, aufgewachsene Kristalle	**Speiskobalt** (Smaltin) $CoAs_{3-2}$ V. d. L. zu grauschwarzer Kugel schmelzbar, in HNO_3 rot löslich u. **Chloanthit** (Weißnickelkies) $NiAs_{3-2}$ wie oben, nur in HNO_3 grün löslich	meist derb
Zeolithe	kristallin u. derb, faserig	rhombisch, monoklin, prismatisch, langgezogen	**Natrolith** Zeolithe $Na_2[Al_2Si_3O_{10}] \cdot 2H_2O$ mit Streichholz schmelzend, mit HCl zersetzt	
Basalte, Diabase, Magnetit, Nephelin	kristallin u. derb, körnig, dicht, erdig	regulär Ikosaeder, Kristalle einzeln oder in Drusen, meist klein	**Analcim** $Na[AlSi_2O_6] \cdot H_2O$ V. d. L. leicht schmelzbar, von HCl zersetzt	
Millerit, Spateisen (ähnlich Nr. 160, aber nicht damit verwechseln!)	kristallin u. derb, eingespr., körnig, Aggr.	regulär, gute Kristalle (wie Spinell!) Zwillinge	**Kobaltkies** (Linneit) Co_3S_4 V. d. L. zu magnet. Kugel schmelzbar, in HNO_3 löslich	
Pyrit, Magnetkies, Kupferkies, Spateisen	kristallin u. derb, körnig, Aggr., eingespr.	regulär, Pentagondodekaeder, Zwill., gestreift	**Kobaltglanz** (Cobaltin) CoAsS Tafel I, 11 V. d. L. schmelzbar, in HNO_3 rot löslich	

Nr.	Farbe	Strich	Härte / Spez.Gew.	Glanz / Durchsichtigk.	Bruch	Spaltbarkeit	Vorkommen / Fundorte
161	zinnweiß, lichtgrau	schwarz	5,5—6,0 5,9—6,2	Mgl. uds.	uneben, spröd	z. T. gut	häufig, auf hydrothermal. Gängen, Kontaktgestein, metamorph. Gestein Erzgebirge, Bergstraße, Schlesien, Fichtelgebirge, Harz, Schweden (Boliden), Cornwall, Kanada (Ont.)
162	weiß, farblos, wasserhell, lichtgrau	weiß	5,5—6,0 2,6-2,65	Fgl., Ggl. ds.—uds.	musch., uneben	unvollk.	sehr wichtiges, gesteinsbildendes Mineral, Eruptivgesteine Vogelsberg, Sachsen, Kaiserstuhl, Odenwald, Norwegen, Kola, Siebenbürgen, Portugal, Südwestafrika
163	weißlichgrau	weiß	5,5—6,0 2,5	Glas-Fgl. uds.	musch., spröd	—	häufiger Gemengteil der Eruptivgesteine, Phonolithe und Basalte, Laven Vesuv, Albaner Berge, Laacher See, Kaiserstuhl, Brasilien, USA (Arkansas), Brit.-Columbia
164	silberweiß	—	6,0—7,0 22,6 bis 22,8	Mgl. stark uds.	hakig	gering	teuerstes Platinelement, auf Platin- und Goldseifen Ural, Ostindien

 Für die einzelnen Spalten der Tabellen sind die Hinweise in der Einleitung S. 9ff. zu vergleichen.

Begleiter	Ausbildung	Kristallform	Name / Formel	Skizze
Magnetkies, Zinnerze, Kupferkies, Bleiglanz, Eisenspat	kristallin u. derb, eingespr., strahlig, körnig, nierig	monoklin, Drusen, Gruppen	**Arsenkies** (Arsenopyrit) / FeAsS V.d.L. zu schwarzer Kugel schmelzbar, in HNO_3 löslich	
Granat, Hornblende, Sanidin, Leucit	kristallin und in Aggr.	hexagonal, kurzsäulig, Zwillinge	**Nephelin** (Eläolith) / $Na[AlSiO_4]$ V.d.L. schmelzbar	
Nephelin, Analcim, Orthoklas, Muskovit	kristallin, eingewachsene Kristalle	regulär, Deltoidikositetraeder (Leucitoeder)	**Leucit** / $KAlSi_2O_6$ Tafel XI, 5 V.d.L. fast unschmelzbar, von HCl zersetzt	
meist Platin und Gold	regulär, Krist. selten	meist runde Körnchen	**Iridium** / Ir V.d.L. nicht schmelzbar, in Säuren nicht löslich	kleine, runde Körner

Nr.	Farbe	Strich	Härte / Spez. Gew.	Glanz / Durchsichtigk.	Bruch	Spaltbarkeit	Vorkommen / Fundorte
165	farblos, leicht gefärbt weiß, gelblich	weiß	1,5—2,0 / 2,3—2,4	Perlmgl. Ggl. / ds.—uds.	musch.	gut vollk. spaltbar	auf Steinsalzlagern mit Anhydrit. Auf Lagerstätten sulfidischer Erze, in Wüsten, Gruben, Tonen / Deutschland, Italien, Frankreich, Chile, USA, Spanien, England
166	farblos, gefärbt	weiß	2,0 / 2,1—2,2	Ggl. / ds.—trübe	körnig	vollk.	geschätztes Kalisalz, Sublimationsprodukt in Vulkanen, am Rande von Steppenseen. Auf Salzlagerstätten / Norddeutschland (um Hannover), Staßfurt, Elsaß, Spanien, UdSSR, Galizien, Indien (Salt-Range), N-Afrika, China
167	farblos, trübgrau, gelb	weiß	2,0—2,5 / 1,68	Fgl. / ds.	musch., spröd	deutlich	im Bodenschlamm und am Ufer der Boraxseen / Tibet, USA (Californien, Nevada), Argentinien, Bolivien, Chile
168	farblos, weiß	weiß	2,0—2,5 / 1,68	Ggl. / ds.	glatt	gut	Umwandlungsprodukt, auf Kalisalzlagerstätten, als Verwitterungsprodukt auf Erzlagerstätten / (Herrengrund, Neusohl, Idria), Eltonsee, in den sibirischen Steppen, Kanada
169	farblos, gelblich, bräunlich	weiß	2,0—2,5 / 2,78 bis 2,88	Perlmgl. / ds.—dsch.	biegsam, blättrig	vollk.	in Graniten, Pegmatiten, Gneis u. Glimmerschiefer, in metamorphen Kalksteinen, auf Klüften, Drusen / St. Gotthard, Zillertal, Irland, Ural, Nordamerika, Kamerun, Ostafrika, Ostindien, Kanada, USA (N. C.; N. Ham.)
170	farblos, weiß, grünlich	weiß	2,5 / 2,4	Ggl. bis Perlmgl. / ds.—dsch.	schuppig	sehr vollk.	im Serpentin, auf Gängen, Trümern / Pa., Insel Unst, Predazzo, Quebec, USA (Penn., Tex.)
171	farblos, weiß	weiß	2,5—3,0 / 2,3—2,4	Ggl. bis Perlmgl. / dsch.	—	vollk.	in Serpentin, Talkschiefer, Verwitterungsprodukt von Korund / Vogelsberg, Nordschweden, Langesundfjord, Slatoust, Ural

 Für die einzelnen Spalten der Tabellen sind die Hinweise in der Einleitung S. 9ff. zu vergleichen.

Begleiter	Ausbildung	Kristallform	Name / Formel	Skizze
Anhydrit, dichte Abart = Alabaster, Bleiglanz	spätig, faserig, schuppig, dicht, schalige Aggr., körnig, erdig	monoklin, Schwalbenschwanzzwill., ein- und aufgewachsene Kristalle, rosettenartig	**Gips** $Ca[SO_4] \cdot 2H_2O$ Tafel IV, 2 Tafel XII, 4 V. d. L. zu weißer Perle schmelzend	
Anhydrit, Gips Ton, Mergel	körnige, spätige Aggregate, selten stengelig	regulär, Kristalle aufgewachsen, in Würfeln, gerundete Flächen	**Steinsalz** (Chlornatrium, Halit) $NaCl$ Tafel XII, 6 Tafel XV, 6 V. d. L. mit gelber Flamme schmelzend, verdampfend, wasserlöslich	
Steinsalz, Soda	dicht, erdig, säulig, mit trüber Rinde überzogen	monoklin, kurze, dicksäulige Kristalle	**Borax** (Tinkal) $Na_2B_4O_7 \cdot 10H_2O$ V. d. L. schmelzend	
Mg .-Salze	erdig, faserige Aggregate, Ausblühung	rhombisch, prismatische Kristalle	**Bittersalz** (Epsomit) $Mg[SO_4] \cdot 7H_2O$ in H_2O löslich, schmelzbar	
Granit, Pegmatit, Gneis, Glimmerschiefer, Adular, Albit	blättrig, schalig, schuppig, dichte Aggregate, rosettenartig	monoklin, selten gute Kristalle, tafelig, spitzpyramidal	**Muscovit** (Kaliglimmer) $KAl_2[(OH,F)_2 \mid AlSi_3O_{10}]$ Tafel XI, 12 V. d. L. schwer schmelzend, graue bis gelbe Perle	
Serpentin, Kalkstein	derb, blättrig, schuppig, selten faserig, dünne biegsame Blättch.	rhomboedrisch, tafelige Kristalle	**Brucit** $Mg(OH)_2$ V. d. L. nicht schmelzend, in Säuren löslich	tafelige Kristalle, klein
Natrolith Bauxit	schuppig, traubig, radial-faserig	monoklin, Zwill., 6-seitige Tafeln	**Hydrargillit** (Gibbsit) γ-$Al(OH)_3$ V. d. L. nicht schmelzbar	kleine hexagonale Tafeln oder Säulen

Nr.	Farbe	Strich	Härte / Spez. Gew.	Glanz / Durchsichtigk.	Bruch	Spaltbarkeit	Vorkommen / Fundorte
172	farblos, weiß, auch gefärbt, gelb	weiß	3,0 / 2,6—2,8	Ggl. / ds.—uds.	musch., vollk. spaltbar	sehr vollk.	in großer Menge, sehr verbreitet, auf Drusen, Hohlräumen, auf Erzgängen, in Eruptivgesteinen, häufiges Gangmineral / Bergstraße, St. Andreasberg, Freiberg, Harz, Erzgebirge, Tirol, Tschechoslowakei, Banat, Island, Finnland, Griechenland, Cumberland, Cornwall
173	farblos, wasserhell, verschieden gefärbt	weiß	3,0 / 6,3	Dgl. fettig / ds.—dsch.	musch.	z. T. gut	Verwitterungserz von Bleiglanz, Oberflächennähe / Siegerland, Badenweiler, Schapbach (Schwarzwald), Kärnten, Sardinien, Anglesey, Spanien, Schottland, Rußland, Tsumeb, USA, Neukaledonien, Australien
174	farblos, weiß, grau, bläulich	weiß, gelblich, grünlich	3,0—4,0 / 2,9—3,0	Ggl. bis Perlmgl. / ds.	spröd	z. T. gut	in zahlreichen Salzformationen, auf hydrothermalen Gängen, Goldquarzgängen, auf Laven / Harz, Südharz (Hannov.), Bradenmine i. Chile, Westaustralien, England
175	glasig, matt bis trübe	weiß	3,0—3,5 / 2,25 bis 2,35	Ggl., auf Spaltfläche Perlmgl. / dsch.	spröd	vollk.	z. T. auf Erzgängen, auf Klüften, Blasenräumen von Eruptivgesteinen, in Gneisen und Schiefern / Oberstein, Bozen, Gabbro v. Harzb., Schottl., ČSSR, Bretagne, New Jersey
176	farblos, weiß, grau, gelb, braun	weiß	3,0—3,5 / 6,4—6,6	Dgl., fettig / ds.—dsch.	musch., spröd	z. T. gut	wichtiges Bleierz, in Verwitterungszonen von Bleiglanzlagerstätten, im Buntsandstein / Ems, Siegen, Aachen (in Diepenlinchen), Böhmen, Sardinien, Bukowina, England, USA (Arizona, Colorado), Tsumeb-Mine, Rhodesia
177	farblos, weiß, gelblich, oft bläulich fleischfarb. rot, violett	weiß	3,0—3,5 / 3,9—4,0	Ggl., Perlmgl. / ds.—dsch.	musch.	vollk.	relativ oft, auf Klüften und in Hohlräumen / Muschelkalk von Rüdersdorf, England, Italien, Ägypten, USA

 Für die einzelnen Spalten der Tabellen sind die Hinweise in der Einleitung S. 9ff. zu vergleichen.

Begleiter	Ausbildung	Kristallform	Name / Formel	Skizze
Aragonit, Baryt, Gips, Dolomit	körnig, faserig, stengelig, spätig, dichte, erdige Aggregate, Versteinerungsmineral	trigonal-skalenoedrisch, fast stets aufgewachs. Krist., sehr verschiedene Formen, flächenreich, Viellinge	**Kalkspat** (Calcit) / $CaCO_3$ Tafel IV, 3; XII, 1 V. d. L. unschmelzbar, Flamme gelbrot, in HCl löslich	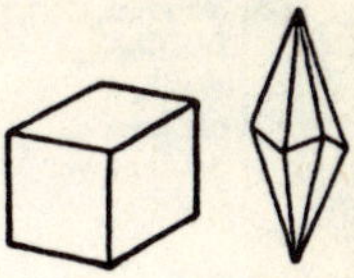
Cerussit, Brauneisen, Baryt, Cölestin, Bleiglanz	derb, dicht, gut ausgebild. Krist., einzeln aufgewachsen	rhombisch, kurz prismatisch, tafelig	**Anglesit** / $Pb[SO_4]$ V. d. L. auf Kohle schmelzbar, wenig löslich in HNO_3 vollkommen löslich in Kalilauge	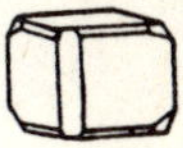
Steinsalz, Gips	dicht, körnige, faserige, blättrige Aggregate, stengelig	rhombisch, würfelähnl., prismatisch, Gleitzwillingslamellen	**Anhydrit** / $Ca[SO_4]$ Tafel XII, 3 V. d. L. schwer zu weißer Perle schmelzend	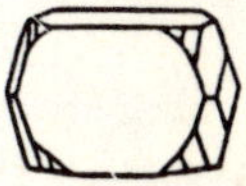
Eruptivgesteine, Gneis, Schiefer, Kupfer	stengelig, erdige Aggregate	monoklin, gestreifte, langsäulige Kristalle, Zwillinge	**Laumontit** / $Ca[AlSi_2O_6]_2 \cdot 4H_2O$ V. d. L. gut schmelzbar	
Bleiglanz, Aragonit	derb, nierig stengelig, nadelig, spießig, büschelförmige Aggregate, erdig	pyramidal, auch tafelig, einzeln aufgewachs. Kristalle, tafelig	**Weißbleierz** (Cerussit) / $PbCO_3$ Tafel II, 5 V. d. L. schmelzbar, in HNO_3 löslich	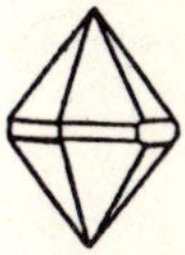
Kalkstein, Dolomit, Gips, Mergel, Schwefel	dicht, schalig, stengelige Aggr., spätig, körnig	rhombisch, flächenreiche, aufgewachsene Kristalle	**Cölestin** / $Sr[SO_4]$ V. d. L. schmelzbar, färbt Flamme rot	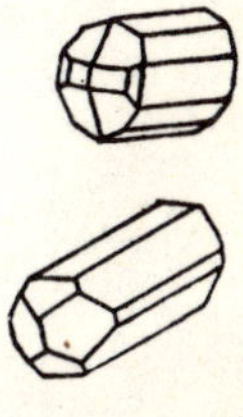

Nr.	Farbe	Strich	Härte Spez.Gew.	Glanz Durchsichtigk.	Bruch	Spaltbarkeit	Vorkommen Fundorte
178	an sich farblos, weiß, oft versch. gefärbt	weiß	3,0—3,5 4,48	Ggl., Fgl. ds.—uds.	musch., vollk. spaltbar	vollk.	sehr verbreitetes Ba-Mineral, auf Gängen und Begleiter sulfider Erze Odenwald, Spessart, Harz, Thüringen (Mansfeld), Ungarn, England, Frankreich, USA (Colorado, Connect.)
179	farblos, weiß, grau, gelb	weiß	3,5—4,0 2,1—2,2	Perlmgl.,Ggl. ds.—dsch.	uneben	vollk.	häufig, in Hohlräumen und Blasen vulk. Gesteins Schottland, Färöer, Island, Schweden, Siebenbürgen, Indien, Alpen, St. Andreasberg (Harz)
180	farblos, weiß, rötlich, gelblich	weiß	3,5—4,0 2,7—2,8	Ggl.,Perlmgl. uds.	musch.	vollk.	Verwitterungsprodukt vulkanischer Gesteine Italien, Ungarn, Griechenland, USA (Colorado), Australien (N. S. W.)
181	farblos, weiß, gelblich, grau, auch dunkler	weiß bis gelblich	3,5—4,0 2,95	Ggl. ds.—trüb bis uds.	musch., spröd	nicht gut	nicht so oft wie Kalkspat, weniger gesteinsbildend, auf Klüften und Hohlräumen, vulk. Gesteine auf Erzlagerstätten. Absatz heißer Quellen Kaiserstuhl, Böhmen, Steiermark, Kärnten, Grönland, Ungarn, Spanien u. a. m.
182	farblos, weiß, grau, gelb	weiß	3,5 4,28 bis 4,37	Ggl.—matt ds.— dsch.	uneben	deutlich	mit Bleiglanz, auf Gängen Salzburg, Steiermark, England, USA (Kalifornien)
183	farblos, weiß, grau, gelb, grün	weiß	3,5 3,7	Ggl. fettig ds.—dsch.	musch., spröd	deutlich	auf Erzgängen Harz, Salzburg, England, USA (New York)
184	farblos, weißgrau, bräunlich, kupferrot	weiß	3,5—4,0 2,2	Perlmgl., auch Ggl. ds.—dsch.	uneben	sehr vollk.	auf Hohlräumen von bas.-vulkanischen Gesteinen, auf Erzgängen Harz, Oberstein, Island, Schweiz, Färöer, Norwegen, Bombay, USA (New York)

 Für die einzelnen Spalten der Tabellen sind die Hinweise in der Einleitung S. 9ff. zu vergleichen.

Begleiter	Ausbildung	Kristallform	Name / Formel	Skizze
Bleiglanz, Nickel-, Kobalt-, Manganerze, Antimonit	kammartig, kugelig, nierig, schalige Aggregate, faserig, strahlig	rhombisch, flächenreiche, gut ausgebildete Kristalle	**Schwerspat** (Baryt) / $Ba[SO_4]$ Tafel II, 14; XII, 7 V. d. L. färbt Flamme grün, in heißer H_2SO_4 löslich	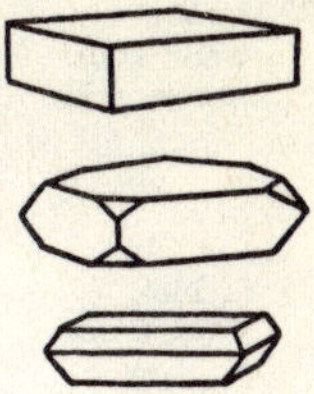
isländischer Doppelspat, Magnetit, Pyrit	stengelige, strahl. Aggregate	monoklin, bündelförmige Kristalle	**Desmin** / $Ca[Al_2Si_7O_{18}] \cdot 7H_2O$ V. d. L. schmelzbar, in HCl zersetzt	
vulkanische Ergußgesteine (Trachyte)	dichte, erdige körnige Massen	trigonal, würfelähnliche Kristalle (rhomboedrisch)	**Alunit** (Alaunstein) / $KAl_3[(OH)_6 \mid (SO_4)_2]$ V. d. L. zerknisternd, in HCl u. heißer H_2SO_4 löslich	dichte Masse
Kalkspat, Spateisen, Ton, Gips, Schwefel	derb, faserig, stengelig, strahl. Aggregate	rhombisch, sehr oft Viellinge, lange Kristalle	**Aragonit** / $CaCO_3$ V. d. L. nicht schmelzbar	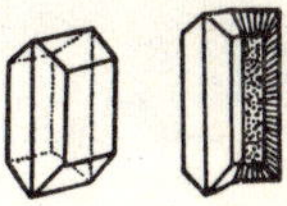
Bleiglanz	derb, traubig, nierig, faserige Aggregate	rhomb. doppelseitige Pyramiden, ähnlich Quarz	**Witherit** / $BaCO_3$ V. d. L. leicht schmelzbar (grüne Flamme), in HCl löslich	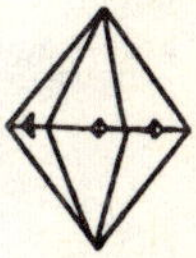
Erzgänge	derb, faserig, büschelig, strahl. Aggregate	Doppelpyramide, rhomb. spießige, nadelige Kristalle	**Strontianit** / $SrCO_3$ V. d. L. nur Kanten schmelzbar	
basische, vulkan. Gesteine und Erzgänge	derb, strahlige, spätige, blättrige Aggregate	monoklin, dicktafelige Kristalle, aufgewachsen	**Heulandit** / $Ca[Al_2Si_6O_{16}] \cdot 5H_2O$ V. d. L. zu weißem Glas schmelzbar	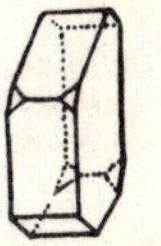

Nr.	Farbe	Strich	Härte / Spez.Gew.	Glanz / Durchsichtigk.	Bruch	Spaltbarkeit	Vorkommen / Fundorte
185	farblos, weiß, gelb, braun, grau	weiß	4,0—4,5 / 3,0	Ggl. / ds.—dsch.	musch.	vollk.	Zersetzungsprodukt bei Metamorphose, Ausscheidungsmineral / Steiermark, St. Gotthard, Zillertal, Salzburg, Mähren, Euboea, Piemont, USA
186	farblos, weiß, lichtgrün, gelb, braun	weiß	5,0 / 3,3—3,5	Ggl. / ds.—dsch.	musch. bis uneben	z. T. gut	sehr wesentliches Zinkerz, auf Gängen / Aachen, Kärnten, Sardinien, England, Algier, USA (New Jersey, Virginia), Mexiko
187	farblos, weiß, rötlich, gelblichweiß, rosenrot	weiß	4,5—5,0 / 2,3—2,4	Perlmgl. / ds.—dsch.	uneben, spröd	vollk.	auf Hohlräumen vulkan. Gesteine, Lagerstätten / Harz, Kaiserstuhl, Siebengebirge, Böhmen, Island, Schweden, Banat, USA (New Jersey)
188	farblos, weiß, rötlich, braun	weiß	4,5 / 2,1	Ggl. / ds.—dsch.	uneben, spröd	zuweilen deutlich	in Hohlräumen vulkan. Gesteine / Vogelsberg, Westerwald, Oberstein, Böhmen, Island, England, USA (New York)
189	farblos, weiß, gelb grau	weiß	4,5 / 2,2	Ggl. / dsch.	uneben, spröd	z. T. schwach erkennbar	in Hohlräumen von Basalt / Vogelsberg, Habichtsw., Kaiserstuhl, Böhmen, Irland, Island, Sizilien, Vesuv
190	farblos, weiß, grünlich, gelblich	weiß	5,0—5,5 / 2,9—3,0	Ggl. / ds.—dsch.	musch., uneben	—	auf eruptiven Klüften / Harz, Schwarzwald, Tirol, Böhmen, USA (New Jersey)
191	farblos, weiß, grau, grün	weiß	5,5—6,0 / 2,9—3,1	Ggl.	—	vollk.	in kristall. Schiefern, Kontaktmineral / Harz, Frankenwald, Graubünden, Schweden, Ungarn, Baikalsee, Alpen
192	farblos, weiß, grau, grünlich, fleischrot, erbsengelb	weiß	6,0 / 2,53 bis 2,56	Perlmgl., Ggl. / ds.—trüb bis uds.	musch., uneben, splittrig	vollk., z. T. weniger	ist mit Plagioklas das häufigste Silikat der Erde / Fichtelgebirge, Riesengebirge, Böhmen, Elba, Schlesien, Norwegen, Kanada, Ungarn, England (Cornwall), Schweden, USA

 Für die einzelnen Spalten der Tabellen sind die Hinweise in der Einleitung S. 9ff. zu vergleichen.

Begleiter	Ausbildung	Kristallform	Name / Formel	Skizze
Talk, Chloritschiefer, Dolomit, Opal	dicht, erdig, knollig, nierige Aggr., stengelig	rhomboedrisch, eingewachsene Kristalle	**Magnesit** = Bitterspat $MgCO_3$ V. d. L. nicht schmelzbar	wie Kalkspat
Zinkspat	nierige, faserige, kugelige Aggr.	rhombisch, kleine, tafelige, aufgewachsene Kristalle	**Kieselzinkerz** (Kieselgalmei) $Zn_4[(OH)_2\|Si_2O_7]\cdot H_2O$ V. d. L. nicht schmelzbar, in HCl löslich	
basische, vulkan. Gesteine u. Lagerstätten (Magnetit)	körnige, schalige, blättrige Aggregate, Streifung	tetragonal, tafelige, würfelige, aufgewachsene Kristalle, prismatisch (pyramidal)	**Apophyllit** $KCa_4[F\|(Si_4O_{10})_2]$ $8\,H_2O$ V. d. L. aufblätternd u. schmelzend, HCl löslich	
in vulkanischen Gesteinen	kristallin	rhomboedrisch würfelig, streifig	**Chabasit** (Ca, Na_2, K_2) $[Al_2Si_4O_{12}]\cdot 6\,H_2O$ V. d. L. aufblätternd u. schmelzend, HCl löslich	
Hohlräume vulkanischer Gesteine	kristallin	monoklin, aufgewachsene Kristalle, Zwillinge	**Phillipsit** $(Ca, K_2)_{2-3}[Al_5$ $(Al, Si)Si_9O_{30}]\cdot$ $10\,H_2O$ V. d. L. schmelzbar, in HCl zersetzt	
basische Eruptivgesteine, Granit, Tonschiefer	derb, körnig, Aggr., nierig	monoklin, aufgewachsene, kurzsäulige Kristalle	**Datolith** $Ca[OH\|BSiO_4]$ V. d. L. zu schwarzem Glas mit grüner Flamme schmelzend	
kristall. Schiefer, Talk, Serpentin, Nephrit	nadelig, stengelig, derbe Aggregate, faserig, strahlig	gut ausgebildete Prismen, monoklin	**Strahlstein** (Aktinolith) (Ca, Mg, Fe-Silikat) V. d. L. schmelzend	
Granit, Syenit, Porphyr, Trachyt, Gneis, kristall. Schiefer	derb, z. T. spätig, körnig	monoklin, Zwill. (Karlsb. Zwillinge)	**Orthoklas** $K[AlSi_3O_8]$ Tafel IV, 6; VIII, 7; XI, 2 V. d. L. nur Kanten schwer schmelzbar, HNO_3 zersetzt	

Nr.	Farbe	Strich	Härte / Spez.Gew.	Glanz / Durchsichtigk.	Bruch	Spaltbarkeit	Vorkommen / Fundorte
193	farblos, weiß, grün, grau, rot, gelb	weiß	6,0—6,5 / 2,61 bis 2,77	Ggl. bis Perlmgl. / uds.	musch., uneben, spröd	vollk.	sehr verbreitet als Gemengteil magmatischer Gesteine / Schweiz, Tirol, Schlesien, Elba, Alpen, Norwegen, Ural, Japan
194	farblos und gefärbt	weiß	7,0 / 2,65	Ggl.—Fgl. / ds.—uds. trübe	musch., splittrig	selten deutlich	das allerhäufigste Mineral, gesteinsbildend in Eruptivgest. und auf Gängen / Schlesien, Tirol, Alpen, St. Gotthard, Elba, USA (Maine), Ural, Ceylon, Madagaskar, Brasilien u. a. m., Uganda
195	glashell, auch milchtrüb	weiß	6,5—7,0 / 2,27	Ggl. / ds.—dsch.	—	selten gut, schalig	in sauren Eruptivgest., auch auf Klüften / Siebengebirge, Ungarn, Böhmen, Mexiko, Antrim, USA (Wash.), Südafrika
196	farblos, weingelb, blaßrosa	weiß	7,5—8,0 / 3,0	Ggl. / ds.	musch.	wenig deutlich	auf granitischen Gängen, im braunen Glimmerschiefer, aus Lösungen / Schweiz, Vogesen, Norwegen, Minas-Geraës, USA (Colorado), Südostafrika (Tanganjika)
197	farblos, gelblich, braun, blau, grau, schwarz	—	10,0 / 3,50 bis 3,52	Dgl., z. T. matt / ds.—uds.	musch.	sehr gut	primär nur in SW.-Afrika, sekundär (auf Seifen) / Ostindien, Borneo, Brasilien, Kongogebiet, Goldküste, Kapland, Südwestafrika, USA, UdSSR

 Für die einzelnen Spalten der Tabellen sind die Hinweise in der Einleitung S. 9ff. zu vergleichen.

Begleiter	Ausbildung	Kristallform	Name / Formel	Skizze
Gabbro, Diorit, Diabas, Basalt, Gneis, Albit	Kristalle auch derber, als Gemengteil der Gesteine	triklin, tafelig, eingewachsene Kristalle, leistenförmig, Viellinge	**Plagioklas** 1. Albit $Na[AlSi_3O_8]$ 2. Anorthit $Ca[Al_2Si_2O_8]$ Tafel XI, 2—4 V. d. L. 1. schwer schmelzbar, gelbe Flamme 2. schmelzbar, Säuren zersetzt	Anorthit
gesteinsbildend, also in fast allen vulkan. und sedimentären Gesteinen	kristallin, Zwillinge	trigonal, aufgewachs. Kristalle langgestreckte, hexagonale Prismen	**Quarz** (Bergkristall) SiO_2 Tafel IV, 7 X, 1, 3; XI, 1 (Amethyst) Tafel V, 10 (Rauchquarz) Tafel IX, 3 (Citrin) Tafel VIII, 6 V. d. L. nicht schmelzbar, in Flußsäure schwer löslich	
in Hohlräumen saurer Eruptivgesteine	kristallin	hexagonal, 6-seitige Tafeln, Viellinge	**Tridymit** SiO_2 V. d. L. nicht schmelzbar, in Flußsäure löslich	
Smaragd, Chrysoberyll, Apatit, Glimmerschiefer	kristallin	trigonal-rhomboedrisch, Kristalle prismatisch	**Phenakit** $Be_2[SiO_4]$ V. d. L. nicht schmelzbar, Säuren unlöslich	
Seifenmineralien, Quarz, Gold, Platin	Aggr. Körner, dichte Kugeln, Splitter	regulär, Ätzflächen, Streifung, Knickung d. Fl., verzerrte, unregelmäßige Kristalle oft	**Diamant** C Tafel IV, 10 Tafel X, 9, 10 2. Reihe Mitte V. d. L. nicht schmelzbar (Splitter verbrennend!)	

Nr.	Farbe	Strich	Härte / Spez.Gew.	Glanz / Durchsichtigk.	Bruch	Spaltbarkeit	Vorkommen / Fundorte
198	verschieden gefärbt (Karneol-fleisch-farben Chryso-pras-grün)	weiß	7,0 / 2,59 bis 2,61	matt / dsch.-uds.	rauh, zackig	keine	in Mandeln und anderen Hohlräumen (Achate!) / in vielen vulkan. Gesteinen wie Melaphyr und Diabas usw.
199	intensiv gefärbt, lauchgrün (Plasma)	—	7,0 / 2,5—2,6	matter Gl. / uds.	rauh, musch.	keine	im Bereich vulkanischer Gesteine als Kontaktprodukt / Indien, Ägypten
200	grün mit roten Flecken	—	6,5—7,0 / 2,5—2,6	stumpf / uds.	rauh	keine	wie Nr. 199 / meist Indien
201	leuchtend-farb. Reflexe, opali-sierend!	weiß	5,5—6,5 / 2,1—2,2	— / dsch.—uds.	uneben	keine	in jungvulkan. Gesteinen / Ungarn, Mexiko, USA (Nevada), Australien (N.S.W., S-Australien, Queensland)

Tafel V: Edelsteine 1

1. Aquamarin roh (Brasilien); 2. Chalzedon (SW-Afrika); 3. Türkismatrix (Iran)
4. Aquamarin (Brasilien); 5. Zirkon (Thailand)
6. Saphir (Kaschmir); 7. Spinell (Ceylon); 8. Cordierit (Ceylon)
9. Lapis (Afghanistan); 10. Amethyst (Brasilien) 11. Turmalin (Brasilien) 12. Turmalin roh (Brasilien)

 Für die einzelnen Spalten der Tabellen sind die Hinweise in der Einleitung S. 9ff. zu vergleichen.

1
2
3
4
5
6
7
8
9
10
11
12

1
2
3
4
5
6
7
8
9
10
11
12
13
14
15
16
17
18
19

Begleiter	Ausbildung	Kristallform	Name / Formel	Skizze
junge, vulkanische Gesteine	kryptokristallin, d. h. nur mikroskop. als feinste Fasern od. Körner feststellbar	keine	**Chalzedon**	**Variabel** 198—201
			Tafel V, 2; XIII, 2 SiO_2 + Zusätze als Färbung gelblich-blutrot = **Karneol**	
			Tafel VI, 4 bräunlich = (dsch.) **Sarder**	chem. Verhalten wie bei Quarz
			apfelgrün = **Chrysopras**	keine
			Tafel VII, 13 bunte Wechselschichtung/radial **Achat und Onyx**	keine
			Tafel X, 2, 4, 6, 12	
Tone in vulkan. Gesteinen (als Einschlüsse!) in Tuffen	sehr fein kristallin	keine	**Jaspis**	
			Tafel VI, 12, 13 Tafel IX, 9 SiO_2 + Zusätze (Jaspisgrün = **Plasma**) gelbbraune bis rote dichte Aggregate	keine
in vulkanischen Gesteinen als Einschlüsse	sehr fein kristallin	keine	**Heliotrop**	chem. Verhalten wie bei Quarz
			= grüner Jaspis mit roten Flecken von Fe—Oxyd Tafel VI, 12, 13 (Blutsteine) SiO_2 + Zusätze lauchgrün mit roten Flecken Blutjaspis	
junge, vulkanische Gesteine, Serpentine, Sinter	mikrokristallin und nierig-lagig	keine, gelartig	**Opal**	
			Tafel X, 13, 14 $SiO_2 \cdot$ aqua (gewöhnl. Opal) Tafel VII, 1—7 V. d. L. nicht schmelzbar	keine

Tafel VI: Edelsteine 2

1. Korund (Tanganjika); 2. Koralle (Italien); 3. Rubin (Siam)
4. Karneol (Brasilien); 5. Spinell (Ceylon); 6. Granat roh (Indien) 7. Granat (Indien)
8. Koralle (Italien); 9. Feueropal (Mexiko); 10. Rosenquarz (Brasilien); 11. Turmalin (Brasilien)
12. Blutjaspis (Indien); 13. Blutjaspis (Indien); 14. Kunzit (Brasilien)
15. Rhodochrosit (Argentinien); 16. Turmalin roh (Moçambique)
17. Rosenquarz roh (Brasilien); 18. Turmalin quer (Brasilien); 19 Rhodochrosit (Argentinien)

Die folgenden Mineraltabellen sind nach der Farbe des Striches auf einem Porzellantäfelchen und weiterhin nach der Härte geordnet. Sie sollen es ermöglichen, im Gelände mit einfachsten Mitteln die Bestimmung durchzuführen. Die Reihenfolge der Farben ist hierbei: Weiß, Gelb, Braun, Rot, Blau, Grün, Grau und Schwarz.

Weiß

Härte	
1,0	Sassolin = $B(OH)_3$ Aluminit = $Al_2[(OH)_4|SO_4] \cdot 7\,H_2O$ wasserhalt. Al-Sulfat Talk-Speckstein = $Mg_6(OH)_4Si_8O_{20}$ Kaolinit = $Al_4(OH)_8Si_4O_{10}$
1,0–1,5	Soda = $Na_2CO_3 \cdot 10\,H_2O$ Arsenolith = As_2O_3 Glaubersalz = $Na_2(SO_4) \cdot 10\,H_2O$
1,0–2,0	Salmiak = $NH_4 \cdot Cl$ Carnallit = $MgCl_2KCl \cdot 6\,H_2O$ Schwefel = S Na-Salpeter = $NaNO_3$ Gips = $CaSO_4 \cdot 2\,H_2O$ Vivianit = $Fe_3^{\cdot\cdot}[PO_4] \cdot 8\,H_2O$ Struvit = $(NH_4)Mg[PO_4] \cdot 6\,H_2O$ Pyrophyllit = $Al_4(OH)_4[Si_8O_{20}]$
1,0–2,5	{Chlorit = $Mg_5Al(OH)_8[AlSi_3O_{10}]$ {Pennin Amesit = $Mg_4Al_2[(OH)_8|Al_2Si_2O_{14}]$ Antigorit = $Mg_6[(OH)_8|Si_4O_{10}]$
2,0	Steinsalz = NaCl Sylvin = KCl Senarmontit = Sb_2O_3 Kalisalpeter = KNO_3
2,5	{Zinkblüte = $Zn_5[(OH_3)CO_3]_2$ {Hydrozinkit {Borax = $Na_2B_4O_7 \cdot 10\,H_2O$ {Tinkal
	{Bittersalz = $Mg[SO_4] \cdot 7\,H_2O$ {Reichardtit {Epsomit = $MgSO_4 \cdot 7\,H_2O$ {Kalinit = $KAl[SO_4]_2 \cdot 12\,H_2O$ {Kalialaun Pharmakolith = $CaH[AsO_4] \cdot 2H_2O$ Meerschaum = $2MgO \cdot 3SiO_2 \cdot 2H_2O$ Muskovit = $KAl_2[Si_3AlO_{10}](OH)_2$
2,0–2,5	{Lithiumglimmer = {Lepidolith $[Al,Li]_3K[Si_4]O_{10}OHF_2$ Zinnwaldit = {Magnesiaglimmer = Biotit { $K(Mg,Fe^{\cdot\cdot})_3(OHF)_2[AlSi_3O_{10}]$ Phlogopit = $KMg_3[Si_3AlO_{10}]$ $(OHF)_2$
ab 2,5	Brucit = $Mg(OH)_2$ {Kupfervitriol = $Cu(SO_4) \cdot 5\,H_2O$ {Chalkanthit
2,0–3,0	Tellur = Te Valentinit = Sb_2O_3
2,5–3,0	Silber = Ag Kryolith = Na_3AlF_6 {Hydrargillit = $Al(OH)_3$ {Gibbsit
2,5–3,0	Phosgenit = $Pb_2[Cl_2CO_3]$ Glauberit = $CaNa_2(SO_4)_2$ Caledonit = $Pb_5Cu_2[(OH)_6|CO_3|(SO_4)]_3$ Vanadinit = $Pb_5[Cl(VO_4)_3]$ Chrysokoll = $CuSiO_3 \cdot n\,H_2O$
ab 3,0	Silberamalgam = AgHg Kalkspat = $CaCO_3$ Anglesit = $Pb[SO_4]$ Kainit = $KCl \cdot MgSO_4 \cdot 3\,H_2O$ {Gelbbleierz = $Pb[MoO_4]$ { = Wulfenit

Härte	
3,0–3,5	Weißbleierz = $PbCO_3$ = Cerussit
	Cölestin = $SrSO_4$
	Schwerspat = $BaSO_4$ Baryt
	Polyhalit = $K_2SO_4 \cdot MgSO_4 \cdot 2\,CaSO_4 \cdot 2\,H_2O$
	Laumontit = $CaAl_2Si_4O_{12} \cdot 4\,H_2O$
3,0–4,0	Anhydrit = $Ca[SO_4]$
	Chrysotil, Asbest (Bergleder) $(OH)_8Mg_6[Si_4O_{10}]$
3,5–4,0	Witherit = $Ba \cdot CO_3$
	Kieserit = $Mg \cdot SO_4 \cdot H_2O$
	Adamin = $Zn_2[OH\|AsO_4]$
	Zinkblende = ZnS
	Dolomit = $CaMg[CO_3]_2$
	Ankerit = $CaFeMg[CO_3]_2$
	Strontianit = $SrCO_3$
	Alunit = $KAl_3[(OH)_6\|(SO_4)_2]$
	Pyromorphit = $Pb_5[Cl\|(PO_4)_3]$
	Mimetesit = $Pb_5[Cl(AsO_4)_3]$
	Margarit = $CaAl_2[(OH)_2\|Si_2Al_2O_{10}]$
	Heulandit = $Ca\,[Si\,Al\,O_8]_2 \cdot 5\,H_2O$
	Desmin = $Ca\,[Al_2\,Si_7\,O_{18}] \cdot 7\,H_2O$
	Wismutocker = $Bi_2O_3\,3\,H_2O$
ab 4,0	Flußspat = CaF_2 Fluorit
	Manganspat = $MnCO_3$ Rhodochrosit
4,0–4,5	Platin = Pt
	Bitterspat = $MgCO_3$ Magnesit
	Eisenspat = $FeCO_3$ Siderit und Sphärosiderit
	Alstonit = $n(CaBa)CO_3$
	Cyanit = $Al_2[O\|(SiO_4)]$ Disthen
	Harmotom = $(BaK_2)_2[Al_4Si_{11}O_{30}] \cdot 10\,H_2O$
	Phillipsit = $(Ca,K_2,Na_2)_2[Al_4Si_{11}O_{30} \cdot 10H_2O$
	Chabasit = $CaNa_2[Al_2Si_4O_{12}] \cdot 6\,H_2O$
4,0–5,0	Xenotim = $Y(PO_4)$
	Variscit = $Al(PO_4)2\,H_2O$
	Scheelit = $CaWO_4$
4,5–5,0	Wollastonit = $CaSiO_3$
	Apophyllit = $KCa_4[F\|(Si_4O_{10})_2] \cdot 8\,H_2O$
5,0	Zinkspat = $ZnCO_3$
	Apatit = $Ca_5[(F,OH,Cl)\|(PO_4)_3]$
	Kieselzinkerz = Hemimorphit = $H_2Zn_2SiO_5$
5,0–5,5	Monazit = $Ce(PO_4)$
	Melilith = $(Ca,Na)_2(AlMg)(Si,Al)_2O_7$
	Titanit = $CaTi[(SiO_4\|O)]$ Sphen
	Analcim = $Na[AlSi_2O_6] \cdot H_2O$
	Datolith = $Ca[OH \cdot B \cdot SiO_4]_2$
	Natrolith = $Na_2[Al_2Si_3O_{10}]\,2\,H_2O$
	Skolezit = $Ca[Si_3Al_2O_{10}\,3\,H_2O$
ab 5,5	Perowskit = $CaTiO_3$
	Lazulith = $(Fe,Mg)Al_2[OH\|PO_4]_2$
5,0–6,0	Enstatit = $Mg_2[SiO_6]$
	Bronzit = $(MgFe)_2[SiO_3]$
	Diopsid = $CaMg[Si_2O_6]$
	Cancrinit = $(Na_2,Ca)_4\,[CO_3 \cdot (H_2O)_{0-3} \cdot (AlSiO_4)_6]$
	Anthophyllit = $(Mg,Fe)_7\,(Si_8O_{22})(OH)$
5,5–6,0	Periklas = MgO
	Opal = SiO_2 und aqua Edelopal
	Hyalit = SiO_2
	Holzopal, Feueropal, Prasopal u. a. m.
	Anatas = TiO_2
5,5–6,0	Willemit = $Zn_2(SiO_4)$
	Mangankies = MnS_2
	Rhodonit = $Mn(SiO_3)$
	Grammatit = Tremolit = Strahlstein $Ca_2Mg_5(OH)_2Si_8O_{22}$
	Nephelin = $Na[AlSiO_4]$ Eläolith
	Leucit = $KAlSi_2O_6$

Härte

Sodalith = $Na_8[Cl_2(AlSiO_4)_6]$
Nosean = $Na_8[SO_4|(AlSiO_4)_6]$
Hauyn = $(Na,Ca)_{8-4}[(SO_4)_{2-1} \cdot AlSiO_4)_6$

---

ab 6,0 Amblygonit = $LiAl[(F,OH) \cdot PO_4]$
Türkis = $CuAl_6[(OH)_2(PO_4)_4] \cdot 4H_2O$
Kallait
Zoisit = $Ca_2Al_3[(OH) \cdot (SiO_4)_3]$
Augit = $CaMg[Si_2O_6]$ + Fe,Al,Ti,Na
Feldspäte:
Orthoklas = $K[AlSi_3O_8]$
Adular = $K[AlSi_3O_8]$
Sanidin = $K[AlSi_3O_8]$
ab 6,0 Mikroklin = $KAlSi_3O_8$
Amazonenstein
Albit = $Na[AlSi_3O_8]$
Periklin
Oligoklas = CaNa-Feldspat
Sonnenstein
Andesin CaNa-Feldspat
Labradorit CaNa-Feldspat
Bytownit CaNa-Feldspat
Anorthit = $Ca[Al_2Si_2O_8]$

6,0–7,0 Zinnstein = SnO_2
Kassiterit
Disthen = $Al_2[O/SiO_4]$
Cyanit
Prehnit = $(OH)_2Ca_2Al_2(Si_3O_{10})$
Sillimanit = $(AlO)AlSiO_4$

---

ab 6,5 Chondrodit = $Mg_5[(OH)F_2 \cdot (SiO_4)_2]$
Benitoit = $BaTi(Si_3O_9)$
Vesuvian = $Ca_{10}(Mg,Fe)_2Al_4 \cdot (Si_9O_{34}) \cdot (OH)_4$
Jadeit = $NaAlSi_2O_6$
Diaspor = α-AlOOH
Olivin = $(Mg,Fe)_2SiO_4$
Peridot
Chrysolith = $(MgFe)_2SiO_4$
Axinit = $Ca_2(Mn,Fe)Al_2BH(SiO_4)_4$
Spodumen = $AlLi(Si_2O_6)$
Kunzit
Hiddenit

6,5–7,5 Granat-Gruppe
Grossular = $Ca_3Al_2[SiO_4]_3$
Hessonit

Granat-Gruppe
6,5–7,5 Andradit = $Ca_3Fe_2^{\cdots}[SiO_4]_3$
Melanit = $Ca_3Fe_2^{\cdots}[SiO_4]_3$ + Ti
Pyrop = $Mg_3Al_2[SiO_4]_3$
Almandin = $Fe_3^{\cdot\cdot}Al_2[SiO_4]_3$
Spessartin = $Mn_3Al_2[SiO_4]_3$
Uwarowit = $Ca_3Cr_2^{\cdots}[SiO_4]_3$

Quarze
7,0 Rauchquarz = SiO_2
Amethyst
Morion
Bergkristall
Katzenauge = SiO_2
Tigerauge
Prasem
Citrin
Milchquarz = SiO_2
Chalcedon
Jaspis
Gem. Quarz
Karneol = SiO_2
Sarder
Chrysopras
Achat = SiO_2
Onyx
Sardonyx
Plasma = SiO_2
Heliotrop
Hornstein = SiO_2
Feuerstein
Flint
Tridymit = SiO_2

Boracit = $Mg_6[Cl_2 \cdot B_{14}O_{26}]$

7,0–7,5 Turmalin = Borsilikat:
$NaMg_3Al_6[(OH)_{1+3} \cdot (BO)_3)_3 \cdot Si_6O_{18}]$
Achroit = hellgrüner Turmalin
Mohrenkopf = Achroit
Rubellit = roter Turmalin
Siberit = roter Turmalin
Indigolith = blauer Turmalin
Chromturmalin = dunkelgrüner Turmalin
Dravit = brauner Turmalin
Schörl = schwarzer Turmalin
Danburit = $CaB_2Si_2O_8$

Härte	
7,5	Staurolith = $[Al_4(SiO_4)_2] \cdot [Fe^{\cdot\cdot}O_2(OH)_2]$
	{Cordierit = $Mg_2Al_4[Si_5O_{18}]$ Dichroit
ab 7,5	{Andalusit = $Al_2[O \cdot SiO_4]$ Chiastolith
	{Zirkon = $Zr(SiO_4)$ Hyazinth
	Euklas = $Al[(OH \cdot BeSiO_4)]$
7,5–8,0	Phenakit = $Be_2(SiO_4)$
	{Beryll = $Al_2Be_3(Si_6O_{18})$ Smaragd Aquamarin = $Al_2Be_3(Si_6O_{18})$ Morganit = rosaroter Beryll Heliodor = grünlich-gelber Beryll
ab 8,0	Spinell = $MgAl_2O_4$ Topas = $Al_2[(SiO_4 \cdot F_2)]$
8,5	{Chrysoberyll = Al_2BeO_4 Alexandrit
ab 9,0	Korund = Al_2O_3 {Saphir Rubin = Al_2O_3 Schmirgel = Al_2O_3
bis 10,0	{Diamant = C Carbonado Ballas

Gelb

Härte	
1,5–2,0	Schwefel = S Realgar = AsS Auripigment = As_2S_3
bis 2,0	{Feuerblende = Ag_3SbS_3 Pyrostilpnit
bis 2,5	Proustit = Ag_3AsS_3 Trögerit = $[(UO_2)_3(AsO_4)_2] \cdot 12\,H_2O$ Uranophan = Uranotil = $CaU_2[(OH)_3 \mid (SiO_4)_2] \cdot 4\,H_2O$
bis 3,0	Gold = Au
2,5–3,0	Vanadinit = $Pb_5[(VO_4)_3 \mid Cl]$ {Rotbleierz = $PbCrO_4$ Krokoit
3,0	{Gelbbleierz = $Pb[MoO_4]$ Wulfenit Olivenit = $Cu_2[AsO_4 \cdot OH]$
bis 3,5	Greenockit = CdS
3,0–4,0	Kakoxen = $Fe_2^{\cdots}[(PO_4) \cdot (OH)_3] \cdot 4{,}5\,H_2O$ Zinkblende = ZnS Pyromorphit = $Pb_5(PO_4)_3Cl$ Kraurit = $Fe^{\cdots}[(OH)_3 \cdot PO_4]$ Mimetesit = $Pb_5(AsO_4)_3Cl$
4,0	{Rotzinkerz = ZnO Zinkit
4,5–5,0	Xenotim = $Y(PO_4)$ Triplit = $(Fe,Mn)_2(PO_4F)$ {α-Goethit = α — FeO OH Nadeleisenerz Samtblende {γ-Goethit = γ — FeO OH Rubinglimmer
bis 5,5	{Limonit = $Fe_2O_3 \cdot 1{,}5\,H_2O$ Brauner Glaskopf {Bohnerz = α — FeO OH Minette Wolframit = $(Fe,Mn)WO_4$
bis 6,0	{Brookit = TiO_2 Arkansit Hypersthen = $(Mg,Fe)SiO_3$
bis 6,5	Rutil = TiO_2 {Akmit = $NaFeSi_2O_6$ Ägirin

Braun

Härte

1,0 Wad = MnO_2

2,0 Miargyrit = $AgSbS_2$

bis 3,5 Descloizit = $Pb(Zn,Cu([CH|VO_4]$

bis 4,0 { Zinkblende = ZnS
Wurtzit = ZnS
Schalenblende }

3,5–4,0 { Rotkupfererz = Cu_2O
{ Cuprit
Kupferblüte } }

ab 4,0 Manganit = $MnO(OH)$
{ Mangankies
Hauerit } = MnS_2

bis 4,5 { Siderit
Eisenspat } = $FeCO_3$
Sphärosiderit = $FeCO_3$

bis 5,0 Xenotim = $Y(PO_4)$

ab 5,0 { α-Goethit = α-FeO OH
Nadeleisenerz
Samtblende }
{ γ-Goethit = γ-FeO OH
Rubinglimmer
Lepidokrokit }

5,5 { Rotnickelkies = $NiAs$
Nickelin }
Breithauptit = $NiSb$
Hausmannit = Mn_3O_4
{ Limonit = $Fe_2O_3 \cdot H_2O$
Brauneisen
Brauner Glaskopf
Bohnerz, Minette }
Wolframit = $(Fe,Mn)WO_4$

5,0–6,0 { Manganomelan
Psilomelan }
Hartmanganerz } = MnO_2

5,5 { Magnetit = Fe_3O_4
Magneteisenstein }
{ Chromit = $FeCr_2O_4$
Chromeisenstein }
{ Uranpecherz = UO_2
Bröggerit }

5,5–6,0 { Brookit = TiO_2
Arkansit }
Amphibole
{ Hypersthen = $(Mg,Fe)_2[Si_2O_6]$
Hornblende = Al- und Fe-haltig }

ab 6,0 { Tantalit = $(Fe,Mn)(NbTa)_2O_6$
Niobit }

bis 6,5 Franklinit = $(Zn,Mn)Fe_2O_4$
Rutil = TiO_2
Hämatit = Fe_2O_3
Roteisenstein = Fe_2O_3
{ Eisenglimmer
Roteisenerz
Blutstein
Rot-Glaskopf
Rötel }

6,0–7,0 { Zinnstein = SnO_2
Kassiterit }

Rot

Härte

1,5–2,0 Realgar = AsS
{ Kobaltblüte = Erythrin
$Co_3[AsO_4]_2 \cdot 8\,H_2O$ }

2,0 Polybasit = $(Ag, Cu)_{16}Sb_2S_{11}$
{ Feuerblende = Ag_3SbS_3
Pyrostilpnit }

2,0–2,5 Miargyrit = $AgSbS_2$
Zinnober = HgS
Proustit = Ag_3AsS_3

2,5–3,0 Kupfer = Cu
Pyrargyrit = Ag_3SbS_3
{ Rotbleierz = $PbCrO_4$
Krokoit }

Rot

Härte	
3,0	Greenockit = CdS
3,5	Polyhalit = $K_2SO_4 \cdot MgSO_4 \cdot 2\,CaSO_4 \cdot 2\,H_2O$
3,5–4,0	Rotkupfererz = Cu_2O Cuprit Kupferblüte
ab 4,0	{Mangankies = MnS_2 {Hauerit {Manganspat = $MnCO_3$ {Rhodochrosit
bis 4,5	{Rotzinkerz = ZnO {Zinkit
4,5–5,0	{Orangit = $Th(SiO_4)$ {Thorit
5,0–5,5	Hausmannit = Mn_3O_4
5,5–6,0	{Mangankiesel = $Mn[SiO_3]$ {Rhodonit
ab 6,0	Niobit = Columbit $(Fe, Mn)(Nb, Ta)_2O_6$ Tantalit = $(Fe, Mn)Ta_2O_6$
6,5	Roteisenstein = Fe_2O_3 {Hämatit = Fe_2O_3 {Eisenglimmer {Roteisenerz {Blutstein {Roter Glaskopf {Rötel

Blau

Härte	
1,5–2,0	{Vivianit = $Fe_3{}^{\cdots}[PO_4]_2 8\,H_2O$ {Blaueisenerde {Kupferschaum = {$Cu_5[(OH)_2 \vert AsO_4]_2 \cdot 7\,H_2O$ {Tirolit
2,0–2,5	{Linsenerz = {$Cu_9Al_4[(OH)_3 \vert AsO_4]_5 \cdot 2\,H_2O$ {Lirokonit {Bleilasur = $PbCu[(OH)_2 \cdot \vert SO_4]$ {Linarit
2,5–3,0	Klinoklas = $Cu_3[(OH)_3 \vert AsO_4]$
3,5–4,0	{Kupferlasur = $Cu_3[(OH)_2 \vert (CO_3)_2]$ {Azurit
5,0–5,5	{Lazurit = {$(NaCa)_8[(SO_4,Si,Cl_2) \vert AlSiO_4]_6$ {Lapis-Lazuli
6,0	Glaukophan ≅ $Na_2Al_2Mg_3Si_8O_{22}(OH)_2$
7,0	Dumortierit ≅ $Al_8BSi_3(OH)O_{19}$

Grün

Härte	
1,0–1,5	{Molybdänglanz = MoS_2 {Molybdänit
1,0–2,0	Glaukonit = ähnlich Glimmer Zus. schwankend
1,0–2,5	Chlorit = Klinochlor $Mg_5Al(OH)_8[AlSi_3O_{10}]$ Amesit = $Mg_4Al_2[(OH)_8 \vert Al_2Si_2O_{10}]$ Antigorit = $Mg_6[(OH)_8 \vert Si_4O_{10}]$ Pennin = $Mg_5(Mg, Al)(OH)_8[AlSi_3O_{10}]$ Kupferschaum = Tirolit = $Cu_5[(OH)_9 \vert SO_4AsO_4]_2 7\,H_2O$
2,0	Chalkophyllit = $Cu_4[(OH)_5 \vert AsO_4] \cdot 3\,H_2O$
2,0–2,5	Torbernit = $Cu[UO_2 \vert PO_4]_2 12\,H_2O$ Linsenerz } = $CaCO_3$ Aragonit } {Nickelblüte = $Ni_3[AsO_4]_2 \cdot 8\,H_2O$ {Annabergit Pharmakosiderit ≅ $Fe_3[(AsO_4)_3 \vert (OH)_3] \cdot 7\,H_2O$
2,5–3,0	Caledonit = $Pb_5Cu_2[(OH)_6 \vert CO_3 \vert (SO_4)_3]$ Klinoklas = $Cu_3[(OH)_3 \vert AsO_4]$

Grün

Härte

2,0–4,0 Chrysokoll = $CuSiO_3 \cdot nH_2O$
Garnierit = $(Ni,Mg)(Si_4O_{11})H_2O \cdot (OH)_6$

Olivenit = $Cu_2(AsO_4)OH$
Chamosit = $(Fe^{\cdot\cdot}Mg)_3[Al_2Si_2O_{10}] \cdot n(H_2O)$ (?)

3,5 Atacamit = $CuCl_2 \cdot 3\,Cu(OH)_2$
Descloizit = $Pb(Zn,Cu)[OH|VO_4]$
Euchroit = $Cu_2[OH|AsO_4] \cdot 3\,H_2O$

3,0–4,0 {Haarkies = NiS
Millerit}

3,5–4,0 {Kupferkies = $CuFeS_2$
Nierenkies}
{Manganblende = MnS
Alabandin}
Malachit = $Cu_2[(OH)_2|CO_3]$
Brochantit = $Cu_4[(OH)_6|SO_4)]$
{Kraurit = $Fe_3...[(OH)_3|PO_4]$
Dufrénit}

4,5–5,0 {Phosphorochalcit = $Cu_3[(OH)_3|PO_4]$
Pseudomalachit}

5,0 Dioptas = $Cu_3[Si_3O_9] \cdot 3\,H_2O$

5,0–6,0 Hedenbergit = $CaFe[Si_2O_6]$
Diallag = ähnlich Augit

5,5–6,0 {Uranpecherz = UO_2
Bröggerit}
{Allanit = $(Ca,Ce,La,Na)_2 \cdot (Al,Fe,Mg)_3[OH|(SiO_4)_3]$ =
Orthit}
Hornblende = Amphibol

6,0 Augit = $CaMg \cdot Si_2O_6 + (Al,Fe)$

6,0–6,5 Pyrit = FeS_2
{Eisenkies
Schwefelkies
Markasit
Speerkies u. a. m.}
{Ägirin = $NaFeSi_2O_6$
Akmit}

6,0–7,0 Chloritoid = Ottrelith = $Fe_2Al_2(OH)_4Si_2Al_2O_{10}$

6,5–7,0 Thortweitit = $(Sc,Y)_2 \cdot [Si_2O_7]$

7,5–8,0 {Eisenspinell = $FeO\text{-}Al_2O_3$
Hercynit}

Grau

Härte

1,0 Graphit = C

1,5 Nagyagit = $AuTe_2 \cdot 6\,Pb(S,Te)$
{Molybdänglanz = MoS_2
Molybdänit}

1,0–2,0 Glaukonit = ähnlich Glimmer

1,5–2,0 Tetradymit = Bi_2Te_2S
Sylvanit = $AuAgTe_4$

2,0 {Antimonit = Sb_2S_3
Antimonglanz}
{Grauspießglanz = Bi_2S_3
Wismutglanz}

2,0–2,5 Wismut = Bi
Silberglanz = Ag_2S

2,5 Argyrodit = $4\,Ag_2S \cdot GeS_2$
Plagionit = $Pb_5Sb_8S_{17}$
Meneghinit = $9\,PbS \cdot 7\,Sb_2S_3$
Geokronit = $5\,PbS_7 \cdot AsSbS_3$

2,0–3,0 Calaverit = $(Au,Ag)Te_2$

2,5–3,0 {Chalkosin = Cu_2S
Kupferglanz}
{Bleiglanz = PbS
Bleischweif}

3,0 {Buntkupferkies = Cu_5FeS_4
Bornit}
{Bournonit = $2\,PbS \cdot Cu_2S \cdot Sb_2S_3$
Rädelerz}
Zinckenit = $PbS \cdot Sb_2S_3$

Grau

Härte	
3,0	Chamosit = $(Fe^{\cdot\cdot},Mg)_3[Al_2Si_2O_{10}] \cdot n\,H_2O$ (?)
3,0–3,5	Antimon = Sb Weißbleierz = $PbCO_3$ Cerussit
3,5	Enargit = Cu_3AsS_4 Antimonsilber = Ag_3Sb Dyskrasit
3,0–4,0	Arsen = As Scherbenkobalt
3,5–4,0	Pentlandit = $(Fe,Ni)_9S_8$ Eisennickelkies
4,0	Magnetkies = FeS
4,0–5,0	Eisen = Fe Triplit = $(Fe,Mn)_2(PO_4F)$
4,5–5,0	Palladium = Pd Safflorit = $CoAs_2$ Kobaltkies = $(Co,Ni)_3S_4$
5,0	Ullmannit = NiSbS
5,5	Gersdorffit = NiAsS Löllingit = $FeAs_2$
5,0–5,5	Weißnickelkies = $NiAs_{2-3}$ Chloanthit
5,0–6,0	Hedenbergit = $CaFe(Si_2O_6)$ Diallag = augitähnlich
5,5	Kobaltglanz = CoAsS Kobaltin Speiskobalt = $CoAs_{2-3}$ Smaltin Magnetit = Fe_3O_4 Magneteisenerz Perowskit = $CaTiO_3$
5,5–6,0	Weißnickelkies = $NiAs_2$ Rammelsbergit Orthit = $(Ca, Ce, La, Na)_2(Al, Fe, Mg)_3[OH\|(SiO_4)_3]$ Allanit Arfvedsonit = $Na_5Ca(Fe^{\cdot\cdot}, Mg, Ti)_7 Fe_3^{\cdot\cdot}[(OH)_4\|(Al, Fe^{\cdot\cdot\cdot})_1Si_{15}O_{44}]$ Hypersthen = $(Mg, Fe)[Si_2O_6]$ Gem. Hornblende = Al_2O_3 und Fe_2O_3-haltige Amphibole Basalt. Hornblende
6,0	Glaukophan = $Na_2Al_2Mg_3Si_8O_{22}(OH)_2$
6,0–6,5	Markasit = FeS_2 Speerkies Kammkies u. a. m.
6,0–7,0	Zinnstein = SnO_2 Kassiterit Epidot = $Ca_2(Al, Fe^{\cdot\cdot\cdot})_3[OH(SiO_4)_3]$ Pistazit
6,5–7,0	Gadolinit = $Y_2Fe[OBeSiO_4]_2$
7,5–8,0	Eisenspinell = $FeO \cdot Al_2O_3$ Hercynit
8,0	Zinkspinell = $ZnO \cdot Al_2O_3$ Gahnit

Schwarz

Härte	
1,0	Asbolan = Co-haltiger Psilomelan Kobaltschwärze
1,0–1,5	Nagyagit = $AuTe_2 \cdot 6\,Pb(S,Te)$ Silberkies = $AgFe_2S_3$ Sternbergit
1,5–2,0	Kupferindig = CuS Covellin
2,0	Wismutglanz = Bi_2S_3 Polybasit = $9\,(Ag, Cu)_2S \cdot Sb_2S_3$
2,0–2,5	Weichmanganerz = MnO_2 Pyrolusit
2,5	Argyrodit = $4\,Ag_2S \cdot GeS_2$ Plagionit = $5\,PbS \cdot 4\,Sb_2S_3$ Boulangerit = $5\,PbS \cdot 2\,Sb_2S_3$

Schwarz

Härte	Mineral
3,0	Buntkupferkies = Cu_5FeS_4 / Bornit
	Zinckenit = $PbSb_2S_4$
3,5	Enargit = Cu_3AsS_4
3,0–4,0	Arsen = As / Scherbenkobalt
	Haarkies = NiS / Millerit
3,5–4,0	Kupferkies = $CuFeS_2$
3,5–4,0	Tetraedrit = Fahlerz = Freibergit Cu_3SbS_{3-4} mit Ag, Hg, Zn
3,5–4,0	Eisennickelkies = (Fe, Ni)S / Pentlandit
4,0	Zinnkies = Cu_2FeSnS_4
	Manganit = MnO(OH)
	Magnetkies = FeS
4,0–4,5	Eisenspat = $FeCO_3$ / Siderit auch / Sphärosiderit
5,0	Ullmannit = NiSbS
5,0–5,5	Rotnickelkies = NiAs / Nickelin
	Gersdorffit = NiAsS
	Löllingit = $FeAs_2$
	Weißnickelkies = $NiAs_{2-3}$ / Chloanthit
	Wolframit = $(Fe, Mn)WO_4$
5,5	Uranpecherz = UO_2
	Magneteisenerz = Fe_3O_4 / Magnetit
	Kobaltglanz = CoAsS / Cobaltin
	Speiskobalt = $CoAs_{2-3}$ / Smaltin
5,0–6,0	Hartmanganerz = MnO_2
	Psilomelan = MnO_2 / Manganomelan
	Ilmenit = $FeTiO_3$
5,5–6,0	Weißnickelkies = $NiAs_2$ / Rammelsbergit = $NiAs_2$
	Arsenkies = FeAsS / Arsenopyrit
6,0	Tantalit = $(Fe, Mn)Ta_2O_6$
	Niobit = $(Fe, Mn)Nb_2O_6$ / Columbit
6,0–6,5	Eisenkies = FeS_2 / Pyrit
	Braunit = $Mn_4^{\cdot\cdot}Mn_3^{\cdot\cdot\cdot}[O_8 \mid SiO_4]$
6,0–7,0	Sperrylith = $PtAs_2$

Welcher Edel- oder Schmuckstein ist das?

Allgemeine Einführung in die Edelsteinkunde

Man versteht unter Edelsteinen diejenigen seltenen Mineralien, welche sich wegen ihrer Härte, ihrer optischen Eigenschaften und ihrer hervorragenden Durchsichtigkeit, ihrer Farbe und des Glanzes aus allen anderen Mineralien herausheben. Die Grenze bezüglich der Härte wird bei den Edelsteinen meist auf 7 gelegt, also oberhalb des Quarzes. Die unter 7 einschließlich liegenden werden als „Schmucksteine" bezeichnet; der veraltete Ausdruck „Halbedelsteine" sollte vermieden werden. Insbesondere sind bei den Edelsteinen die hochwertigen optischen Eigenschaften hervorzuheben, die naturgemäß nur auf die durchsichtigen Steine beschränkt bleiben. Da die Bestimmung der Edel- und Schmucksteine besonders verlockend ist, so ist eine genaue Kennzeichnung der physikalischen Eigenschaften — wie spez. Gewicht (Tab. 1), Härte und optischen Eigenschaften — notwendig. Auf diesen Angaben beruhen daher die folgenden Bestimmungstabellen. Da sich viele Untersuchungen bei den Edelsteinen nicht draußen in der Natur durchführen lassen, wurden der Vollständigkeit halber diese Übersichten auch für den Laborgebrauch möglichst umfassend ausgestaltet. Es wird vielfach versucht, Edelsteine nachzumachen — also zu synthetisieren, aber es sind zu deren Genese in der Natur doch Bedingungen erforderlich, die der Mensch nicht ohne weiteres experimentell nachahmen kann. Wohl läßt sich der eine oder andere Stein künstlich herstellen, aber immer läßt sich die Natur nicht in die Karten schauen. Den Faktor Zeit kann der Mensch auch durch noch so geschickt ausgeklügelte Verfahren nicht ersetzen; so bleiben viele Imitationen nur Stückwerk, so daß letzten Endes der Liebhaber immer auf ein echtes Stück zurückgreift.

Tabelle 1: Spezifisches Gewicht der Edel- und Schmucksteine

Stein	Gewicht	Stein	Gewicht	Stein	Gewicht
Hämatit	4,90–5,30	Edeltopas	3,50–3,58	Smaragd	2,66–2,72
Markasit	± 4,8 –4,9	Benitoit	(3,40)–3,65	Quarze, wie	
Zirkon:		Rhodonit	3,40–3,70	Citrin	
rotbraun: Hyazinth	4,75	Olivin =		Amethyst	2,65
blau	4,70	Chrysolith	3,30–3,57	Bergkristall	
grün	4,33	Jadeit	3,30–3,35	Rosenquarz	
Korund =		Vesuvian	3,29–3,47	Chalzedon	2,60–2,65
a) Saphir	± 4,00	Epidot =		Achat	2,60–2,65
b) Rubin	3,90–4,10	Pistazit	3,28–3,53	Chrysopras	2,60–2,65
Demantoid	3,80–3,85	Dioptas	3,28–3,36	Türkis	2,60–2,84
Malachit	3,70–4,00	Almandin-Granat	3,20–3,83	Cordierit	2,57–2,66
Staurolith	3,65–3,77	Apatit	3,16–3,23	Jaspis	2,56–2,76
Pyrop-Granat	3,65–3,80	Hiddenit	3,15–3,30	Lapis-Lazuli	2,45–2,90
Chrysoberyll		Kunzit	3,15–3,20	Adular =	
= Alexandrit	3,65–3,75	Fluorit	3,10–3,25	Mondstein	2,55–2,58
Cyanit = Disthen	3,56–3,67	Andalusit	3,10–3,20	Euklas	2,54–2,58
Hessonit	3,60–3,63	Orthoklas	3,05–3,10	Amazonit	2,54–2,57
Grossular	3,60–3,70	Phenakit	2,96–3,00	Obsidian	2,50–2,60
Pleonast	3,52–3,65	Turmalin	2,94–3,16	Moldavit	2,36
Spinell:		Nephrit	2,94–3,06	Chrysokoll	2,20
a) rot	3,52–3,71	Morganit	2,70–2,89	Opal	2,00–2,22
b) andere	3,60–3,65	Labrador	2,69–2,72	Feueropal	2,00
c) synthet.	3,61–3,76	Skapolith	2,68–2,70	Bernstein	1,00–1,10
Diamant	3,51–3,53	Beryll	2,66–2,76		

Die Härteprüfung der Mineralien und Edelsteine

Es sind einige ganz wesentliche Verbesserungen zur Härtebestimmung durchgearbeitet worden, welche hier kurz im Prinzip genannt werden sollen. Die von Mohs ursprünglich in 10 Stufen eingeteilte Härteskala wurde von Breithaupt, unter Verwendung der gleichen Materialien (also Talk bis Diamant), auf 12 erweitert und später als technische Prüfskala auf 15 Glieder (ebenfalls Talk bis Diamant) ausgedehnt.

Nun wurde, da man feststellte, daß gerade die Endglieder bei den üblichen Skalen nicht ausreichten, eine sog. absolute Härteprüfung durch Auerbach und Hertz eingeführt, welche die Härte des betreffenden Minerals durch den Druck berechnet, der im Mittelpunkt einer kugelsegmentförmigen Druckfläche herrschen muß, um nur gerade die Elastizitätsgrenze des betr. Minerals zu überschreiten. Eine ähnliche Methode ist die in der Technik allgemein übliche Härtebestimmung nach Brinell, nur werden hier erheblich ausgedehntere Bereiche bis zu den härtesten Metallen überprüft! Zum Schluß sei noch die von Rosiwal-Toula eingeführte Methode erwähnt, welche den Grad der mechanischen Abnutzbarkeit durch genormte Schleifmittel zur Grundlage der Härteprüfung und -einteilung macht. Die hier genannten Methoden werden in einer Übersichtstabelle kurz angegeben (Tab. 2).

Tabelle 2

Härtebestimmungsverfahren von Mineralien und Edelsteinen

Mineral als Prüfmittel	Skala nach Mohs (1–10)	Skala nach Breithaupt (1–12)	Skala nach Auerbach (1–12)	Technische Skala*) (1–15)	Skala nach Rosiwal	Intervall
Talk	1	1	14	1	1/33	0,22
Gips oder Steinsalz	2	2	20	2	¼	
Glimmer	—	3	—	—	—	3,25
Kalkspat	3	4	92	3	4½	0,5
Flußspat	4	5	110	4	5	
Apatit	5	6	237	5	6½	1,5
Hornblende	—	7	—	—	—	30,5
Feldspat (Orthoklas)	6	8	253	6	37	83
Quarz	7	9	308	7 (reines Quarzglas)	120	55
Topas	8	10	525	8 (Quarz)	175	825
Korund	9	11	1150	9 (Topas)	1000	139000
Diamant	10	12	—	10 (Granat)	140000	
				11 (geschmolzener Zirkon)		
				12 (Korund)		
				13 (Siliziumkarbid)		
				14 (Borkarbid)		
				15 (Diamant)		

*) Mit dieser Spalte „Technische Skala“ sollte versucht werden, die — wie man selbst durch Vergleich feststellen kann — sehr ungleiche Zunahme der Mineralhärte gegen Ende jeder Skala in ein einigermaßen gleichartiges Stufensystem einzugliedern.

Bezüglich der Härteprüfung an sich ist schon genügend gesagt worden. Es soll lediglich im Zusammenhang mit den Edel- und Schmucksteinen eine Übersichtstabelle (Tab. 3) gegeben werden, aus der man ablesen kann, daß wir es hier im allgemeinen mit relativ harten Mineralien (mit Ausnahmen wie Bernstein, Kupferlasur oder Flußspat) zu tun haben. Diese Eigenschaft ist eine wesentliche Voraussetzung für die Haltbarkeit und die Widerstandsfähigkeit der Edelsteine gegenüber mechanischen Einflüssen.

Tabelle 3

Härtebestimmung der Edelsteine

(nach der Mohs'schen Skala)

Mineral	Härte
Diamant	10,0
Korund (= *Rubin* u. *Saphir*)	9,0
Chrysoberyll (Alexandrit u. Cymophan)	8,5
Topas (blau, gold, rot, rosa)	8,0
Spinell (Ceylonit, Pleonast)	8,0
Euklas	7,6–8,0
Phenakit	7,5–8,0
Beryll (*Smaragd*, *Aquamarin*, Heliodor)	7,5–8,0
Turmalin (Achroit, Indigolit)	7,5–7,25
Pyrop	7,25–7,5
Cordierit (Dichroit)	7,25–7,5
Zirkon (Hyazinth, blau, braun, gelb, grün, rot)	7,0–7,5
Andalusit, Chiastolith	7,0–7,5
Staurolith	7,0–7,5
Quarz (Amethyst, Bergkristall, Citrin, Morion, Rauchquarz, Rosenquarz usw.)	7,0
Chrysolith u. Olivin	6,75
Vesuvian (Idokras)	6,5–7,0
Chalcedon (Quarz)	6,5–7,0
Jadeit	6,5–7,0
Hiddenit (Lithionsmaragd)	6,5–7,0
Kunzit (Spodumen)	6,5–7,0
Epidot = Pistazit	6,5–7,0
Sillimanit	6,5–7,0
Axinit	6,5–7,0
Obsidian	6,5–7,0
Granat (Almandin 7,25)	6,5–7,5
Andradit	6,5–7,1
Marialith	6,25–6,35
Benitoit	6,25–6,5
Rutil	6,0–6,5
Rhodonit	6,0–6,5
Adular = Mondstein	6,0
Orthoklas	bis 6,0
Prehnit	6,0–6,5
Markasit	6,0–6,5
Franklinit	6,0–6,5
Sonnenstein	5,8–6,0
Amazonit	5,8–6,0
Pyrit	5,8–6,5
Nephrit	5,5–6,5
Türkis = Kallait	5,5–6,0
Hämatit = *Blutstein*	5,5–6,5
Labrador	5,5–6,0
Opal	5,5–6,5
Magnetit	5,5–6,0
Leucit	5,5–6,0
Lazulith = Blauspat	5,5–6,0
Chromit	5,5–6,0
Cyanit = Disthen	5,5–6,5
Aventurin-Feldspat	5,5–6,0
Nephrit-Hornblende	5,5–6,0
Sodalith (Hauyn = Nosean)	bis 5,5
Skapolith	5,5–6,5
Lasurstein	5,15–6,0
Natrolith	5,0–5,5
Moldavit	5,0–5,5
Limonit	5,0–5,5
Kalkspat = Calcit	5,0–6,0
Ilmenit	5,0–6,0
Hypersthen	5,0–6,0
Aktinolith	5,0–6,0
Apatit	4,8–5,0
Dioptas	bis 5,0
Aztekenstein	bis 5,0
Diopsid	4,5–5,0–6,0
Bronzit	4,0–5,0
Variscit	4,0–5,0
Krokydolith	4,0–4,5
Krokoit	3,5–5,5
Malachit	3,5–4,0
Fluorit	3,5–4,0
Azurit = Kupferlasur	3,5–4,0
Serpentin	3,0–4,0
Bernstein	2,0–2,5

Mineralien sind entweder nicht kristallisiert, man nennt sie dann amorph (= gestaltlos) oder kristallisiert; in diesem Zustand sind die Atome oder Ionen gesetzmäßig geordnet. Je nach der Art des Achsenkreuzes, das man den verschiedenen Kristalltypen zuordnen kann, unterscheidet man folgende Kristallsysteme: regulär (auch kubisch, tesseral), tetragonal, hexagonal und trigonal, ortho-rhombisch (auch rhombisch), monoklin und triklin. Der Unterschied zwischen diesen Systemen besteht a) in der Zahl der Achsen (meist 3, bei hex. und trig. 4), b) in der Längenwertigkeit der Achsen, die alle gleichlang sein können (kubisch) oder verschiedene Länge besitzen können (alle übrigen) und c) in den zwischen den Achsen eingeschlossenen Winkeln, die rechte oder schiefe sein können (Abb. 2).

Mit Bezug auf die optischen Eigenschaften unterteilen wir die Kristalle zunächst in isotrope (= gleichscheinend), wozu nur die kubischen gehören und in anisotrope (tetrag. bis trikl.). In den ersteren erleidet das Licht keine Veränderung, in den anisotropen wird es in zwei polarisierte Strahlen zerlegt; man nennt sie daher auch doppelbrechend.

Kristalle des tetragonalen, hexagonalen und trigonalen Systems besitzen eine ausgezeichnete Richtung, in der keine Doppelbrechung stattfindet; dies ist die Richtung der „optischen Achse", die stets mit der prismatischen Längserstreckung, der c-Achse zusammenfällt. Diese Kristalle nennen wir daher auch optisch-einachsig. In rhombischen, monoklinen und triklinen Kristallen gibt es 2 derartige Richtungen, wir sprechen daher bei ihnen von optisch-zweiachsigen Kristallen.

Betrachten wir die anisotropen Kristalle, so ist bei ihnen weiterhin festzustellen, daß die durch die Doppelbrechung erzeugten zwei Strahlen verschiedene Geschwindigkeiten oder — was dasselbe ist — verschiedene Brechungsquotienten besitzen; beide Strahlen, der sog. ordentliche und außerordentliche (mit ω und ε bezeichnet), sind überdies senkrecht zueinander polarisiert. Die Differenz zwischen den Werten von ε und ω gibt die Größe der Doppelbrechung an; sie ist eine sehr charakteristische Zahl oder Materialkonstante. Ist ihr Wert positiv, so nennt man den Kristall ebenfalls optisch positiv; ist er negativ, so heißt der Kristall optisch negativ (sog. optischer Charakter).

Man bezeichnet die Richtung mit der geringsten Lichtgeschwindigkeit — oder mit dem größten Brechungsindex — mit γ, den niedrigsten mit α; γ minus α gibt ebenfalls das Maß der Doppelbrechung an. Bei zweiachsigen Kristallen liegt zwischen γ und α noch ein mittlerer Brechungsindex, der mit β bezeichnet wird; seine Richtung steht senkrecht auf der andern. Die optischen Richtungen (γ, β, α) verlaufen senkrecht zueinander und fallen somit nur bei bestimmten Kristallsystemen mit den Achsenrichtungen zusammen. Im optisch negativen Apatit z. B. fallen ε und α mit der c-Achse zusammen; im optisch positiven Quarz liegen ε und γ in Richtung der c-Achse.

Diese optischen Eigenschaften können im Polarisationsmikroskop zwischen gekreuzten Nicols beobachtet, registriert und gemessen werden (Tabelle 4, S. 102).

Die nicht-kubischen Kristalle können über die Eigenschaft des Dichroismus verfügen; sie haben dann in verschiedenen Durchblickrichtungen verschiedenfarbiges Aussehen. In den Richtungen der Hauptbrechwerte kann beim Lichtdurchgang eine bestimmte Farbe oder Wellenlänge verschluckt, absorbiert werden, so daß der Kristall nicht von weißem oder der Artfarbe entsprechendem Licht verlassen wird, sondern von andersfarbigem. In zweiachsigen Kristallen kann es sogar drei derartige Richtungen geben; man spricht dann von Pleochroismus (Trichroismus).

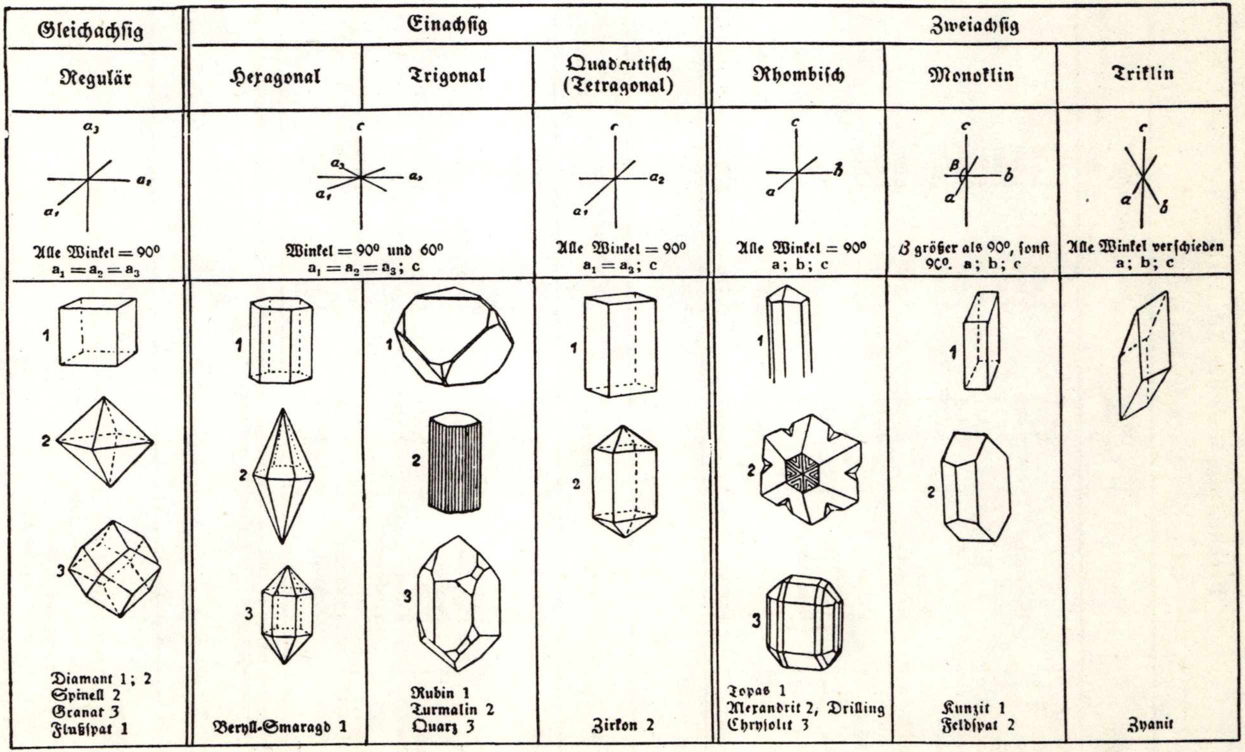

Gleichachsig	Einachsig			Zweiachsig		
Regulär	Hexagonal	Trigonal	Quadratisch (Tetragonal)	Rhombisch	Monoklin	Triklin
Alle Winkel = 90° $a_1 = a_2 = a_3$	Winkel = 90° und 60° $a_1 = a_2 = a_3$; c		Alle Winkel = 90° $a_1 = a_3$; c	Alle Winkel = 90° a; b; c	β größer als 90°, sonst 90°. a; b; c	Alle Winkel verschieden a; b; c
1 2 3	1 2 3	1 2 3	1 2	1 2 3	1 2	
Diamant 1; 2 Spinell 2 Granat 3 Flußspat 1	Beryll-Smaragd 1	Rubin 1 Turmalin 2 Quarz 3	Zirkon 2	Topas 1 Alexandrit 2, Drilling Chrysolit 3	Kunzit 1 Feldspat 2	Zyanit

Abb. 2

Kristallsysteme

nach G. O. Wild = Praktikum der Edelsteinkunde, Stuttgart 1937

Tabelle 4

Brechungsindizes der Edelsteine

A. Optisch 1-achsige Mineralien

Mineral	Varietät	Doppel-brechung Δ	Brechungsindizes ε	Brechungsindizes ω	Optischer Charakter
Smithsonit	—	0,200	1,618	1,818	—
Calcit	—	0,172	1,486	1,648	—
Zirkon	Hyazinth	0,062	1,990	1,930	+
Dioptas	—	0,053	1,697	1,644	+
Benitoit	—	0,047	1,804	1,757	+
Turmalin	viele Var.	0,035	1,620	1,655	—
Turmalin	Achroit Dravit	0,020	1,657	1,677	—
Skapolith	Marialith	0,018	1,540	1,560	—
Phenakit	—	0,016	1,670	1,654	+
Korund	Rubin Saphir	0,009	1,760	1,769	—
Quarz	Amethyst Bergkristall Citrin	0,009	1,553	1,544	+
Beryll	Smaragd Aquamarin	0,006	1,575	1,581	—
Vesuvian	Egeran	0,005	1,716	1,721	—

B. Optisch 2-achsige Mineralien

Mineral	Varietät	Doppel-brechung Δ	Brechungsindizes α	Brechungsindizes γ	Optischer Charakter
Krokoit	—	0,370	2,290	2,660	+
Realgar	Rauschrot	0,150	2,460	2,610	—
Titanit	Sphen	0,134	1,900	2,034	+
Epidot	Pistazit	0,039	1,729	1,768	—
Olivin	Chrysolith Peridot	0,036	1,661	1,697	+
Pyroxen	Diallag	0,029	1,650	1,679	+
Pyroxen	Kunzit Spodumen	0,016	1,660	1,676	+
Andalusit	—	0,011	1,632	1,643	—
Chrysoberyll	Alexandrit	0,009	1,747	1,756	+
Cordierit	Dichroit	0,009	1,590	1,599	±
Topas	—	0,008	1,619	1,627	+

Die Zahlenangaben können je nach der schwankenden Zusammensetzung gewissen Schwankungen unterliegen; auch der optische Charakter kann in Ausnahmefällen variieren.

Tafel VII: Edelsteine 3

1. Fluorit roh (SW-Afrika); 2. Alexandrit roh (Süd-Rhodesien); 3. Malachit (Tsumeb/SW-Afrika)
4. Euklas (Brasilien); 5. Beryll roh (Brasilien); 6. Grossular (Südafrika)
7. Aventurin (Indien); 8. Diopsid (SW-Afrika)
9. Dioptas (Kongo); 10. Euklas (Minas Geraës/Brasilien)
11. Malachit (Kongo); 12. Nephrit (Neuseeland); 13. Chrysopras (Schlesien)
14. Peridot (Ägypten); 15. Demantoid (Ural); 16. Beryll (Brasilien)
17. Turmalin (Brasilien); 18. Smaragd (Kolumbien); 19. Fluß-Spat (SW-Afrika)

1
2
3
4
5
7
8
6
9
10
11
13
12
14
15
16
17
18
19

1
2
3
4
5
6
7
8
9
10
11
12
13

Diese Beobachtungen werden im Polarisationsmikroskop mit einem, dem unteren Nicolschen Prisma, durchgeführt oder unter Zuhilfenahme einer Haidingerschen Lupe (die ein Kalkspatspaltstück enthält). Man sieht in ihr zwei Bilder nebeneinander, welche durch die Doppelbrechung des Kalkspats zustande kommen. Beim Drehen beobachtet man die Absorptionsfarben des ordentlichen und des außerordentlichen Strahls nebeneinander. Im Mikroskop zeigen sich die Farbnuancen bei Drehung des Tisches mit dem Präparat und unter Verwendung linear polarisierten Lichtes. (Apparat = Dichroskop der Firma Ernst Leitz, Wetzlar.)

Einige Beispiele mögen diese wichtige Eigenschaft in der Welt der Kristalle, zumal der Edelsteine, erläutern.

Tabelle 5

Dichroismus der Edelsteine

a) Bei blauen Kristallen: Wenn in einem blauen Kristall bei Betrachtung das Dichroskop ein blaues und ein blau-grünes Bild zeigt, dann haben wir einen Saphir vor uns; erhalten wir bei einem äußerlich sehr ähnlichen Kristall zwei bläuliche Bilder und zwar ein helleres und ein dunkleres, dann liegt ein optisch zweiachsiges Mineral, und zwar ein Cyanit (Disthen) vor. Ähnliche Effekte ergeben blaue Turmaline oder blaue Spinelle.

b) Bei grünen Edelsteinen: Erhalten wir in einem Fall zwei verschiedenfarbige Bilder und zwar grün und gelbgrün, dann liegt ein Smaragd vor. Haben wir ebenfalls zwei Bilder, die jedoch lichtbraun und dunkelgrün bis schwärzlich sind, dann ist der Kristall ein Turmalin.

c) Bei roten Edelsteinen: Haben wir in einem Fall zwei Bilder festgestellt, von denen das erste rot und das zweite bläulich bis violett ist, dann haben wir es mit einem Rubin zu tun. Wenn wir jedoch zwei etwa gleichartige Farbtöne vorfinden, so haben wir den weniger wertvollen roten Spinell zur Bestimmung vor uns.

Oder sollen wir einen Edelstein bestimmen, der zwei gegensätzliche Farbnuancen von hellem Rosa und dunklem Rot zeigt, während die zweite Farbe etwas nach Violett tendiert, dann haben wir einen roten Turmalin vor uns, der als Rubellit natürlich nicht gleichwertig dem echten Rubin zu bewerten ist. Ebenso gibt es bei den roten Granaten, die unter dem Namen der „Kap-Rubine" zum Teil im Handel sind, sofort die Möglichkeit, sie zu erkennen, da hier kein Dichroismus auftreten kann, denn er gehört, wie der Spinell, zum regulären Kristallsystem.

Um die Möglichkeit zu geben, an Hand des Dichroismus die verschiedenen Kristalle zu bestimmen, sollen hier für die wichtigsten Farbnuancen notwendige Angaben gemacht werden. (Die Firma Ernst Leitz, Wetzlar, hat ein Dichroskop herausgebracht, welches sehr einfach und praktisch zu verwenden ist.)

Tafel VIII: Edelsteine 4

1. Apatit (Mexiko); 2. Beryll (Brasilien); 3. Edeltopas (Brasilien); 4. Edeltopas (Brasilien)
5. Chrysoberyll (Brasilien); 6. Citrin (Brasilien); 7. Orthoklas (Madagaskar)
8. Chrysoberyll (Brasilien); 9. Bernstein (Ostpreußen); 10. Gelber Korund (Ceylon)
11. Bernstein (Ostpreußen); 12. Pyrit (Spanien); 13. Brasilianit (Brasilien)

1. **Rote Steine:** Pleochroismus bei: Korund (Rubin) hell u. dunkelrot, Turmalin rosa u. dunkelrot, Zirkon rot u. rötlich. Kein Pleochr. bei Spinell, Granat (Almandin), Feueropal, Diamant.
2. **Rosa Steine** (bis Karminrot): Pleochroismus bei: Topas (violett u. gelbrot), Spodumen (Kunzit) rosa u. lila, Korund (Rubin) dunkel- u. hellrot, Turmalin rosarot u. gelblich, Beryll goldgelb u. gelb, Zirkon rot u. rötlich. Kein Pleochr. bei Spinell und Diamant.
3. **Rotbraun bis braun:** Pleochroismus bei: Topas gelbrot u. braun, Turmalin hell- u. dunkelbraun, Axinit braun u. grün, Andalusit dunkelrot u. olivgrün, Zirkon rötlich u. gelblich, Staurolith rot u. gelblich, Rauchquarz dunkel- u. hellbraun, Vesuvian bräunlich u. rötlich. Kein Pleochr. bei Diamant, Feueropal, Granat = Hessonit.
4. **Gelbe Steine:** Pleochroismus bei: Goldberyll goldgelb u. gelbgrün, Topas hell- u. dunkelgelb, Turmalin hell- u. dunkelgelb, Quarz-Citrin nur sehr schwach, Korund gelb, Saphir nur schwach, Zirkon schwach. Kein Pleochr. nur bei Diamant.
5. **Gelbgrüne Steine:** Pleochroismus bei: Epidot grün-gelb-braun, Turmalin gelb u. grün, Andalusit gelb-grün-rot, Topas hellgelb u. hellgrün, Spodumen-Hiddenit hell- u. dunkelgrün, Beryll-Aquamarin hellbläulich u. gelbgrün, Chrysoberyll gelblich u. grünlich, Chrysolith grün u. gelbliches Grün, Zirkon sehr schwach. Kein Pleochr. Granat-Demantoid.
6. **Grüne Steine:** Pleochroismus bei: Chrysoberyll-Alexandrit dunkelgrün, gelb-rot, Turmalin gelb u. grün, Epidot grün-gelb-braun, Peridot-Olivin u. Chrysolith grün u. gelblichgrün, Andalusit gelb-grün-rot, Spodumen-Hiddenit hell- u. dunkelgrün, grün. Korund grün u. braun, Beryll-Smaragd dunkelgrün u. blaugrün, Vesuvian-Egeran grün u. gelb, Zirkon sehr schwach. Kein Pleochr. bei Diamant und Granat-Andradit u. Demantoid.
7. **Grünblaue Steine:** Pleochroismus bei: Benitoit bläulich u. farblos, Disthen-Cyanit dunkel- u. hellblau, Turmalin-Indigolith blaugrün u. gelblich, blauer Topas grünlichblau u. farblos, Beryll-Aquamarin bläulich u. gelblich, Korund-Saphir nur schwach.
8. **Blaue Steine:** Pleochroismus bei: Benitoit blau u. farblos, Dichroit-Cordierit gelb u. bläulich, Turmalin-Indigolith dunkel- u. hellblau, Korund-Saphir dunkel- u. grünlichblau, Disthen-Cyanit dunkel- u. hellblau. Pleochroismus fehlt bei Spinell-Saphirin u. Diamant.
9. **Hellblaue Steine:** Pleochroismus bei: Dichroit-Cordierit gelb u. bläulich, Benitoit blau u. farblos, Topas hellblaugrün u. hellrosa, Beryll-Aquamarin azurblau u. gelbgrün, Disthen-Cyanit dunkel- u. hellblau, Turmalin-Indigolith dunkel-hellblau, Korund-Saphir dunkel- u. grünlichblau. Kein Pleochr. bei Spinell-Saphirin und Diamant.
10. **Violette Steine:** Pleochroismus bei: Benitoit blau u. farblos, Axinit bräunlich u. grünlich, violett. Korund violett u. hellrot, Spodumen-Kunzit lila u. hellrosa, Quarz-Amethyst nur schwach. Kein Pleochr. bei Granat-Almandin und Spinell.

Bezüglich der Charakteristik der Lichtbrechung kann man feststellen:

1. Einfache Brechung (Isotropie) liegt vor bei den Edelsteinen des regulären Kristallsystems und bei den amorphen Substanzen (z. B. Opal, Gläser), darunter:

Diese Steine zeigen stets die gleiche Farbe, gleichgültig, aus welcher Blickrichtung man sie untersucht!

   a) alle Granate, wie violettrot = Almandin; karminrot = Pyrop; blaß-violettrot = Rhodolith; bräunlichrot = Spessartin; jadegrün oder grüngrau = Grossular; orange-gelbrot = Hessonit; orange-rotbraun = Hyazinthgranat; gelb = Andradit oder der Topazolith; gelblichgrün bis grün = Demantoid; olivgrün = Olivingranat; smaragdgrün = Uwarowit; und schwarz = Melanit,
   b) alle Spinellarten, wie Almandinspinelle, rosa = Ballasrubin, dunkelroter Sp. oder Ceylonit, rosa Sp. oder Rubicell, karminroter Sp. oder Rubinspinell,
   c) alle Farbnuancen der Diamanten,
   d) der Obsidian, als Gesteinsglas in den Farben schwarz, grau, rot, grün, gefleckt und meliert.

2. Doppelte Brechung (Anisotropie) liegt vor bei:
   a) allen optisch einachsigen Kristallen (mit negativer Doppelbrechung). Diese sind

Diese Steine zeigen in jeder Betrachtungsrichtung den in der Tabelle (S. 102) angegebenen Dichroismus, also Mehrfarbigkeit.

aa) alle Turmaline, wie farbloser Achroit; roter Rubellit; blauer Indigolith; rotbrauner Rubellit; gelber Turmalin; grüner Turmalin; roter Siberit; brauner Dravit, grüner Chromturmalin und schwarzer Schörl,

bb) die Berylle, als Smaragde und Aquamarine, sowie die Varietäten gelber Beryll = Heliodor und rosaroter Morganit,

cc) die Korunde, als rote Rubine, blaue Saphire, sowie die Varietäten violetter Saphir, grüner Saphir, Sternsaphir, olivgrüne Korunde = orientalischer Chrysolith, weißer Saphir = weißer Korund oder Leukosaphir, grüner Korund oder oriental. Smaragd, gelber Saphir oder oriental. Topas,

dd) der Idokras = Vesuvian, der auch als Californit (in grüngelber Ausbildung) bezeichnet wird (dicht, nephritähnlich);

b) alle optisch einachsigen Edelsteine mit positiver Doppelbrechung. Dies sind

aa) alle Quarz-Schmucksteine, wie Amethyst, Goldtopas, Rauchtopas, Citrin usw.,

bb) der rotbraune Zirkon als Hyazinth.

c) Doppelte Brechung bei optisch zweiachsigen Edelsteinen

Zeigen alle Mehrfarbigkeit, also Pleochroismus.

1. Topase mit den Varietäten,
2. Chrysoberyll = Alexandrit (franz. Cymophane),
3. Staurolith (braun bis rotbraun und orange),
4. der Spodumen mit den beiden Varietäten Kunzit und Hiddenit (Kunzit = rosa, lila, Hiddenit = grün),
5. Axinit = gelblich-braun, grau bzw. auch rosa,
6. Cyanit = Disthen, Grundfarbe blau (dunkel-azurblau bis blaugrün),
7. Andalusit, Farben olivgrün oder tiefrot,
8. Dichroit = Cordierit, Farbe meist tiefes, sattes Blau, wie indigo,
9. Chrysolith = Olivin oder Peridot, olivgrüne Farbe mit kleinem Stich ins Gelbliche,
10. Mondstein, Adular, eine Feldspatabart, bläulich silberner Schein,
11. Epidot oder Pistazit, pistazienfarbiges Aussehen.

Das sogenannte „Feuer des Diamanten" und des Zirkon ist auf das Farbzerstreuungsvermögen = Dispersion zurückzuführen, eine Eigenschaft, die alle durchsichtigen festen und auch flüssigen Stoffe kennzeichnet. Je größer dies Vermögen ist, um so „farbiger" oder „feuriger" tritt ein im Stein gebrochener Lichtstrahl wieder aus. Man drückt die Größe dieses Wertes durch die Formel aus: $\frac{D-1}{F-C}$, wobei F derjenige Brechungsindex für blaues, C der für rotes, D der für gelbes Licht ist, dem diese Wellenlängen in der geprüften Substanz unterliegen.

Tabelle 6
Farbzerstreuungsvermögen

Mineral	Varietät	Wert	Mineral	Varietät	Wert
Granat	Demantoid	0,057	Turmalin	Achroit, Dravit, Indigolith u. Rubellit	0,017
Titanit	Sphen	0,051	Pyroxengruppe =	Diopsid, Diallag	0,016
Diamant	Diamant	0,044	Axinit	—	0,015
Zirkon	Hyazinth	0,038	Chrysoberyll	Alexandrit, Chrysoberyll	0,015
Epidot	Pistazit, Piemontit, Manganepidot	0,028	Beryll	Smaragd, Aquamarin, Morganit, Goldberyll	0,014
Granat	Hessonit	0,028	Dioptas =	Kupfersmaragd	0,014
	Pyrop	0,027	Cordierit	Dichroit	0,014
	Almandin	0,024	Phenakit	—	0,014
Benitoit	—	0,022	Andalusit	—	0,013
Chrysolith	Peridot, Olivin	0,020	Euklas	—	0,013
Skapolith	Marialith, Skapolith	0,020	Quarz	Amethyst, Citrin, Bergkristall, Rauchquarz	0,013
Spinell	in den durchsichtigen Varietäten	0,020	Feldspat	Mondstein	0,012
Korund	Rubin u. Saphir	0,018	Flußspat	—	0,010
Pyroxengruppe =	Spodumen	0,017			

Edelstein-Bestimmungstabellen

I. Durchsichtige Edel- und Schmucksteine

a) Farblos, wasserhell

Name als Edelstein	Name als Mineral	Spez. Gewicht	Härte nach Mohs	Lichtbrechung	Chemische Formel
Achroit	Turmalin	2,94–3,10	7–7,5	1,62–1,66	(Bor-Silikat)
Adular = Mondstein	Feldspat (Orthoklas)	2,50–2,60	6–6,5	1,52–1,53	$K[AlSi_3O_8]$
Apatit	Apatit	3,20	5,0	1,63–1,64	$Ca_5[(F, OH, Cl)\|(PO_4)_3]$
Bergkristall	Quarz	2,64–2,66	7,0	1,63	SiO_2
Beryll	Beryll	2,63–2,76	7,5–8,0	1,56–1,58	$Al_2Be_3[Si_6O_{18}]$
Beryllonit	Beryllonit	2,85	5,5–6,0	1,55–1,58	$NaBe[PO_4]$
Danburit	Danburit	2,97–3,02	7,0	1,63	$Ca[B_2Si_2O_8]$
Diamant	Diamant	3,52	10,0	2,41–2,42	C
Euklas	Euklas	3,09–3,10	7,5–8,0	1,65–1,70	$Al(OHBeSiO_4)$
Grossular	Granat	3,50	6–7,5	1,74	$Ca_3Al_2[SiO_4]_3$
Hyalit	Opal	2,20	5–6,5	1,44–1,45	SiO_2 + aqua
Jargon	Zirkon	4,20–4,65	7,50	1,92–1,98	$Zr[SiO_4]$
Leucit	Leucit	2,45–2,5	5,5–6,0	1,508	$K[AlSi_2O_6]$
Leukosaphir	Korund	3,9–4,1	9,0	1,76–1,77	Al_2O_3
Mondstein	Feldspat	2,54–2,56	6–6,5	1,52–1,525	$K[AlSi_3O_8]$
Marialith	Skapolith	2,64–2,66	6,25–6,5	1,54–1,55	$Na_4(Al_3Cl)Si_9O_{24}$
Monticellit	Monticellit	3,10–3,25	5–5,5	1,79–1,84	$CaMg[SiO_4]$
Natrolith	Natrolith	2,20–2,25	5–5,5	1,48–1,49	$Na_2[Al_2Si_3O_{10}]2\,H_2O$
Oliogoklas	Plagioklas	2,60	6–6,5	1,54–1,55	Gemisch von Albit und Anorthit
Phenakit	Phenakit	2,96–3,0	7,5–8,0	1,65–1,67	$Be_2[SiO_4]$
Quarz	Bergkristall	2,70	7,0	1,54–1,55	SiO_2
Sillimanit	Sillimanit	3,23–3,24	6,5–7,0	1,63–1,65	Al_2SiO_5
Spinell	Spinell	3,52–4,00	8,0	1,72	$MgO \cdot Al_2O_3$
Spodumen	Pyroxen	3,20	6,5–7,0	1,66–1,67	$AlLi[Si_2O_6]$
Topas	Topas	3,56–3,60	8,0	1,62–1,63	$Al_2[SiO_4\|F_2]$
Turmalin	s. Achroit	3,08–3,10	7,5	1,61–1,64	Bor-Silikat
Weißer Korund	Korund	3,98–4,00	9,0	1,76–1,77	Al_2O_3
Zirkon (Matura-Diamant)	Zirkon	4,0–4,30	7,5	1,93–1,99	$Zr(SiO_4)$
Zunyit	Zunyit	2,88	7,0	1,59	$[Al(OH, F, Cl)_2]_6 \cdot Al_2(SiO_4)_3$

b) Rot

Name als Edelstein	Name als Mineral	Spez. Gewicht	Härte nach Mohs	Lichtbrechung	Chemische Formel
Almandin	Granat	3,70–4,20	7,25–7,5	1,78–1,83	$Fe^{\cdot\cdot}_3Al_2[SiO_4]_3$
Anatas	Anatas	3,82–3,95	5–6,0	2,48–2,56	TiO_2
Apatit	Apatit	3,17–3,23	5,0	1,63–1,65	$Ca_5[(F, OH, Cl)\|(PO_4)_3]$
Beryll	Beryll	2,64–2,67	7,5	1,58–1,59	$Al_2Be_3[Si_6O_{18}]$
Bernstein	Bernstein	1,05–1,09	2–2,5	1,54	organisch
Citrin	Quarz	2,65–2,69	7,0	1,54–1,55	SiO_2 u. Färbemittel
Diamant	Diamant	3,32–3,54	10,0	2,41–2,42	C
Epidot	Thulit	3,45–3,48	6–7,0	1,75–1,78	$Ca_2(Al, Fe...)_3[OH(SiO_4)_3]$
Feueropal	Opal	2,10–2,2	5,5–6,0	1,44	SiO_2 + aqua
Fluorit	Flußspat	3,01–3,25	4,0	1,43	CaF_2
Grossular	Granat	3,5–3,70	6,5–7,0	1,77–1,81	$Ca_3Al_2[SiO_4]_3$
Hessonit	Granat	3,65–3,90	7,25	1,75–1,77	$(FeCa)_3Al_2[SiO_4]_3$
Kunzit	Pyroxen	3,20	6,5–7,0	1,66-1,67	$LiAl(Si_2O_6)$
Kaneelstein s. Hessonit					

Rot

Name als Edelstein	Name als Mineral	Spez. Gewicht	Härte nach Mohs	Licht-brechung	Chemische Formel
Manganepidot	Epidot	3,25–3,50	7,0	1,75–1,81	$Ca_2(Al,Fe^{\cdots}Mn)_3$ $[OH(SiO_4)_3]$
Morganit	Beryll	2,8–2,87	7,50	1,58–1,59	$Al_2Be_3[Si_6O_{18}]$
Opal	Feueropal	2,005	5,50	1,64	SiO_2 + aqua
Pyrop	Granat	3,65–3,90	7,25	1,75–1,77	$Mg_3Al_2[SiO_4]_3$
Realgar	Realgar	3,5–3,60	1,5–2,0	2,46–2,61	AsS
Rhodonit	Rhodonit	3,5–3,67	6–6,50	1,66–1,67	$Mn[SiO_3]$
Roter Spinell	Spinell	3,53–3,56	8,0	1,72	$MgO \cdot Al_2O_3$
Roter Topas	Topas	3,53–3,55	8,0	1,6–1,61	$Al_2[SiO_4|F_2]$
Roter Zirkon	Zirkon	4,00–4,63	7,50	1,92–1,98	$Zr[SiO_4]$
Rosa-Beryll	Beryll s. Morganit				
Rosa-Topas	Topas	3,53–3,54	8,0	1,6–1,63	$Al_2[SiO_4|F_2]$
Rosenquarz	Quarz	2,60–2,70	7,0	1,54–1,55	SiO_2
Rubin	Korund	3,9–4,14	9,0	1,76–1,77	Al_2O_3
Spessartin	Granat	4,0–4,3	7,5	1,79–1,82	$Mn_3Al_2[SiO_4]_3$
Staurolith	Staurolith	3,65–3,78	7–7,5	1,63–1,65	$2\,Al_2SiO_5 \cdot Fe^{\cdot\cdot}(OH)_2$
Sphen	Titanit	3,4–3,6	5–5,5	1,92–2,05	$CaTi[(SiO_4|O)]$
Topas	Topas	3,53–3,55	8,0	1,6–1,63	$Al_2[SiO_4|F_2]$
Turmalin	Rubellit	3,09–3,15	7–7,25	1,62–1,65	Bor-Silikat
Vesuvian	Vesuvian	3,35–3,50	6,50	1,71–1,72	$Ca_{10}[(Mg,Fe)_2|$ $Al_4][Si_9O_{34}](OH)_4$
Zirkon	Zirkon	4,0–4,65	7,50	1,92–1,98	$Zr[SiO_4]$

c) Blau

Apatit	Apatit	3,15–3,23	5,0	1,63–1,65	$Ca_5[(F,OH,Cl)$ $(PO_4)_3]$
Aquamarin	Beryll	2,67–2,71	7,25–7,50	1,57–1,58	$Al_2Be_3[Si_6O_{18}]$
Axinit	Axinit	3,27–3,29	6,5–7,00	1,67–1,68	$Ca_2(Fe,Mg,Mn)Al_2$ $BH(SiO_4)_4$
Benitoit	Benitoit	3,64–3,67	6–6,50	1,75–1,80	$BaTi[Si_3O_9]$
Beryll	Beryll = Aquamarin, Morganit, Smaragd, Heliodor u. a. m..				
Blauer Topas	Topas	3,5–3,52	8,00	1,6–1,62	$Al_2[SiO_4|F_2]$
Blauer Zirkon	Zirkon	4,6–4,70	7,50	1,92–1,98	$Zr[SiO_4]$
Cordierit	Dichroit	2,57–2,66	7–7,50	1,54–1,55	$Mg_2Al_4[Si_5O_{18}]$
Cyanit	Disthen	3,56–3,67	4–7,00	1,71–1,73	$Al_2[O|SiO_4]$
Cyprin	Vesuvian	3,3–3,50	6,50	1,71–1,72	$Ca_{10}[(Mg,Fe)_2|Al_4]$ $[Si_9O_{34}](OH)_4$
Diamant	Diamant	3,32–3,54	10,00	2,41–2,42	C
Disthen	Disthen s. Cyanit				
Dumortierit	Dumortierit	3,24–3,28	7,00	1,66–1,68	$Al_8BSi_3(OH)O_{19}$
Euklas	Euklas	3,1–3,13	7,5–8,00	1,64–1,67	$Al(OHBeSiO_4)$
Feueropal	Opal	2,005	5,50	1,44	SiO_2 + aqua
Fluorit = Flußspat	Fluorit	3,01–3,25	4,00	1,43	CaF_2
Hauyn	Sodalith	2,28–2,35	5,50	1,49	$(CaNa)_{4-8}(SiAlO_4)_6$ $(SO_4)_2$
Indigolith	Turmalin	3,1–3,12	7,50	1,62–1,64	Bor-Silikat
Lazulith	Lazulith	2,96–3,09	5–6,0	1,6–1,64	$(Fe,Mg)Al_2[OH|$ $PO_4]_2$
Mondstein	Feldspat	2,54–2,56	6–6,50	152–1,525	$K[AlSi_3O_8]$
Saphir	Korund	4,01–4,09	9,00	1,76–1,77	Al_2O_3
Saphirin	Spinell	3,65–3,72	8,00	1,72	$MgO \cdot Al_2O_3$
Smithonit	Smithonit	4,30	4,50	1,81–1,84	$Zh[CO_3]$
Tansanit	Zoisit	3,2	6—7	1,70—1,80	$Ca_2Al_3[OH(SiO_4)_3]$
Topas, blau	Topas	3,5—3,52	8,0	1,6—1,63	$Al_2[SiO_4|F_2]$
Vesuvian siehe Cyprin					
Zirkon, blau	Zirkon	4,6—4,70	7,50	1,92—1,98	$Zr[SiO_4]$

d) **Braun** (Rotbraun bis Orange)

Name als Edelstein	Name als Mineral	Spez. Gewicht	Härte nach Mohs	Lichtbrechung	Chemische Formel
Almandin	Granat	3,7–4,20	7,25–7,5	1,78–1,83	$Fe^{\cdot\cdot}Al_2[SiO_4]_3$
\`Andalusit	Chiastolith	3,22–3,29	7,5	1,64–1,65	$Al_2[O \vert SiO_4]$
Axinit	Axinit	3,25–3,29	6,5–7,1	1,67–1,68	$Ca_2(Mn, Fe)Al_2BH(SiO_4)_4$
Bernstein	Bernstein	1,05–1,09	2–2,5	1,54	organisch
Chrysoberyll	Alexandrit	3,65	8,5	1,74–1,75	Al_2BeO_4
Eudialyt	Eudialyt	2,84–3,10	5–5,5	1,61	$(Na,Ca,Fe)_6Zr[(OH)Cl \vert (Si_3O_9)_2]$
Feueropal	Opal	2,005	5,5	1,44	SiO_2 + aqua
Fowlerit	Fowlerit	3,63–3,67	5,5	1,66–1,67	$SiO_3(Mn, Fe, Ca, Zn)$
Gebrannter Amethyst	Quarz	2,64–2,66	7,0	1,54–1,55	SiO_2
Grossular	Granat	3,05–3,07	6,5–7,0	1,77–1,81	$Ca_3Al_2[SiO_4]_3$
Heliodor	Beryll	2,72–2,73	7,5	1,57–1,58	$Al_2Be_3[Si_6O_{18}]$
Hessonit = Kaneelstein	Granat	3,62–3,67	7,0	1,56	$Ca_3Al_2[SiO_4]_3$
Hyazinth	Zirkon	4,4–4,82	7,5	1,92–1,98	$Zr[SiO_4]$
Krokoit	Krokoit	5,09–6,01	2,5–3,0	2,31–2,66	$Pb[CrO_4]$
Manganepidot	Epidot	3,25–3,50	7,0	1,75–1,81	$Ca_2(Al,Fe^{\cdot\cdot\cdot},Mn^{\cdot\cdot})_3[OH(SiO_4)_3]$
Orangefarb. Spinell	Spinell	3,53–3,56	8,0	1,72	$MgO \cdot Al_2O_3$
Korund (Padparadscha)	Korund	3,89–3,95	9,0	1,76–1,77	Al_2O_3
Pyrop	Granat	3,65–3,90	7,25	1,75–1,77	$Mg_3Al_2[SiO_4]_3$
Rauchquarz	Quarz	2,65	7,0	1,54–1,55	SiO_2
Realgar	Realgar	3,5–3,60	1,5–2,0	2,46–2,61	AsS
Rubellit	Turmalin	3,09–3,15	7–7,25	1,62–1,65	Bor-Silikat
Rubin	Korund	3,97–4,10	9,0	1,76–1,77	Al_2O_3
Spessartin	Granat	4,0–4,30	7,5	1,79–1,82	$Mn_3Al_2[(SiO_4)_3]$
Staurolith	Staurolith	3,65–3,78	7–7,5	1,73–1,74	$2\,Al_2SiO_5 \cdot Fe^{\cdot\cdot\cdot}(OH)_2$
Topas = Goldtopas	Topas	3,58	8,0	1,6–1,63	$Al_2(SiO_4 \vert F_2)]$
Vesuvian	Vesuvian	3,35–3,45	6,5	1,71–1,72	$Ca_{10}[(Mg, Fe)_2 \vert Al_4][Si_9O_{34}] \cdot (OH)_4$
Zirkon	Zirkon	4,4–4,70	7,5	1,92–1,98	$Zr[SiO_4]$

e) **Braun** (Gelbbraun bis Braungelb)

Name als Edelstein	Name als Mineral	Spez. Gewicht	Härte nach Mohs	Lichtbrechung	Chemische Formel
Axinit	Axinit	3,27–3,29	6,5–7,0	1,67–1,68	$Ca_2(Mn, Fe)Al_2BH(SiO_4)_4$
Bernstein	Bernstein	1,05–1,09	2–2,5	1,54	organisch
Brauner Korund	Korund	4,001–4,01	9,0	1,76–1,77	Al_2O_3
Brauner Spinell	Spinell	3,53–3,56	8,0	1,72	$MgO \cdot Al_2O_3$
Brauner Turmalin	Turmalin	3,05–3,12	7,25	1,62–1,66	Bor-Silikat
Brauner Zirkon	Zirkon	4,4–4,70	7,5	1,92–1,98	$Zr[SiO_4]$
Chrysoberyll	Chrysoberyll	3,5–3,84	8,5	1,72–1,75	$Al_2[BeO_4]$
Chrysolith	Peridot	3,27–3,42	6,5–7,0	1,65–1,69	$(Mg, Fe)_2SiO_4$
Citrin	Quarz	2,65–2,69	7,0	1,54–1,55	SiO_4 u. Färbemittel
Danburit	Danburit	2,97–3,02	7,0	1,63	$CaB_2[Si_2O_8]$
Diamant	Diamant	3,32–3,54	10,0	2,41–2,42	C
Dravit	Turmalin	3,05–3,15	7,25	1,61–1,63	Bor-Silikat
Epidot	Piemontit	3,25–3,50	7,0	1,75–1,81	$Ca_2(Al, Fe^{\cdot\cdot\cdot})_3[OH(SiO_4)_3]$
Flußspat	Fluorit	3,01–3,25	4,0	1,43	CaF_2
Gebrannter Amethyst	Quarz	2,64–2,66	7,0	1,54–1,55	SiO_2
Heliodor	Beryll	2,72–2,73	7,5	1,57–1,58	$Al_2Be_3[Si_6O_{18}]$
Hessonit	Granat	3,62–3,67	7,0	1,76	$Ca_3Al_2[SiO_4]_3$
Obsidian	Lavaglas	2,5–2,60	5–5,5	1,50	Lava-Schmelze
Rauchquarz	Quarz	2,65	7,0	1,54–1,55	SiO_2
Titanit	Sphen	3,4–3,60	5–5,5	1,92–2,05	$CaTi[(SiO_4 \vert O)]$
Topas	Goldtopas	3,53–3,54	8,0	1,6–1,63	$Al_2[(SiO_4 \vert F_2)]$
Vesuvian	Vesuvian	3,35–3,45	6,5	1,71–1,72	$Ca_{10}[(Mg, Fe)_2 \vert Al_4[Si_9O_{34}]_5(OH)_4$

f) Gelb

Name als Edelstein	Name als Mineral	Spez. Gewicht	Härte nach Mohs	Licht-brechung	Chemische Formel
Bernstein	Bernstein	1,05–1,09	2–2,5	1,54	organisch
Beryllonit	Beryllonit	2,71–2,73	5,5–6,0	1,57–1,58	$NaBe[PO_4]$
Chrysoberyll	Beryll	3,5–3,84	8,5	1,74–1,75	$Al_2[BeO_4]$
Chrysolith	Chrysolith	3,27–3,42	6,5–7,0	1,65–1,67	$(Mg, Fe)_2SiO_4$
Citrin	Quarz	2,65–2,69	7,0	1,54–1,55	SiO_2
Diamant	Diamant	3,32–3,54	10,0	2,41–2,42	C
Danburit	Danburit	2,97–3,02	7,0	1,63	$Ca[B_2Si_2O_8]$
Epidot	Epidot	3,25–3,50	7,0	1,75–1,81	$Ca_2(Al, Fe^{\cdots})_3[OH(SiO_4)_3]$
Euklas	Euklas	3,1–3,12	7,5–8,0	1,64–1,67	$Al[(OHBeSiO_4)]$
Feueropal	Opal	2,005	5,5	1,44	SiO_4 + aqua
Flußspat	Fluorit	3,01–3,25	4,0	1,43	CaF_2
Gelber Korund	Korund	4,001–4,09	9,0	1,76–1,77	Al_2O_3
Gelber Spinell	Spinell	3,52–3,55	8,0	1,72	$MgO \cdot Al_2O_3$
Gelber Zirkon	Zirkon	4,2–4,70	7,5	1,92–1,98	$Zr[SiO_4]$
Goldtopas	Topas	3,53–3,54	8,0	1,6–1,63	$Al_2[(SiO_4\|F_2)]$
Heliodor	Beryll	2,72–2,73	7,5	1,57–1,58	$Al_2Be_3[Si_6O_{18}]$
Hiddenit = Pyroxen	Spodumen	3,20	6,5–7,0	1,66–1,67	$Li[Al(Si_2O_6)]$
Jargon	Zirkon	4,2–4,70	7,5	1,92–1,98	$Zr[SiO_4]$
Korund	Korund	4,001–4,09	9,0	1,76–1,77	Al_2O_3
Phenakit	Phenakit	3,00	7,5–8,0	1,65–1,67	$Be_2[SiO_4]$
Skapolith	Marialith	2,67–2,70	6,5	1,55–1,57	$Na_4Al_3Si_9O_{24} \cdot Cl$
Topas	Topas	3,53	8,0	1,6–1,63	$Al_2[(SiO_4\|F_2)]$
Orientalischer Topas siehe oben!					
Topazolith	Andradit-Granat	3,85–4,00	6,5–7,0	1,84–1,89	$Ca_3Fe_2(SiO_4)_3$
Turmalin	Turmalin	3,05–3,12	7,25	1,62–1,66	Bor-Silikat
Vesuvian	Vesuvian	3,4–3,50	6,50	1,71–1,72	$Ca_{10}[Mg, Fe)_2\|Al_4][Si_9O_{34}]_5(OH)_4$
Zirkon	Zirkon	4,2–4,70	7,50	1,92–1,98	$Zr[SiO_4]$

g) Grün

Name als Edelstein	Name als Mineral	Spez. Gewicht	Härte nach Mohs	Licht-brechung	Chemische Formel
Alexandrit	Beryll	3,65	8,5	1,74–1,75	$BeO[Al_2O_3]$
Andalusit	Andalusit	3,12–3,18	7,5	1,63–1,64	$Al_2[O\|SiO_4]$
Apatit	Apatit	3,17–3,23	5,0	1,64–1,65	$Ca_5[(F, OH, Cl)\|(PO_4)_3]$
Aztekenstein(Bonamit)	Zinkspat	4,1–4,50	4,5–5,0	1,81–1,84	$ZnCO_3$
Chlorospinell	Chlorospinell	3,5–4,00	8,0	1,71–1,72	
Chrysoberyll	Beryll	3,65	8,5	1,74–1,75	$Al_2[BeO_4]$
Chrysolith	Olivin	3,27–3,42	6,5–7,0	1,65–1,69	$(Mg, Fe)_2SiO_4$
Datolith	Datolith	3,00	5,0	1,62–1,67	$Ca[OH\|BSiO_4]$
Demantoid	Andradit-Granat	3,83–3,96	6,5–7,0	1,78–1,83	$Ca_3(FeCr)_2[SiO_4]_3$
Diamant	Diamant	3,32–3,54	10,0	2,41–2,42	C
Diopsid	Pyroxen = Sahlit	3,25–3,40	5,5	1,65–1,70	$CaMg[Si_2O_6]$
Dioptas	Dioptas	3,27–3,35	5,0	1,64–1,70	$Cu_3[Si_3O_9 \cdot 3\,H_2O$
Dumortierit	Dumortierit	3,24–3,28	7,0	1,66–1,68	$Al_8BSi_3(OH)O_{19}$
Egeran	Vesuvian	3,25–3,45	6,5	1,71–1,72	$Ca_{10}[(Mg, Fe)_2\|Al_4][Si_9O_{34}](OH)_4$
Epidot	Pistazit	3,25–3,50	7,0	1,72–1,78	$Ca_2(Al, Fe^{\cdots})_3[OH(SiO_4)_3]$
Euchroit	Euchroit	3,3–3,40	3–3,5	1,69–1,73	$Cu_2[OH\|AsO_4] \cdot 3\,H_2O$
Euklas	Euklas	3,11–3,14	7,5–8,0	1,64–1,67	$Al(OHBeSiO_4)]$
Flußspat	Fluorit	3,01–3,25	4,0	1,435	CaF_2
Granat = Andradit, Grossular, Uwarowit, Demantoid					
Grossular	Granat	3.5–3,70	6,5–7,0	1,74–1,81	$Ca_3Al_2[SiO_4]_3$

Grün (Fortsetzung)

Name als Edelstein	Name als Mineral	Spez. Gewicht	Härte nach Mohs	Licht-brechung	Chemische Formel
Grüner Beryll	Smaragd	2,64–2,73	7,50	1,58–1,59	$(Al, Cr)_2Be_3(Si_6O_{18})$
Grüner Korund	Korund	4,11–4,12	9,0	1,76–1,77	Al_2O_3
Grüner Spinell	Spinell	3,53–3,59	8,0	1,72	$MgO \cdot Al_2O_3$
Grüner Topas	Topas, grünblau	3,5–3,52	8,0	1,6–1,63	$Al_2[SiO_4\|F_2)]$
Grüner Zirkon	Zirkon	4,00–4,65	7,5	1,80–1,86	$Zr[SiO_4]$
Hedenbergit	Pyroxen	3,30–3,40	5–6,0	1,65–1,75	$CaFe[Si_2O_6]$
Hiddenit	Spodumen	3,20	6,5–7,0	1,60–1,67	$Li[Al(Si_2O_6)]$
Idokras	Vesuvian	3,35–3,45	6,50	1,71–1,72	$Ca_{10}(Mg, Fe)_2Al_4 \cdot (Si_9O_{34}) \cdot (OH_4)$
Moldavit	Moldavit	2,30–2,36	5,50	1,49	
Obsidian	Lavaglas	2,5–2,60	5–5,5	1,50	Lava-Schmelze
Periklas	Periklas	3,75–3,90	6,0	1,73	MgO
Prehnit	Prehnit	2,90	6–6,5	1,61–1,65	$OH_2Ca_2Al_2(Si_3O_{10})_6$
Smaragd	Beryll	2,64–2,73	7,5	1,58–1,59	$(Al, Cr)_2 \cdot Be_3 \cdot (Si_6O_{18})$
Smaragdit	grüne Hornblende = Aktinolithische Hornblende				
Topas	Topas, grünblau	3,5–3,52	8,0	1,6–1,63	$Al_2[(SiO_4\|F_2)]$
Turmalin	Turmalin	3,06–3,115	7–7,5	1,62–1,65	Bor-Silikat
Uwarowit	Granat	3,4–3,50	7,0	1,79–1,83	$Ca_3Cr_2^{\cdots}[SiO_4]_3$
Vesuvian	a) Californit, dunkelgrün b) Egeran, gelbgrün c) Idokras, olivgrün	3,25–3,45	6,50	1,71–1,72	$Ca_{10}[(Mg, Fe)_2\|Al_4][Si_9O_{34}](OH)_4$
Zirkon	Zirkon	4,00–4,65	7,50	1,80–1,86	$Zr[SiO_4]$

h) Grau

Name als Edelstein	Name als Mineral	Spez. Gewicht	Härte nach Mohs	Licht-brechung	Chemische Formel
Andalusit	Andalusit	3,22–3,29	7,5	1,46–1,47	$Al_2[O\|SiO_4]$
Axinit	Axinit	3,27–3,29	6,5–7,0	1,67–1,68	$Ca_2(Mn, Fe)Al_2BH(SiO_4)_4$
Diamant	Diamant	3,32–3,54	10,0	2,41–2,42	C
Dravit	Turmalin	3,05–3,15	7,25	1,61–1,63	Bor-Silikat
Epidot	Epidot	3,25–3,50	7,0	1,75–1,81	$Ca_2(Al, Fe^{\cdots})_3[OH(SiO_4)_3]$
Morion	Rauchquarz, braunschwarz	2,65–2,66	7,0	1,54–1,55	SiO_2
Quarz	Rauchquarz, licht	2,64	7,0	1,54–1,55	SiO_2
Rauchquarz	siehe Rauchtopas	2,65	7,0	1,54–1,55	SiO_2
Rauchtopas	Quarz siehe Rauchquarz				
Turmalin	Dravit siehe Dravit				
Vesuvian	Vesuvian	3,35–3,45	6,5	1,71–1,72	$Ca_{10}[(Mg, Fe)_2\|Al_4][Si_9O_{34}](OH)_4$
Zirkon	Zirkon	4,00–4,60	7,5	1,92–1,98	$Zr[SiO_4]$

II. Durchscheinende bis undurchsichtige Edel- und Schmucksteine

a) Weiß-hellgrau

Name als Edelstein	Name als Mineral	Spez. Gewicht	Härte nach Mohs	Lichtbrechung	Chemische Formel
Achat (versch. gefärbt)	Chalcedon	2,50–2,80	6,5–7,0	uds.	SiO_2
Alabaster (dichte Aggregate)	Gips	2,30	2,0	uds.	$CaSO_4 \cdot 2\,H_2O$
Aragonit	Kalkspat	2,94	4,0	1,53–1,69	$CaCO_3$
Atlasspat (farblos)	Gips	2,31–2,33	1,5–2,0	1,52–1,53	$CaSO_4 \cdot 2\,H_2O$
Chalcedon	Chalcedon	2,5–2,80	7,0	1,54–1,55	SiO_2
Fasergips (wogender) Lichtschein)	Gips	2,30	1,5–2,0	1,52–1,53	$CaSO_4 \cdot 2\,H_2O$
Jadeit (weiß bis grünlichweiß	Augit	3,30–3,50	6,5–7,0	1,65–1,68	$NaAl[Si_2O_6]$
Meerschaum (weiß, gelblich bis rosa)	Sepiolith	2,00	1,5–2,5	uds.	$2\,MgO \cdot 3\,SiO \cdot 2\,H_2O$
Milchopal (licht, bläulich-weiß, Irisierung)	Opal	1,85–2,00	5,5–6,0	uds.	SiO_2 + aqua
Milchquarz (weißlich, trübe)	Quarz	2,65–2,69	7,0	1,54–1,55	SiO_2
Nephrit (licht bis hellgrün)	Hornblende	2,9–3,10	5–6,0	1,62–1,65	$Na_2Ca_4(Mg, Fe)_{10}$ $[(OH)_2O_2\|Si_{16}O_{44}]$
Opal (Hyalith = farblos)	Opal	2,00	5,50	1,44	SiO_2 + aqua

b) Blau

Name als Edelstein	Name als Mineral	Spez. Gewicht	Härte nach Mohs	Lichtbrechung	Chemische Formel
Achat, gefärbt (lagenartige Struktur)	Chalcedon	2,50–2,80	6,5–7,0	uds.	SiO_2
Azurit (himmelblau)	Kupferlasur =	3,80–3,83	3,5–4,0	1,73–1,83	$Cu_3[OH\|Co_3]_2$
Azurit-Malachit (grün- u. blaugefleckte Aggregate)	Azurit	3,8–3,83	3,5–4,0	uds.	$Cu_3[(OH)\|CO_3]_2$
Chrysokoll	Kieselkupfer	2,0–2,42	2–4,0	uds.	$CuSiO_3 \cdot n\,H_2O$
Jaspis (feinkörniges, dichtes SiO_2-Aggregat)	Chalcedon	2,5–2,80	6,5–7,0	uds.	SiO_2
Lapis-Lazuli (Lasurstein)	Lasurit	2,38–2,45	5,50	uds.	$(NaCa)_8[(SO_4,Cl,S)_2\|(AlSiO_4)_6]$
Lazulith	Lazulith	2,96–3,05	5–6,0	1,60–1,64	$(Fe, Mg)Al_2[OH\|PO_4]_2$
Smithsonit (Aztekenstein)	Zinkspat	4,10–4,40	4,5–5,0	1,81–1,84	$Zn[CO_3]$
Türkis	Türkis (Callait, amorph	2,60–2,80	6,0	uds.	$CuAl_6[(OH)_8\|(PO_4)_4 \cdot 4\,H_2O$

Zahn-Türkis, organisch, Animaltürkis = natürlich blau gefärbte fossile Knochen und Zähne

c) Rot

Name als Edelstein	Name als Mineral	Spez. Gewicht	Härte nach Mohs	Licht-brechung	Chemische Formel
Blutkoralle (rosa bis blutrote Aggregate)	organisch, Naturprodukt			uds.	
Feueropal (dsch.-uds. Varietät)	Opal	2,005	5,5	dsch.-uds.	SiO_2 + aqua
Jaspis (feinkörniges Chalcedonaggregat)	Chalcedon	2,5–2,80	6,5–7,0	uds.	SiO_2
Karneol (blutrote Varietät des Chalcedon)	Chalcedon	2,5–2,80	6,5–7,0	uds.	SiO_2
Lepidolith (rötlich, violett)	Lithium-Glimmer	2,8–2,90	2–2,5	uds.	$KLi_2Al[Si_4O_{10}(OH,F)_2]$
Margarit (lichtrosa)	Kalkglimmer = Margarit	3,0–3,10	3,5–4,5	uds.	$CaAl_2[(OH)_2 \| Si_2Al_2O_{10}]$
Rhodonit (braunrot)	Rhodonit	3,5–3,60	6–6,5	uds.	$Mn[SiO_3]$
Rhodochrosit	Manganspat	3,30–3,70	4,0	uds.	$MnCO_3$
Rosenquarz (rosenrot bis rosa)	Quarz	2,6–2,70	7,0	uds.	SiO_2
Sardonyx (dsch.-ds.: Bandachat m. braun. und weißen Bändern)	Chalcedon	2,5–2,80	6,5–7,0	uds.	SiO_2
Thulit (rosa Aggregate)	Epidot	3,45–4,80	6–7,0	uds.	$Ca_2(Al, Fe^{\cdots})_3[OH(SiO_4)_3]$

d) Gelb und Braun

Name als Edelstein	Name als Mineral	Spez. Gewicht	Härte nach Mohs	Licht-brechung	Chemische Formel
Agalmatolith	Pyrophyllit	2,80	1,5–2,0	dsch.–uds.	$KAl_2[Si_3AlO_{10} \| (OH)F_2$
Bernstein (fossiles Harz von prähistorischen Bäumen)	organisch	1,05–1,09	2–2,5	dsch.(1,54)	
Feueropal (goldgelbe Varietät des Opal)	Opal	2,005	5,5	ds.–dsch.	SiO_2 + aqua
Holzopal (braun. bis gelber holzartiger, faseriger Opal)	Opal	1,85–2,48	5–6,5	uds.	SiO_2 + aqua
Jaspis (dichtes Quarz-Aggregat)	Chalcedon	2,5–2,80	6,5–7,0	dsch.–uds.	SiO_2
Karneol (blutrote bis gelbbraune Varietät des Chalcedons)	Chalcedon	2,5–2,80	6,5–7,0	dsch.–uds.	SiO_2
Markasit (speisgelbe, derbe Ausbildung)	Pyrit	4,65–4,82	6–6,5	uds.	FeS_2
Sarder (orange bis dunkelbraune Varietät des Chalcedons)	Chalcedon	2,5–2,80	6,5–7,0	dsch.–uds.	SiO_2
Travertin (gelblichbraune poröse Massen)	Calcit	2,63	3,0	uds.	$CaCO_3$

e) Grün

Name als Edelstein	Name als Mineral	Spez. Gewicht	Härte nach Mohs	Licht-brechung	Chemische Formel
Amazonit	Feldspat	2,54–2,69	6–6,5	uds.	$KAlSi_3O_8$
Azurit-Malachit (grün und blau gefleckt)	Azurit	3,8–3,83	3,5–4,0	uds. ?	$Cu_3[OH\|CO_3]_2$
Californit (gelbgrün bis grün, faserig)	Vesuvian	3,35–3,45	6,5	hdsch. bis uds.	$Ca_{10}[Mg, Fe)_2\|Al_4] \cdot [Si_9O_{34}](OH)_4$
Ceylonit (dunkelgrün b. schwarz [Pleonast])	Spinell	3,65–3,72	8,0	uds.	$MgO \cdot Al_2O_3$
Chloromelanit (dunkelgrün, weißgefleckt, feinfaserig)	Jadeit	3,30–3,50	6,5–7,0	dsch.–hds.	$NaAl[Si_2O_6]$
Chlorastrolith (gelblichgrün)	Prehnit	5,00–5,16	6,5	hds.–dsch.	$(OH)_2Ca_2Al_2(Si_3O_{10})$
Chrysokoll (blaugrün–grün)	Kiesel-Kupfer	2–2,45	2–4,0	uds.	$Cu[SiO_3]$ + aqua
Chrysopal (apfelgrün durch Ni-Oxyd gefärbtes SiO_2)	Opal	2,15	6,0	dsch.	SiO_2 + aqua mit Ni
Chrysopras	Quarz	2,58–2,65	7,0	uds.	SiO_2
Fuchsit	Chromglimmer	2,8–2,90	2,0	1,59, hds.	
Garnierit (smaragdgrün bis apfelgrün)	Garnierit	2,27	1–1,5	uds.	$(Ni,Mg_6Si_4O_{11})(OH)_6 \cdot H_2O$
Heliotrop (dunkelgrüner Jaspis mit roten Punkten od. Flecken von rotem Karneol)	Chalcedon	2,5–2,80	6,5–7,0	uds.	SiO_2
Jadeit (grünlich, weißgrün)	Pyroxen	3,3–3,50	6,5–7,0	uds.	$NaAl(Si_2O_6)$
Jaspis (feinkörniges, dichtes Aggregat von Quarz, grünlich)	Chalcedon	2,5–2,80	6,5–7,0	uds.	SiO_2
Malachit (dunkelgrün konzentrische Lagen in hell u. dunkelgrün)	Malachit	3,8–4,10	3,5–4,0	uds.	$Cu_2[(OH)_2\|CO_3]$
Nephrit (licht-smaragdgrün [Aktinolith])	Amphibol	2,9–3,10	5–6,0	uds. Hornblende-Nephrit	$Na_2Ca_4(MgFe)_{10}[OH_2O_2Si_{16}O_{44}]$
Plasma (lauchgrün mit gelbweißen Flecken [Chlorit])	Chalcedon	2,5–2,80	6,5–7,0	dsch.–uds.	SiO_2
Prasem (lauchgrün bis grasgrün, mit eingeschlossenen Nädelchen v. grünem Strahlstein)	Quarz	2,60–2,66	7,0	dsch.–uds.	SiO_2
Prehnit (Chlorastrolith)	Prehnit	2,90	6–6,5	dsch.–uds.	$OH_2Ca_2Al_2(Si_3O_{10})$
Serpentin (feinfaserig, grüne Substanz)	Serpentin	2,5–2,70	3–4,0	dsch.–uds.	$Mg_6(OH)_8(Si_4O_{10})$
Türkis (grünblaue, derbe Masse)	Türkis	2,6–2,83	6,0	uds.	$CuAl_6[(OH)_8\|(PO_4)_4]4H_2O$
Utahlith = Variscit (bläulichgrün bis lichtsmaragdgrün)	Variscit	2,3–2,40	4,0–5,0	uds.	$Al[PO_4] \cdot 2H_2O$

III. Schillernde und opalisierende Edel- und Schmucksteine

a) Steine mit einem natürlichen Lichtstern (Asterismus)

1. **Sternsaphir** = Korund: hds.–uds. und ein sechsstrahliger Stern, entsteht auf der Basisfläche des Kristalls infolge nadelförmiger Rutil-Einlagerungen oder langgestreckter hohler Kanälchen.
   Spez. Gew.: 4,01–4,09; Härte: 9; Lichtbrechung: 1,76–1,77; Chem. Formel: Al_2O_3.
2. **Sternrubin** = Korund: infolge nadelförmiger Rutileinlagerung parallel den Kanten des sechsseitigen Prismas entsteht ein sechsstrahliger Stern.
   Spez. Gew.: 3,96–3,99; Härte: 9; Lichtbrechung: 1,76–1,77; Chem. Formel: Al_2O_3.
3. **Sternalmandin** = Granat: regelmäßig verlaufende Lichtkreise, in geeigneter Stellung vierstrahliger Stern; infolge Einlagerung dsch.; nach den vier Kantenzonen des Kristalls.
   Spez. Gew.: 7,25–7,5; Härte: 3,7–4,2; Lichtbr.: 1,78–1,83; Chem. Formel: $Fe_3Al_2[SiO_4]_3$.

b) Steine mit einem wogenden, schillernden Lichtschein (Chatoyieren)

1. **Adular** = Mondstein = Feldspat: wogender bläulicher, perlmutterartiger Lichtschein in durchscheinender milchartiger Grundmasse; Lichtschein nicht scharf begrenzt.
2. **Amazonit:** grünlicher Seidenschimmer durch feinste Zwillingslamellen; Reflex an kugelförmiger Oberfläche; ebene Fläche = ganze Fläche, seidenglänzend.
3. **Apatit:** bei feinfaseriger Struktur, vereinzelt wogender Lichtschein.
4. **Atlasspat, Calcit:** feinfaseriger Kalk hat an kugelförmiger Oberfläche wogenden Lichtschein.
5. **Beryll-Katzenauge, Beryll:** silbergrauer Lichtschein. Durch eingeschlossen parallellaufende Einschlüsse von feinnadelförmiger Gestalt.
6. **Cymophan** (Chrysoberyll-Katzenauge): mikroskopisch kleine parallellaufende Kanälchen in obersten Schichten; durch Interferenz der auffallenden Lichtstrahlen ein milchartiger, weißer-blaugrauer, gelber Lichtschein.
7. **Falkenauge** (Quarz): feinfaserige, schwarzblaue-grünblaue Krokydolithfasern in paralleler Orientierung in Si-Mineralien verteilt. Lichtschein: lichtblau-grünbläulichgrün.
8. **Katzenauge, Quarz, Schillerquarz:** infolge Einlagerung von Amphibolasbestnädelchen entsteht ein wogender Lichtschein. Grundfarbe ganz verschieden, gelb, braun–graublau. Lichtschein ist gelblich.
9. **Labrador, Mondstein, Adular:** siehe unter 1.
10. **Opal:** opalisierende Masse.
11. **Perle:** lebhafter Seidenglanz.

c) Schmucksteine mit glänzenden Einlagerungen

1. **Aventurinquarz** = Goldstein: farbloser Quarz mit zahlreichen regelmäßig verteilten Fe-Glimmerschüppchen, wodurch der Quarz rotbraun gefärbt ist; rotgoldener Lichtschimmer.
2. **Aventurinquarz** = Chrysoquarz: wie oben, nur enthält er Fuchsitschüppchen, wodurch der Stein grün gefärbt ist.
3. **Aventurin-Sonnenstein, Feldspat:** halbdurchsichtiger aber durchscheinender, fast weißer bis sahnefarbiger Feldspat, enthält Eisenglanztäfelchen, wodurch der Stein rötlich gefärbt ist.
4. **Bronzit** = Pyroxen: bräunlichschwarz, grün oder braun, grünlichbraun; enthält Titaneisenschüppchen, wodurch die Bruchfläche bronzegelben Schimmer erhält.
5. **Diallag** = Pyroxen = Sonnenstein: wie Bronzit, Farben sind aber grau, grün oder dunkelbraun.
6. **Hypersthen** = Pyroxen: wie Bronzit; Farbe bräunlichschwarz, schwarzgrün, mit grünlichbraunem bis gelbbraunem Schimmer.
7. **Lapis-Lazuli** = Lasurstein: blau bis grünblaue Steine; enthält zahlreiche größere und auch kleinere goldgelbglänzende Pyritkörner. Ehemals für Gold angesehen.

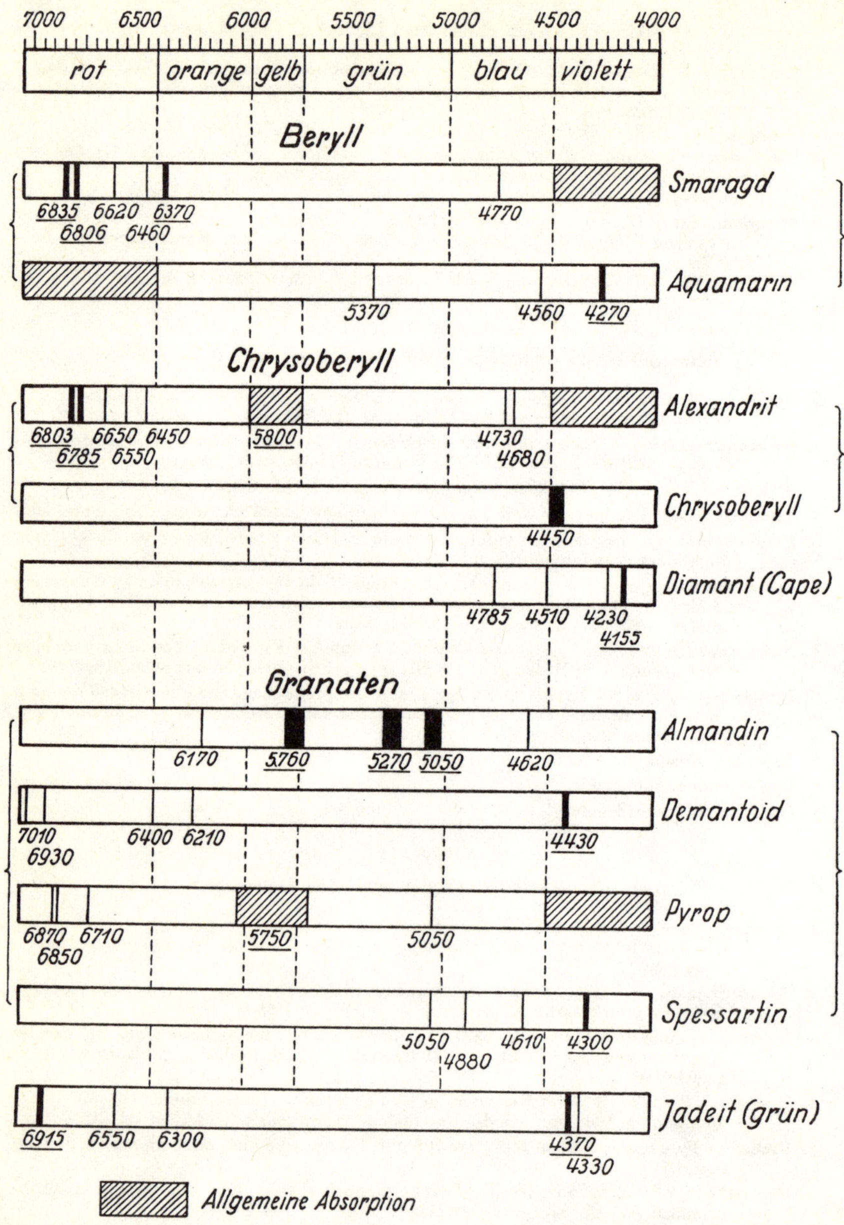
Absorptions-Spektren der Edelsteine
7000
6500
6000
5500
5000
4500
4000
rot
orange
gelb
grün
blau
violett
Beryll
Smaragd
6835
6620
6370
6806
6460
4770
Aquamarin
5370
4560
4270
Chrysoberyll
Alexandrit
6803
6650
6450
6785
6550
5800
4730
4680
Chrysoberyll
4450
Diamant (Cape)
4785
4510
4230
4155
Granaten
Almandin
6170
5760
5270
5050
4620
Demantoid
7010
6930
6400
6210
4430
Pyrop
6870
6850
6710
5750
5050
Spessartin
5050
4880
4610
4300
Jadeit (grün)
6915
6550
6300
4370
4330
Allgemeine Absorption

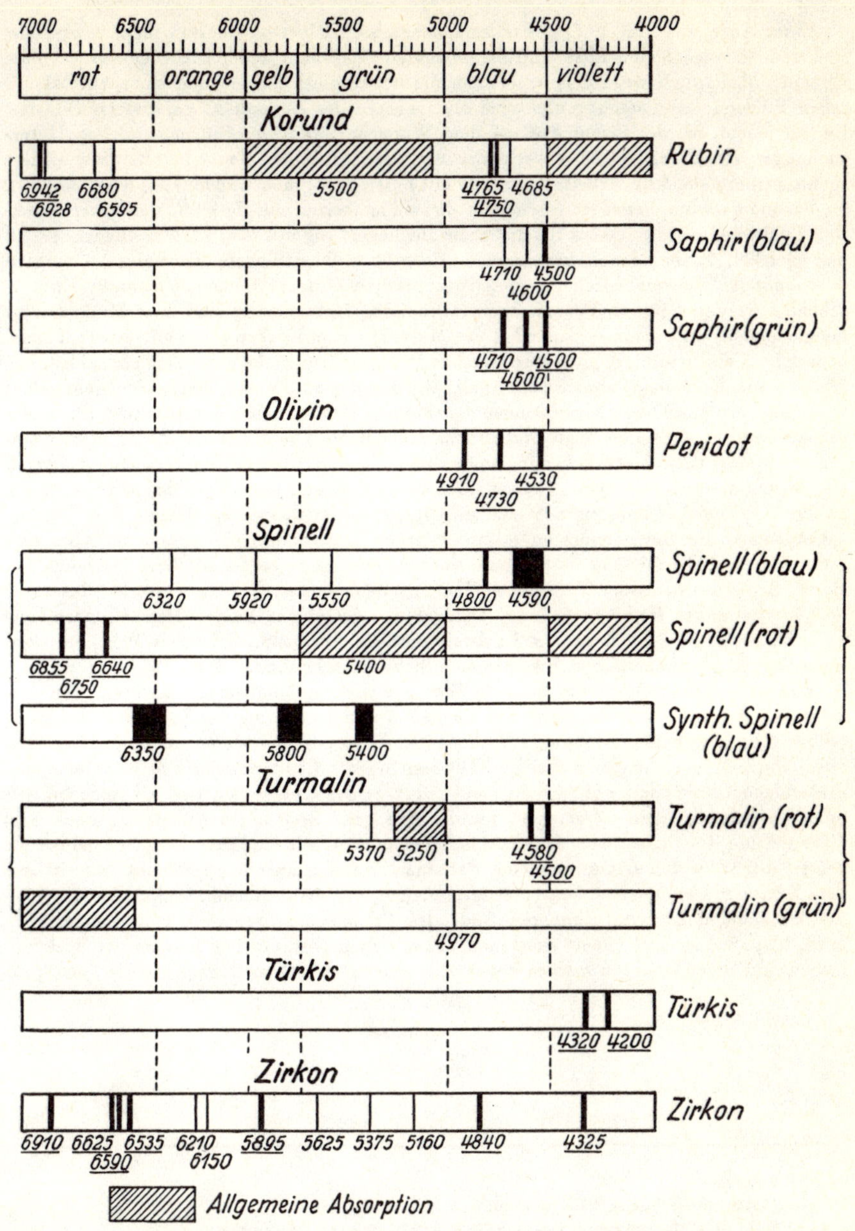
Absorptions-Spektren der Edelsteine
7000 6500 6000 5500 5000 4500 4000
rot orange gelb grün blau violett
Korund
Rubin
6942 6928 6680 6595 5500 4765 4750 4685
Saphir (blau)
4710 4600 4500
Saphir (grün)
4710 4600 4500
Olivin
Peridot
4910 4730 4530
Spinell
Spinell (blau)
6320 5920 5550 4800 4590
Spinell (rot)
6855 6750 6640 5400
Synth. Spinell (blau)
6350 5800 5400
Turmalin
Turmalin (rot)
5370 5250 4580 4500
Turmalin (grün)
4970
Türkis
Türkis
4320 4200
Zirkon
Zirkon
6910 6625 6590 6535 6210 6150 5895 5625 5375 5160 4840 4325
Allgemeine Absorption

IV. Absorptionsspektren der wichtigsten Edel- und Schmucksteine

Einer Anregung von W. Fr. Eppler folgend, sollen hier neuerdings die Absorptionsspektren der wichtigsten Edel- und Schmucksteine gebracht werden. Bisher wurden diese Angaben absichtlich weggelassen, da man die notwendige Einrichtung zur spektroskopischen Edelsteinuntersuchung nicht bei allen Lesern des Bändchens voraussetzen durfte. Es soll jedoch bei der neuen Auflage dem Wunsche zur Durchführung solcher Untersuchungen Rechnung getragen werden, zumal viele Juweliere heute bereits diese Untersuchungsmethode in ihr Arbeitsprogramm mit hineingenommen haben (Handspektroskop).

Besonders wünschenswert erscheinen diese Angaben schon deshalb, weil einige wichtige Edelsteine — mindestens für die grobe Begutachtung mit dem bloßen Auge — genau den gleichen Farbeindruck hervorrufen. Es gibt z. B. rubinrote Turmaline, Granaten oder Spinelle, die nur durch die spektroskopischen Untersuchungen einwandfrei unterschieden werden können. Für die spektroskopische Betrachtung sind zwei Methoden zu kennzeichnen, und zwar — zunächst ein einfaches Handspektroskop mit einem Tubus, in welchem ein besonders geartetes 3-faches Prisma einen nicht geknickten Strahlengang erzeugt. Am Ende des Tubus ist ein Spalt, vor den der zu untersuchende Edelstein gelegt wird, und die gesuchten Absorptionslinien können dann in einer eingebauten Skala abgelesen werden. Zwischen Spalt und Prisma steht noch eine bikonvexe Linse. Dieser einfache Apparat dient natürlich nur zur qualitativen und Überblicksuntersuchung, jedoch hat er sich als recht wertvoll erwiesen. Der bessere — und vor allen Dingen zu jeder genauen Präzisionsbestimmung notwendige Apparat — ist das große Mikro-, d. h. Okularspektroskop, das die genauesten mikrokopischen Bestimmungen garantiert. Aber dies setzt genaue Beherrschung der Materie voraus. Besonders schön ist diese Methodik bei B. W. Anderson in „Gem Testing“ — London 1958 dargestellt. An deutscher Literatur gibt es eine ganze Reihe mehr oder weniger gut geeigneter kurzer Darstellungen, wie z. B. G. O. Wild: Praktikum der Edelsteinkunde — Franckh, Stuttgart 1937 und Chuboda-Gübelin: Schmuck- und Edelsteinkundliches Taschenbuch, Bonn 1953 u. a. m.

Zunächst einige allgemeine Bemerkungen zur Gesetzmäßigkeit des Lichtes. Man versteht zumeist unter „Absorption“ des Lichtes eine Schwächung der Intensität des Lichtes bei dem Durchgang von einem Medium (Stoff) zu einem anderen (z. B. Luft zu Glas oder einem durchsichtigen Kristall). Fällt nun weißes Licht auf ein Prisma, also einem dreieckigen Glaskörper, schräg auf, so erfährt es bei seinem Eintritt, als auch bei seinem Austritt aus dem Glaskörper, jeweils eine ganz bestimmte Ablenkung nach dem dicken Ende des Prismas zu. Diese Ablenkung nennen wir Lichtbrechung, wobei bereits beim Eintritt in den Glaskörper eine Farbenzerstreuung auftritt, die beim Austritt aus dem Körper ein breites Farbband erzeugt, bei dem die 7 Grundfarben — Spektralfarben — (in der Reihenfolge vom dünneren Ende des Prismas aus gesehen), rot, orange, gelb, grün, blau, indigo und violett entstehen. Diese sieben Grundfarben nennen wir Spektralfarben und bezeichnen ein solches Farbband, welches alle Grundfarben enthält, als Spek-

---

Tafel IX: Edelsteine 5

1. Staurolith (Schweiz); 2. Spinell (Ceylon); 3. Rauchquarz (Brasilien)
4. Hessonit (Madagaskar); 5. Hyazinth (Thailand); 6. Spessartin (Madagaskar)
7. Edeltopas (Brasilien); 8. Edeltopas roh (Brasilien); 9. Jaspis (Indien)

1
2
3
6
5
4
7
8
9

1
2
3
4
5
6
7
8
9
10
11
12
13
14

trum. Wir sprechen dann in der Optik von der Dispersion des Lichtes, also der Farbzerlegung und wissen, daß sowohl weißes Licht in diese 7 Grundfarben zerlegt werden kann, als auch umgekehrt aus diesen 7 Grundfarben wieder rückläufig weißes Licht erzeugt werden kann.

Es haben nun die verschiedenen Farben des Spektrums ganz verschiedene Wellenlängen, weshalb man auch die Farbtönungen genau nach ihren Wellenlängen angeben kann. Die physikalische Benennung der Wellenlänge wird mit dem griech. Buchstaben für L = λ bezeichnet, und der Maßstab für die Wellenlängen wird in Ångström-Einheiten gemessen, abgekürzt Å-E., wobei 1 Å-E. = $^1/_{10\,000\,000}$ eines Millimeters darstellt. So sind die Wellenlängenbereiche für die Spektralfarben:

1. Rot von .. 7800—6400 Å-E.	4. Grün von . 5700—5000 Å-E.
2. Orange von 6400—5950 Å-E.	5. Blau von . 5000—4500 Å-E.
3. Gelb von .. 5950—5700 Å-E.	6. Violett von 4500—3800 Å-E.

Haben wir nun einen farblosen Stein zur Untersuchung, so geht das Licht zwar unverändert hindurch, jedoch werden die Wellenlängen des einfallenden Lichtes gleichmäßig stark abgeschwächt, und wir erhalten nach dem Durchgang durch den Kristall zwar wieder weißes Licht, aber mit erheblich geringerer Intensität. Umgekehrt ist die Situation jedoch, wenn wir weißes Licht durch einen farbigen Stein gehen lassen. Dann wird das aus dem farbigen Stein wieder heraustretende Licht bei der Dispersion durch ein Prisma ein Spektrum abgeben, das an einzelnen Stellen dunkle, d. h. schwarze Linien zeigt, oder aber auch im Farbverlauf des Spektrums ganze Lücken aufweist, die wir dann als Absorptionsband bezeichnen können. Somit ist folgendes Phänomen zu beobachten. Nicht alles Licht, welches in den Kristall hineingekommen ist, wird wieder abgegeben, sondern ganze Bereiche von Wellenlängen sind vollkommen ausgelöscht worden. Diese den einzelnen Kristallgefügen ganz charakteristischen Absorptionsspektren oder besser gesagt -linien und -banden, sind ganz untrügliche Kennzeichen zur genauen Bestimmung eines Edel- oder Schmucksteins, zumal wenn die mit dem Auge wahrnehmbaren Farben genau gleich sind und der Stein unbeschädigt untersucht werden soll. Dann ist diese Methode tatsächlich noch die sicherste. Es treten nämlich diese Absorptionslinien oder -banden an so verschiedenen Stellen des Spektrums auf, daß eine Verwechslung nicht mehr möglich ist. Dies mag ein Beispiel erörtern: Wir haben tiefrote Granaten, Turmaline und Spinelle, aber auch Rubine. Nun hat aber der rote Granat, der Pyrop und der Spinell fast die gleichen oder mindestens äußerst ähnliche Eigenschaften, so daß sie sehr schwer zu unterscheiden sind. Untersuchen wir nun beide Steine im Spektroskop auf ihre dort auftretenden Eigenschaften, so sehen wir, daß diese Unterscheidung sehr einfach und zuverlässig ist. Der Spinell hat ein ganz breites unverkennbares Absorptionsband durch den ganzen Bereich des Grüns hindurch von 5000—5700 Å-E. (nur bei r o t e m Spinell!), wogegen der Granat = Pyrop ganz eindeutiges Absorptionsband im Gelb, also etwa bei 5650—5950 Å-E. aufweist. Nehmen wir noch andere Beispiele von roten Steinen ähnlicher

---

Tafel X: Edelsteine 6

1. Bergkristall (Madagaskar); 2. Moosachat (Indien); 3. Bergkristall roh (Madagaskar)
4. Streifenachat (Brasilien); 5. Milchopal (Brasilien); 6. Onyx (Brasilien); 7. Zirkon (Siam)
8. Hämatit (England); 9. Diamant (Südafrika); 10. Diamant roh (Südafrika); 11. Mondstein (Ceylon)
12. Moosachat (Indien); 13. Opal roh (Australien); 14. Opal (Australien)

Art: Der rote Almandin und der rote Spinell. Der erstere hat im Spektrum des Grün zwei ganz scharf begrenzte breite Absorptionslinien bei 5050 Å-E. und bei 5270 Å-E., wogegen der sonstige Bereich des Grün frei ist, so daß er sich gut vom Spinell unterscheidet, der den gesamten Bereich des Grün von 5000—5700 geschlossen als Absorptionsbande auslöscht. Die näheren Einzelheiten möge man aus den nachstehenden vereinfachten Schemata der Darstellung von Anderson entnehmen.

V. Die Einschlüsse in Edel- und Schmucksteinen als zusätzliches Kennzeichen zur Bestimmung

Seit langer Zeit war es zwar bekannt, daß man in fast allen Edelsteinen, selbst den reinsten und teuersten Spezies, Einschlüsse fand, jedoch wurde diesen bisher nicht genügend Beachtung geschenkt. Da sie ja praktisch mit dem bloßen Auge überhaupt nicht sichtbar sind und somit für die kommerzielle Verarbeitung keinen Hinderungsgrund gaben, wurden sie nie besonders gekennzeichnet. Nun hat sich aber im letzten Jahrzehnt die Erforschung dieser Einschlüsse zu einem ganzen Fachgebiet der Edelsteinkunde entwickelt, so daß wir hier in einem bewußt populär gehaltenen Nachschlage- und Bestimmungsbändchen nicht daran vorbeigehen können. Zunächst werden diese Einschlüsse mit kleineren bis mittleren Vergrößerungen beobachtet und können also auch mit jedem einfachen Mikroskop studiert werden. Deshalb soll dieses Problem etwas ausführlicher behandelt werden. Die Einschlüsse sind für viele Steine derartig kennzeichnend, daß sie genaue Aufschlüsse über die Entstehungsgeschichte eines solchen Steines geben. So wie der Paläontologe durch seine Versteinerungen genaue Angaben über den Formationsabschnitt geben kann, der Foraminiferenjäger im Erdöl dem Bohrunternehmer genau sagen kann, er ist in dieser oder jener Schicht und muß also noch x Meter bohren, bis er z. B. auf den Erdölträger gelangt, so kann der in der Diagnostik der Einschlüsse bewanderte Edelsteinfachmann sagen, hier handelt es sich wirklich um einen echten — sagen wir „Montana-Saphir" — und dieser Stein ist z. B. nur ein synthetischer Stein. Die Einschlüsse sind so charakteristisch, daß hier Irrtümer meist ausgeschlossen sind. Der Verfasser arbeitet seit Jahren mit dem großen Leitzschen Universalmikroskop-Panphot, so daß er auch in der Lage ist, mit sehr starken Vergrößerungen zu untersuchen, doch sind diese für das Studium der Einschlüsse gar nicht so wesentlich. Meist kann man schon bei mittleren Vergrößerungen von 20×, 40×, 50—75× recht gut auskommen und die schwierigeren Dinge können bei 100×, 125× oder u. U. auch 150—175× noch gut erkannt werden, so daß durchaus ein mittleres Mikroskop ausreicht.

Welcher Art sind nun diese Einschlüsse? Man versteht darunter alle arteigenen oder auch fremden Substanzteile, die teils in festen, oder auch flüssigen — wie endlich auch gasförmigem Zustand in einem solchen Kristall eingeschlossen sind. Diese Materialien sind während der Wachstumszeit des Kristalls umschlossen worden und somit als eine Art Fremdkörper in diesem mitaufgewachsen, so daß uns solche Einschlüsse sehr gute Kenntnis über die Wachstumsphasen und -abschnitte vermitteln können. Auch nachträglich durch Entmischung oder Rekristallisation im Innern gebildete Phänomene können wir beobachten. Alte oder neugebildete Hohlräume, Anzeigen früherer Wachstumsphasen bzw. Strukturstörungen, Strukturanomalien und Abnormitäten und alle Arten von Rissen im Kristall gehören zu den Einschlußphänomenen. Weiterhin können wir auch bezüglich des temporalen Bildungsablaufs wesentliche Angaben machen und unterscheiden daher in 1. vorzeitige Einschlüsse als solche, die bereits vor der Bildung des Kristalls als klar geformte Substanz vorhanden waren und 2. in gleichzeitige Einschlüsse, die sich erst mit der Bildung des Kristalls ebenfalls gebildet haben. Und endlich unterscheiden wir 3. nachträgliche oder zeitige Einschlüsse, die im wesentlichen die große Gruppe der Heilungsrisse enthält. Wenn während der Kristallbildung durch irgendwelche anderen Umstände Risse in der Kristallbildung entstanden sind, so kann durch Restschmelze aus der Mutterlauge dieses Rißphänomen wieder so gut ausgeglichen werden, daß man nur noch anhand der erstarrten Restschmelze den ehemaligen Riß feststellen kann. Diese Unterscheidungen sind mehr mineralogisch-geologisch, d. h. sie beleuchten mehr den bildungsgeschichtlichen Ablauf einer Kristallisationsphase, und für die reine Diagnostik der Edelsteinkunde ist es wichtiger, die Phänomene an sich zu unterscheiden, d. h. nach ihrer Zustandsstufe, ob fest, flüssig oder auch gasförmig, und die Erscheinungsformen der Einschlußbilder. Diese Art der Unterscheidung ist wieder speziell für den Edelsteinfachmann wichtig, da er naturgemäß aus den Bildern der Einschlußformen und ihren Zuständen genügend erkennen kann und ihn die Bildungsbedingungen und die Entwicklung weniger interessieren. So interessant auch die Genese sein mag, so ist sie doch ein Interessengebiet der Fachwissenschaftler und nicht der Praktiker der Edelsteinkunde.

Die gasförmigen Einschlüsse sind ein besonderes Merkmal in der Beurteilung eines Edelsteins, denn es gilt als ein Gesetz, daß in den echten natürlichen Steinen die Gaseinschlüsse nie direkt mit dem Kristall in Berührung kommen, sondern stets erst in einer Flüssigkeit schwimmen. Wir haben also nur Flüssigkeitseinschlüsse, in denen dann Gasblasen schwimmen, und somit ein nahezu untrügliches Kennzeichen, echte von synthetischen Steinen zu unterscheiden. Einige Ausnahmen gibt es aber auch hier noch, jedoch unterscheiden sich die Gasblasen in den natürlichen glasartigen Lavagesteinen, wie dem Moldavit oder dem Obsidian, doch im Aussehen erheblich von denen der künstlichen Gläser. Die künstlichen Gläser haben große, nadelige oder fähnchenförmige Einschlüsse von Gasen, und nur ganz selten treten sie als wolkige Formen, ähnlich den Zirrusformen in der Meteorologie, auf. Sie sind bei den synthetischen Steinen meist relativ groß. Von den echten Edelsteinen bildet nur der Diamant eine Ausnahme, insofern, als er kleinste, kaum mikroskopisch erkennbare Bläschen bis nadelige Einschlüsse enthält, die dann meist mit lichteren bis dichten Wolkenstrukturen vereinigt sind. Diese Gaseinschlüsse verursachen oft auf die engste Umgebung Druckerscheinungen, weshalb man diese Spannungsrisse im polarisierten Lichte gut erkennen kann.

Die flüssigen Einschlüsse sind fast noch wesentlicher als die gasförmigen. Denn sie sind eigentlich — mit Ausnahme des synthetischen Smaragdes — nur auf die natürlichen Kristalle beschränkt und damit ein ganz untrügliches Kennzeichen. Diese Flüssigkeitseinschlüsse können ihrer Natur nach sehr verschieden auftreten und im Aussehen alle nur möglichen Formen annehmen. Im wesentlichen sind es Teile der Restlösungen aus der ehemaligen Mutterlauge — wie wir uns im Sprachgebrauch der Kristallgenese ausdrücken — oder es sind Teile von Wasser bzw. flüssiger Kohlensäure. Diese Flüssigkeiten sind in Hohlräumen entstanden, die während des Kristallwachstums aufgetreten sind und nicht mehr geschlossen wurden, also Risse und Spaltinfiltrationen, so daß wir auch von einem negativen Kristall sprechen können, da diese Einschlüsse oft die genauen Formen eines bestimmten Kristallsystems aufweisen: Durch Schwenken kann man ein anderes Phänomen feststellen, denn es können sogar mehrere nicht mischbare Flüssigkeiten vorhanden sein, die mit fein gezeichneten Linien, zum Unterschied bei nur einer Art Flüssigkeit (scharfer schwarzer Rand), gut voneinander unterschieden werden können. Wenn besonders große tropfenförmige Flüssigkeitseinschlüsse vorhanden sind, wie sie in den Beryllen oder gewissen Saphiren (Ceylon-S.) häufig vorkommen, so sind diese Zwei- oder gar Drei-Phaseneinschlüsse besonders charakteristisch. Sind die Einschlüsse in Form von kleinen Flüssigkeitströpfchen linear angeordnet, so bilden sie — wie man in der Fachsprache sagt, eine Fahne, und sie sind kristallogenetisch nichts anderes als Trennungsebenen bzw. Wachstums- bzw. Bruchrisse — und letzten Endes, einfache Spannungsrisse. Ist eine solcher Riß wieder ausgeheilt, so verschwindet die Struktur der

Fahne fast vollständig, und man kann nur noch an der — nach den kristallographischen Richtungsachsen — gemusterten Zeichnung erkennen, wie dieses Kristallphänomen entstanden ist. Durch Schwenkung um die Achse erscheint dem Betrachter dann ein solches Bild sehr vielseitig und daher auch so reichhaltig in den Formen, daß man derartige Untersuchungen tatsächlich jedem Interessenten ermöglichen sollte.

Die festen Einschlüsse können wir wieder — ähnlich wie bei den flüssigen Einschlüssen — in stoffeigene und artfremde Mineraleinschlüsse unterteilen. Sie wurden vor der Bildung des Kristalls umschlossen — oder sie sind noch gleichzeitig während der Bildung des Kristalls aus der eigenen Mutterlauge (wie wir die ursprüngliche Rohschmelze bezeichnen) gebildet worden. Kennzeichnend sind besonders die artfremden Einschlüsse, da sie Formen haben, die oft als abgerundete Teile andere Kristallkörper oder feine zerbrochene Nadelformen darstellen. Gleichzeitig mit der Kristallbildung aufgenommene Fremdmaterialien stammen aus einer älteren Bildungsphase wie der Kristall selbst und haben daher nicht gleichgerichtete Kristallgesetzmäßigkeiten wie ihr Mutterkristall. Anders liegt der Fall bei den nachträglich durch Entmischung aus einer Urschmelze entstandenen Kristalleinschlüssen, die in ganz streng gesetzmäßiger Angliederung an die Baugesetze seines Mutterkristalls bestimmte Orientierungen zeigen.

Es besteht also die Tatsache, daß wir in den Edelsteinen oft eingewachsene Kristallformen von Kristallen erkennen können, die als fremde Mineraleinschlüsse klar erkannt werden können, und zwar wurden bisher folgende Mineralien in Kristallen festgestellt:

1. Aktinolith: länglich gezogene Prismen, Abb. S. 21, Nr. 35,
2. Anatas: gut ausgebildete Kristalle, Abb. S. 41, Nr. 83,
3. Asbest: länglich gestreckte Fasern,
4. Augit: gut ausgebildete Kristalle, Abb. S. 63, Nr. 137,
5. Diamant: schöne Kristalle, Abb. S. 83, Nr. 197,
6. Diopsid: abgerundete Kristalle, Abb. S. 21, Nr. 36,
7. Glimmer: kleine Blättchen, Pakete von Biotit (Abb. S. 59, Nr. 126), Muskovit (Abb. S. 75, Nr. 169) und Fuchsit,
8. Granat: abgerundete Kristallformen, Abb. S. 31, Nr. 62,
9. Hämatit: Tafeln und kleinere Rosetten, Abb. S. 57, Nr. 118,
10. Hornblende: gut ausgebildete Kristalle, Abb. S. 63, Nr. 134,
11. Ilmenit: kleine Tafeln und büschelige Rosetten, Abb. S. 63, Nr. 135,
12. Kalzit: gut ausgebildete Rhomboeder, Abb. S. 77, Nr. 172,
13. Korunde: gut ausgebildete Kristalle, Abb. S. 17, Nr. 19, S. 35, Nr. 65,
14. Magnetit: klare Oktaeder, Abb. S. 61, Nr. 132,
15. Pyrite: gute, aber sehr kleine Kristalle, Abb. S. 41, Nr. 84,
16. Quarze: gut ausgebildete Quarzkristalle, Abb. S. 83, Nr. 194,
17. Rutil: ganz typische feine Rutilnadeln, Abb. S. 47, Nr. 95,
18. Sillimanit: gute Kristallformen,
19. Spinelle: schöne Kristalle, Abb. S. 32, Nr. 64, Taf. V, 7; VI, 5,
20. Turmalin: schöne klare Kristalle, Abb. S. 22/23, Nr. 43, Taf. V, 11, 12; Taf. VI, 11, 16, 18; Taf. VII, 17; Taf. XI, 9,
21. Zirkon: klar ausgebildete Kristalle, Abb. S. 47, Nr. 99.

Bemerkenswert ist noch, daß speziell die Rutilnadeln für die Korunde direkt charakteristisch sind und daß gerade die Sternsaphire und die Sternrubine durch diese feinsten eingewachsenen Rutilnadeln entstanden sind. Diese Rutilnadeln können auch in Quarzen als größere, mit dem Auge gut sichtbare Büschel auftreten. Dann ist noch wichtig, daß eingeschlossene Rutilnadeln radioaktiv sind und damit im Mutterkristall richtige radioaktive Höfe erzeugen. Diese sind besonders charakteristisch und garantieren nicht nur die Echtheit eines Korunds, sondern können auch noch als Kriterium für bestimmte Lagerstättentypen verwendet werden, da ganz bestimmte Vorkommen teils nur solche radioaktive Kristalle haben, andere wieder überhaupt nicht.

Auch Verwachsungserscheinungen, sog. Zwillings- oder Viellingsbildung ist häufig vorhanden und für manche Kristalle ganz typisch. Solche Zwillingsbildung kennt man vom Diamant, Rubin d. h. allgemein bei den Korunden, Mondstein u. a. m.

Neben den klar geformten Einschlüssen gibt es auch wolkige Trübungen, die für bestimmte Kristalltypen direkt charakteristisch sind: Bei den Korunden — den Siamesischen Rubinen, den Saphiren, von den Granaten Hessonit, von den Quarzen der Citrin und der Amethyst, dann der Smaragd und zuletzt noch häufig die Fluorite.

Unregelmäßige Wachstumsspuren durch sog. Zonarstruktur ist auch häuflg zu beobachten und besonders charakteristisch für die Korunde, Zirkone, z. T. bei den Beryllen und auch vereinzelt bei den Turmalinen. Ausführlicher auf dieses Phänomen einzugehen, gestattet leider nicht der Raum des Büchleins. Es wird empfohlen, sich entweder an den Verfasser, das nächste Mineralogische Institut einer Universität oder Technischen Hochschule, bzw. letzten Endes an das Edelsteinforschungslaboratorium der Firma Georg Otto Wild in Idar-Oberstein 2, Hauptstraße 154, zu wenden. Die anerkannt beste Beratung wird durch Herrn Prof. Dr. Karl Schloßmacher, dem Leiter des Staatlichen Edelsteinforschungsinstituts in Idar-Oberstein, gegeben, woselbst ernsthaft fachlich interessierte Kreise mit der wichtigsten internationalen Literatur versorgt werden können.

Alphabetisches Register der Edel- und Schmucksteine

mit Tabellen über Farbe, chemische Zusammensetzung, Eigenschaften, Vorkommen, falsche Bezeichnungen, Nachahmungen und synthetische Herstellungen, Verwendung und Bewertung. Namen in Deutsch — Franz. — Engl. — Italienisch

Adular Mondstein frz. *Adulaire* — engl. *Adularia* — ital. *Adularia* = Feldspatgruppe (vgl. Taf. X, 11, S. 122)
Farbe: farblos, weißlich bis bläulich mit wogendem Lichtschein, daher auch seine Verwendung als Schmuckstein. Wert: relativ gering
Eigenschaften: Härte: 6,0; spez. Gew.: 2,54–2,57. Bei durchsichtigen Steinen Brech.-Ind.: 1,52–1,53; chem. Zus. = $K[AlSi_3O_8]$
Vorkommen: Vorderindien (Ceylon) und Brasilien
Falsche Bezeichnung: Ceylon-Opal
Nachahmung: bläulicher Chalcedon als blauer Mondstein. Wert: gering.

Brasilianit frz. *Brasilianite* — engl. *Brassianite* — ital. — *Brasilianitte* (vgl. Taf. VIII, 13. S. 104)
= goldgelber Schmuckstein aus Natrium-Aluminium-Phosphat
Farbe: goldgelb
Eigenschaften: Härte: 5,5; spez. Gew.:2,98; Brech-Ind.: 1,598 bis 1,620; chem. Zus.: $NaAl_3(PO_4)_2 . (OH)_4$
Vorkommen: Brasilien (Provinz Minas Gerães), USA (New-Hampshire, Palermo-Mine); relativ selten

Beryll frz. *Beryl* — engl. *Beryl* — ital. *Berillo* — mit drei Farbausbildungen
a) grüner Smaragd, b) bläulicher Aquamarin, c) gelber Goldberyll
Eigenschaften: Härte: 7,5; spez. Gew.: 2,65–2,75; Brech.-Ind.: 1,58–159; chem. Zus.: $Al_2Be_3[Si_8O_{18}] \cdot (H_2O)$; opt. einachsig, Doppelbrechung ist negativ
Kristallausbildung: hexagonal
Name: vermutlich nach dem Berylliumgehalt

a) der grüne Smaragd frz. *Emeraude* — engl. *Emerald* — ital. *Smeraldo* — (vgl. Taf. VII, 18, S. 103) Wert: hoch
Kristallform: meist 6-seitige Säule, technisch sehr gut zu verarbeiten
Vorkommen: meist in den wertvollsten Spezies in Südamerika, Columbien und auch im Ural, Salzburger Alpen, Norwegen, USA (North Carolina)
Dichroismus: stark
Farben: helles gelbliches Grün und bläuliches Grün
Künstl. Herstellung: oft versucht; J. G. synthetischer Smaragd unter dem Namen Igmerald (vgl. Synth. Steine)

Nachahmungen oder falsche Bezeichnungen sind:

grüner Saphir	als oriental. Smaragd
grüner Turmalin	als Brasil-Smaragd
Hiddenit	als Lithion-Smaragd
Dioptas	als Kupfer-Smaragd
Demantoid-Granat	als Ural-Smaragd
Prehnit	als Kap-Smaragd
Flußspat	als Afrika-Smaragd

b) der hellblaue Aquamarin frz. *Aigue-Marine* — engl. *Aquamarine* — ital. *Aqua-Marina* (vgl. Taf. V, 1, 4, S. 85) (vgl. Taf. VII, 5, 16, S. 103; Taf. VIII, 2, S. 104)

Vorkommen: viel häufiger als der Smaragd, daher weniger wertvoll, doch sehr beliebt

Wertschätzung: unterliegt der Moderichtung, früher waren besonders dunkle Varietäten beliebt, heute dagegen umgekehrt die wasserklaren hellen Ausbildungen; hierbei ist die Unterscheidung durch Dichroskop einfach

Dichroskop: nur bei dunklen Ausbildungen haben wir klare Dichroskop-Farbunterschiede, wie: gelbgrün und helles Himmelblau

Falsche Bezeichnung: für grünblauer Saphir = oriental. Aquamarin, für blauer Zirkon = Siam-Aquamarin

c) der gelbe oder Gold-Beryll (vgl. Taf. VIII, 2, S. 104)

Vorkommen: seltener als Aquamarin, doch wieder häufiger als Smaragd; auf Elba, im Ural und auch Brasilien

Eigenschaften: im Dichroskop: zwei klare Bilder, und zwar goldgelb und gelbgrün

Varietäten: der Morganit als rosaroter Beryll; es gibt auch farblose Berylle (kann aber kein Diamantenersatz sein: geringeres Lichtbrechungsvermögen!). Heliodor = goldgelb

Chrysoberyll

zwei Arten a) Alexandrit und b) Cymophan

Eigenschaften: Härte: 8,5 (unter den Edelsteinen das dritthärteste Mineral, darüber nur noch Korund mit 9,0 und Diamant mit 10,0); spez. Gew.: 3,68–3,8; Brech.-Ind.: 1,74–1,75; chem. Zus.: Al_2BeO_4; opt. zweiachsige Kristalle mit doppelter Lichtbrechung

a) Alexandrit frz. *Alexandrite* — engl. *Alexandrite* — ital. *Alessandrite* — (vgl. Taf. VII, 2, S. 103)

Farbe: bei Tageslicht: tiefgrün gefärbt; bei künstlichem Licht blutrot. (Ursache: Absorptionsunterschiede bei Lichteinfall unter gewissen Bedingungen)

Eigenschaften: starker Dichroismus mit den Farben: sehr dunkles bis bläuliches Grün und violettes bis rosafarbiges Rot

Vorkommen: sehr selten; vor allem Ural, USA (Connecticut), Brasilien und Mähren

Bemerkenswert: unter den beiden Typen der wertvollere Stein. Versuche, Alexandrit künstlich herzustellen, sind nicht voll erfüllt worden. Rohprodukt Al-Silikat mit Zusätzen von Vanadium

b) Cymophan (vgl. Katzenauge: Taf. VIII, 5, 8, S. 104)

Farbe: gelblich-grüne Ausbildung des Chrysoberylls

Eigenschaften: ähnlich wie bei Alexandrit.

Falsche Bezeichnung: oriental. Chrysolith. Der Name Katzenauge allein ohne Zusatz darf nur für den Chrysoberyll in der Ausbildung des Cymophans verwendet werden. Oder es ist üblich zu sagen: Orientalisches Katzenauge = Cymophan.

Diamant frz. *Diamant* — engl. *Diamond* — ital. *Diamante* — (vgl. Taf. IV, 10, S. 52; Taf. X, 9, 10, S. 122)

Wertvollster Edelstein, besteht zum Unterschied gegenüber allen anderen Edelsteinen nur aus einem einzigen Element, und zwar dem Kohlenstoff, den wir sonst auf der Erde nur noch in der Form des Graphites kennen. Hier, im Falle des Edelsteines, ist er unter riesigen Druck- und Hitzebedingungen entstanden, die erst in letzter Zeit künstlich nachgeahmt werden konnten und zur Erzeugung synthetischer Diamanten führten (USA). Seine hervorragendsten Eigenschaften sind:

1. Er hat die größte Härte, nach Mohs: 10 (nach Breithaupt 12 und nach Rosiwal 140000, siehe unter Mineralhärte, S. 98).
2. Er hat die stärkste Lichtbrechung: 2,42–2,43.
3. Er hat das größte Dispersionsvermögen: violett: 2,465; rot: 2,407.
4. Farbenzerstreuungsvermögen recht hoch: 0,058.
5. Die Totalreflexion ist klein, nur 24°; spez. Gew.: 3,5–3,57.

Der als Brillant geschliffene Diamant zerlegt das normale weiße Licht in ein breites Spektralband und erzeugt so das „brillante" Leuchten, oder das „Feuer". Je reiner ein solcher Kristall ist, um so besser ist sein Feuer.

Farben: bis jetzt bekannte Farbenausbildungen sind: bläulichweiß, weiß, gelb, braun, rot, grün, blau, schwarz

Vorkommen: vielfach an erloschene Vulkanschlote („Pipes") gebunden, so in Südafrika — der Blue Ground, Kimberley —, Ostafrika, Südwestafrika, in Indien auf sekundärer Lagerstätte im Geröll der Flüsse, Golkonda-Diamant (wie Koh-i-noor, Orlow und Pitt u. a. m.), in Brasilien (Minas Geräes, São Paolo u. a. m.), in Rußland im Ural, neuerdings auch Australien und Niederl. Indien

Falsche Bezeichnung: Weißer Zirkon: Matura- oder Ceylon-Diamant
Weißer Edeltopas: als sächsischer Diamant
Bergkristall: Alaska-, Arkansas- oder Deutscher Diamant
Bergkristall und Glasschmelzen: Simili- oder Straß-Diamant

Bewertung: vor allem nach der Farbe und Reinheit, dem Feuer (Differenzierung in 3 Klassen: bezeichnet Diamanten vom a) ersten, b) zweiten und c) dritten Wasser, d. h. a) keinerlei Fehler, b) an sich zwar wasserklar aber mit kleinen Trübungen, und c) farbig und teilweise auch noch die Fehler von Gruppe b). Bewertung beim geschliffenen Diamant, dem Brillanten: der Schnitt und saubere Schliff. Der dritte Faktor in der Bewertung ist das Gewicht und damit die

Größe des Steines: besonders große geschliffene Steine tragen die Bezeichnung „Nonpareils", d. h. nicht vergleichbar, oder auch z. T. als Solitär. Die Gewichtsbewertung ist folgende: man rechnet nach dem neuen oder dem metrischen Karat, d. h. je ein Karat = 200 mg, gegenüber dem früher im allgemeinen üblichen Karat von 205 mg.

Besonders große und berühmte Diamanten sind:

a) der Berg des Lichtes oder Koh-i-noor, von 186 Karat, im englischen Kronschatz (nach Umschliff nur noch 106 Karat)
b) Orlow: von 194 Karat, ehem. russ. Kronschatz
c) Pitt oder Regent genannt: von 136 Karat, franz. Kronschatz
d) Florentiner: von 133 Karat, ehem. österr. Kronschatz
e) Stern des Südens: von 254 Karat, in Amerika
f) Excelsior: Rohgewicht 971 Karat, durch Schliff 10 Steine mit zusammen nur 340 Karat
g) Cullinan: bisher größter Diamant der Welt, Rohstein von 3024 Karat, Größe etwa 10 × 6 cm in rechteckiger Form, nach Schliff zwei besonders große Brillanten mit Namen „Cullinan I" von 615 Karat und „Cullinan II" mit 309 Karat. Besitzer ist der engl. Kronschatz.

Nachahmungen:
Farblose weiße Saphire (andere optische Eigenschaften, spez. Gew. ist anders)
Weiße Zirkone oder Topase (siehe oben)
Neuerdings Siliciumkarbid = vgl. Synth. Edelsteine

Feldspat-Gruppe: siehe unter Mondstein frz. *Pierre de Lune* — engl. *Moonstone* — ital. *Pietra di Luna* = Adular Taf. X, 11, S. 122
Amazonit = Mikroklin Taf. XI, 3, S. 139
Labrador

Aventurin-Feldspat: ein Oligoklas (rotschillernd als Sonnenstein)
Farbe: weißlich bis rotbraun, aber mit metallisch-golden schimmernden Einlagerungen (vgl. Quarz-Aventurin)
Eigenschaften: Härte: 6,0; spez. Gew.: 2,66; Brech.-Ind.: 1,53–1,54
Nachahmungen: aus Glasfluß als Sonnenstein
aus Glasfluß als Aventurin

Granate — frz. *Granat* — engl. *Garnet* — ital. *Granato* (vgl. Taf. VI, 6, 7, S. 86; Taf. XI, 6, S. 139) chem. Zusammensetzung: kieselsaure Salze mit Metallen wie Fe, Al, Cr, Ca, Mg, welche die Farbunterschiede bedingen

Name	Härte	Brech.-Ind.	chem. Zusammensetzung	spez. Gew.
a) Almandin	7,5–8,0	1,78–1,82	$Fe_3^{\cdot\cdot}Al_2[SiO_4]_3$ (rot)	3,83–4,20
b) Andradit	6,5–7,0	1,89	$Ca_3Fe_2^{\cdot\cdot\cdot}[SiO_4]_3$ (braungrün)	3,80–3,90
c) Demantoid Taf. VII, 15, S. 103	6,5–7,0	1,88–1,89	smaragdgrüner Andradit	3,80–3,85
d) Grossular Taf. VII, 6, S. 103	7,0–7,5	1,74–1,76	$Ca_3Al_2[SiO_4]_3$ (olivgrün)	3,60–3,70
e) Hessonit Taf. IX, 4, S. 121	6,0	1,74–1,76	= Grossular mit geringem $Fe^{\cdot\cdot\cdot}$-Gehalt (orange)	3,50–3,70
f) Melanit	6,5	1,8–2,0	$Ca_3(Fe,Ti,Al)_2[SiO_4]_3$ (schwarz)	3,83–3,86
g) Pyrop	7,0–7,5	1,74–1,75	$Mg_3Al_2[SiO_4]_3$ (rot)	3,65–3,80
h) Spessartin Taf. IX, 6, S. 121	6,0	1,80–1,81	$Mn_3Al_2[(SiO_4)_3]$ (rotbraun)	3,98–4,25
k) Uwarowit	7,0	1,84	$Ca_3Cr_2^{\cdot\cdot\cdot}[SiO_4]_3$ (hellgrün)	3,41–3,55
Durchschnitt:	6,5–7,5	1,7–1,9		3,40–4,30

Sondernamen: Wiluit = Grüner Granat aus Sibirien (Wiluit i. e. S. = brauner Vesuvian)
Rhodolith = Rosenroter Pyrop von Nord-Carolina
Topazolith = Kalkeisengranat gelbgrün
Succinit = bernsteinfarbiger Granat

Kristallsystem, Optik: regulär, keine Farben im Dichroskop, also kein Pleochroismus; Kristallform meist Rhombendodekaeder

Vorkommen: Almandin — Indien, Ceylon, Madagaskar, USA (Alaska), Brasilien u.a.
Pyrop — Böhmen, Madagaskar, Indien u.a.
Demantoid — Rußland (Ural)
Grossular — Südafrika, Sibirien, Nordamerika
Rhodolith — Madagaskar, Nord-Carolina
Spessartin — Spessart, Brasilien, Madagaskar, USA

Falsche Bezeichnungen: Almandin: Ceylon-Rubin bzw. Arizona-Spinell
Pyrop: amer., Arizona-, Adelaide-, Colorado-, Kap-Rubin
Hessonit: Transvaal-Jade. Richtig: Zimtstein
Hyazinth-Granat: Ceylon- bzw. Hyazinth allgemein
Demantoid: Uralolivin oder Sibirischer Chrysolith oder Uralsmaragd oder Uralchrysolith

Verwendung: früher viel häufiger getragen, unterliegt Modeschwankungen, heute im allgemeinen in Europa weniger verwendet, die frühere Granat-Moderichtung hat in starkem Maße der Aquamarinmode Platz gemacht. Schleifmittel

Hämatit frz. *Hématite* — engl. *Haematite* — ital. *Ematite* = Blutstein (vgl. Taf. X, 8, S. 122)

Farbe: bläulichschwarz bis dunkles Stahlgrau, undurchsichtig! stahlglänzend

Eigenschaften: Härte: 6,0; spez. Gew.: 4,90–5,30; chem. Zus.: Fe_2O_3; Strich: bräunlichrot; Struktur: glaskopfartig, faserig

Vorkommen: vor allem in Cumberland in England auf allen Roteisenstein-Lagerstätten wie in Spanien (Bilbao) u. a. m.

Falsche Bezeichnung: Schwarzer Diamant

Verwendung: viel zu facetteartigen Platten für Krawattennadeln, Manschettenknöpfe und Herrenartikel. Auch z. T. als Stein für Herrensiegelringe verwendet

Jadeit = Augit-Gruppe

Jadeit nicht mit dem äußerlich sehr ähnlichen Nephrit (vgl. Taf. VII, 12, S. 103) verwechseln. Die wichtigsten Unterscheidungsmerkmale sind:

Jadeit: schmilzt in der Flamme des Bunsenbrenners

Nephrit: schmilzt nicht

Jadeit: färbt die Flamme gelb

Nephrit: färbt die Flamme nicht. Er führt auch nach seiner früheren Verwendung in der Steinzeit den Namen Beilstein.

Rein äußerlich sind Jadeit und Nephrit beides dichte, mikroskopisch feinfaserig verwachsene Stoffe.

Farbe: grün, weißlich, mit smaragdgrünen Flecken, undurchsichtig bis durchscheinend

Eigenschaften: Härte: 6,5; spez. Gew.: 3,2–3,3; chem. Zus.: $NaAlSi_2O_6$; Brech.-Ind.: wenn möglich 1,66–1,68 (Nephrit: Härte: 6,0-6,5; spez. Gew.: 2,9–3,1)

Verwendung: viel zu Ziergegenständen geschnitzt; in früheren Zeiten, besonders in Mexiko und Südamerika, zu Jagdbeilen und Waffen verarbeitet; auch in Asien, besonders in China und Indien stärkere Jadeit-Kulturen, auch z. T. als Talismane in Form von Skarabäen verarbeitet

Handelsbezeichnungen: die hellgrüne Ausbildung wird als Nephrit bezeichnet, die dunkelgrüne bis lauchgrüne Ausbildung wird als Jadeit bezeichnet.

Falsche Bezeichnungen und Nachahmungen:

Serpentin als Jade
Serpentin als chin. Jade
Serpentin als koreanischer Jade (Fundort: Birma)
Grüner Granat als Transvaaljade (ist ein Grossular)
Grüner Vesuvian als Amerikajade
Californit als kalifornischer Jade

Varietät des normalen Jadeit ist der Chloromelanit mit ähnlichen physikalischen Daten, jedoch mit anderer Farbe: dunkelgrün mit weißen Flecken, undurchsichtig bis durchscheinend.

Unterscheidung: die chromgrünen hellen durchscheinenden Mineralien sind die Jadeite
die dunkelgrünen sind die Chloromelanite

Korallen frz. *Corail* — engl. *Coral* — ital. *Corallo* (vgl. Taf. VI, 2, 8, S. 86)

Organische Produkte von den zur Gruppe der Polypen zu rechnenden Seetiere aus warmen Meeren, wie Mittelmeer und Südsee. Lokal stärker geschätzt, hat heute als Schmuck an Bedeutung wesentlich verloren

Korund frz. *Corindon* — engl. *Corundum* — ital. *Corindone* — rot = Rubin und blau =

Saphir (auch Sapphir) (vgl. Taf. IV, 9, S. 52; Taf. VI, 1, S. 86; Taf. VIII, 10, S. 104)
Chemische Zusammensetzung: Al_2O_3 (mit rund 53% Al und 47% O). Rotfärbung durch Chromoxyd, Blaufärbung durch Eisen und Titan

Rubin frz. *Rubis* — engl. *Ruby* — ital. *Rubino* — (vgl. Taf. VI, 3, S. 86)

Eigenschaften: Härte: 9,0 (neben Diamant der härteste Edelstein); spez. Gew.: 3,94–4,10; Brech.-Ind.: 1,76–1,77; Pleochroismus: sehr gut, zwei Bilder (violett bis dunkelrot und helleres Rot mit Tönung nach gelb!); Kristalle: trigonal, sechsseitige Tafeln und Säulen

Ausbildungsformen: außer normaler Rubinausbildung auch Erscheinung der Asterie, sog. Sternrubine oder die Rubinasterie, d. h. es erscheint auf dem Edelstein ein 6-strahliger Stern. (Die Erscheinung des Asterismus ist bei Saphiren bedeutend stärker ausgebildet.)

Falsche Bezeichnungen, Nachahmungen:
Spinell als Balasrubin oder Rubinspinell oder Rubicell
Rosa Topas als Brasil-Rubin (opt. zweiachsig; spez. Gew.: kleiner)
Roter Turmalin als sibir. Rubin (spez. Gew. und Brech.-Ind.: kleiner)
Granatarten als Ceylon-, Colorado-, Arizona-, Cap-, amerik., böhmischer Rubin (kein Dichroismus!)

Synthetische Rubine: aus Tonerde mit Zusätzen von K_2CO_3 (Kaliumkarbonat) + CaF_2 (Kalziumfluorit) + $K_2Cr_2O_7$ bei sehr hohen Temperaturen im Knallgasgebläse. Heute ist die Herstellung sehr guter synthetischer Steine möglich.

Vorkommen: Ceylon, Burma, Siam, Brasilien, Australien

Saphir (auch Sapphir) frz. *Saphir* — engl. *Sapphire* — ital. *Zaffiro* — die blaue Varietät des Korund (vgl. Taf. V, 6, S. 85)

Eigenschaften: Härte: ebenfalls 9,0; spez. Gew.: 3,94–4,10; Brech.-Ind.: 1,76–1,77; Pleochroismus: stärker als bei Rubin, zwei Farben: klares Blau und ein mehr grünliches Blau; Kristalle: trigonales System, Kristallform meist ein zweiseitig zugespitztes 6-seitiges Prisma

Ausbildungsform: Asterismus ebenso wie bei Rubin, hier noch stärker verbreitet

Bezeichnungen: Weißer Saphir = Leucosaphir

Falsche Bezeichnungen und Nachahmungen:
an Stelle von Saphir ein Dichroit oder Cordierit
Jolith als Lux-Saphir oder Wassersaphir

Echte Saphire und Rubine, also Korunde, sind:
wasserklar, weißer Korund: Leucosaphir, weißer Saphir
violetter Korund: z. T. als oriental. Amethyst bezeichnet oder Purpursaphir rötlich bis fleischrot: Padparadscha genannt

Falsche Bezeichnungen für die verschieden gefärbten Korunde:

für grünlichblau:	oriental. Aquamarin
für grün:	oriental. Smaragd
für gelb:	oriental. Topas
für rosa:	oriental. Hyazinth

Verwechslungen mit anderen blauen einachsigen Steinen:

	Turmalin	Beryll	dagegen Saphir
Spez. Gew.:	2,94–3,24	2,62–2,77	3,90–4,10 (also höher)
Brech.-Ind.:	1,64	1,57	1,76–1,77 (also höher)

Vorkommen: Ceylon, USA (Montana), Burma, Australien, Indien (Kaschmir)
andere Farben: besonders Ceylon (Padparadscha und violette K. als Purpursaphire)

Größter Sternsaphir der Welt: „Stern von Indien", heute wieder im „Museum of Natural History", New York (ca. 3–4 cm ⌀)

Labrador = eine Feldspatart
Farbe: farbig schillernd in Lagen mit Grün, bläulich und auch Azurblau, Perlmutterglanz
Eigenschaften: Härte 6,0–6,5; spez. Gew.: 2,69–2,84; chem. Zus.: Mischkristall $NaAlSi_3O_8CaAl_2Si_2O_8$ (mit 50–70% Anorthitgehalt)
Vorkommen: hauptsächlich auf der Halbinsel Labrador; auf Madagaskar (dort nicht ganz dicht ausgebildet, durchscheinend!)

Lapis Lazuli = Lasurit (vgl. Taf. V, 9, S. 85)
Farbe: als Gesamtstein tiefes Azurblau, jedoch ist die Grundmasse graukalkig, die eingelagerten Kristallkörnchen sind tief ultramarinblau und geben dadurch dem Stein die Färbung. Nur durch die kleinen Körner des Lasursteines ist der Lapis Lazuli so schön gefärbt; eingelagerter Pyrit verursacht metallisch gelbe Flecken.
Eigenschaften: Härte: 5,5– 5,75; spez. Gew.: schwankend 2,4, je nach Dichte der Einlagerungen bis zu 2,9; Kristallsystem: regulär; chem. Zus.: $3\,Na\,Al\,Si\,O_4 \cdot Na_2S$
Vorkommen: Baikalsee, Afghanistan, Burma, ferner Chile und China (Tibet)
Andere Bezeichnung: Lasurstein
Falsche Bezeichnung: Blau-Malachit
Nachahmungen: gebeizter Jaspis als deutscher Lapis, auch ultramarin gefärbte Serpentine von Hinterindien

Malachit frz. *Malachite* — engl. *Malachite* — ital. *Malachite* — (vgl. Taf. II, 10, 12, S. 34; Taf. VII, 3, 11, S. 103)
Farbe: grün, geädert, gebändert, lagenartig
Eigenschaften: Härte: 3,5–4,0; spez. Gew.: 3,70–4,00; opt. Brech.-Ind.: zw. 1,655 und 1,91 (lt. Biboa); chem. Zus.: $Cu_2[(OH)_2|CO_3]$
Ausbildung: dichte feine Massen; Kristallausbildung: monoklin. System, Kristalle höchst selten, meist derbe Massen, knollig, nierige Konkretion, jedoch meist mit konzentrischen Schalen ausgebildet
Vorkommen: Rußland (Sibirien, Ural), Australien, Chile, Belg.-Kongo, Tsumeb Mine, USA (Arizona)
Verwendung: vielseitig für Kunstgegenstände, Vasen, Säulen usw., auch in der Schmuckindustrie als Siegelringe
Azurmalachit = blau mit grün gemischt = Azurit mit Malachit gemischt; Härte: 3,5–4; spez. Gew.: 3,7–3,8; opt. Brech.-Ind.: 1,73–1,83

Nephrit frz. *Nephrite* — engl. *Nephrite* — ital. *Nephrite* — ein Amphibol, also Hornblendemineral (N. = dichtes, verfilztes Strahlsteinaggregat) (vgl. Taf. VII, 12, S. 103)
Farbe: lauchgrün bis grünlichgrau, einfarbig gefleckt, halb durchsichtig bis undurchsichtig
Eigenschaften: Härte: 6,0–6,5; spez. Gew.: 2,9–3,1; Brech.-Ind.: 1,61–1,63
Nachahmungen: Serpentin als Nephrit
grüner Granat als Transvaal-Nephrit
Handelsnamen: China-Nephrit, Neuseeland-Nephrit, Grünstein?
Jade (ist falsch, siehe unter Jadeit!)

Quarz frz. *Quartz* — engl. *Quartz* — ital. *Quarzo* — unter Schmucksteinen diejenige Mineralgruppe, welche die zahlreichsten Varietäten aufweist. Man unterscheidet
1. Großkristalline Quarze:
   a) farblos = Bergkristall frz. *Cristal de Roche* — engl. *Rock-Cristall* — ital. *Cristallo di Rocca* (z. T. mit Rutilnadeleinschlüssen) (vgl. Taf. X, 1, 3, S. 122)
   b) violetter Quarz als Amethyst frz. *Amethyste* — engl. *Amethyst* — ital. *Ametista* (vgl. Taf. V, 10, S. 85)

c) heller bis goldgelber Quarz = Citrin (auch Quarztopas) frz. *Citrine* — engl. *Citrine* — ital. *Citrina* (vgl. Taf. VIII, 6, S. 104)

d) helles Grau bis bräunlich: Rauchquarz frz. *Quartz fumé* — engl. *Smoky-Quartz* — ital. *Quarzo Affumicato* — bzw. Morion (schwarz) (vgl. Taf. IX, 3, S. 121)

2. Sehr feinkristalline Ausbildung (keine Kristallformen, sondern dichte derbe Massen:

aa) faserige Ausbildung (unter a, g, h, k, l) (vom Kieselsäuregel — also von Opal abgeleitet!)

bb) körnige Ausbildung (unter f, i)

e) Gemeiner Chalcedon frz. *Calcédoine* — engl. *Chalcedony* — ital. *Calcedonio* (vgl. Taf. V, 2, S. 85; Taf. XIII, 2, S. 157)

f) Jaspis (verschieden gefärbt) frz. *Jaspe* — engl. *Jasper* — ital. *Diaspro* (vgl. Taf. VI, 12, 13, S. 86)

g) Heliotrop frz. *Héliotrope* — engl. *Heliotrop* — ital. *Eliotropo*

h) Karneol frz. *Carnéol (= Cornaline)* — engl. *Carneol* — ital. *Carniolo* (vgl. Taf. VI, 4, S. 86)

i) Plasma = Plasma

k) Chrysopras frz. *Chrysoprase* — engl. *Chrysoprase* — ital. *Chrysoprasa* (vgl. Taf. VII, 13, S. 103)

l) Achat frz. *Agate* — engl. *Agate* — ital. *Agata* (vgl. Taf. X, 4, S. 122) — und Onyx frz. *Onyx* — engl. *Onyx* — ital. *Onice* (vgl. Taf. X, 6, S. 122)

3. Grobkörnige Ausbildung: d. h. derbe Quarze

m) Aventurinquarz (golden schillernd durch Glimmereinschlüsse) (vgl. Taf. VII, 7, S. 103)

n) Quarzkatzenauge

o) Tigerauge

p) Falkenauge

q) Prasem

r) Rosenquarz (vgl. Taf. VI, 10, 13, S. 86)

s) Saphir- und Amethystquarz

4. Amorphe Kieselsäure: als Opal (mit Gehalt an Wasser)

t) Opal (vgl. Taf. X, 13, 14, S. 122)

5. Synthetische Quarze siehe unter „Synthetische Steine", S. 142)

1. a) **Bergkristall** frz. *Cristal de Roche* — engl. *Rock-Cristall* — ital. *Cristallo di rocca* — (vgl. Taf. X, 1, 3, S. 122)

Farbe: farblos, klar und durchsichtig, oft etwas trüb oder leicht getönt

Eigenschaften: Härte: 7,0; spez. Gew.: 2,65; chem. Zus.: SiO_2; Brech.-Ind.: 1,54–1,55; kein Pleochroismus; hexagonales bzw. trigonales Kristallsystem; opt. einachsig; Doppelbrechung positiv

Vorkommen: Brasilien, Madagaskar, Alpen, Arkansas (USA) usw.

Falsche Bezeichnung: Diamant mit irgendwelchen Wortkombinationen wie: Alaska-D., Arkansas-D., Böhmischer D., Marmarosch-D., u. a. m.

Nachahmung: Gläser verschiedener Art als Bleikristall oder Kristall de Bohême als Kristallglas

1. b) **Amethyst** frz. *Amethyste* — engl. *Amethyst* — ital. *Ametista* — (vgl. Taf. V, 10, S. 85)

Farbe: A. ist ein durchsichtiger Quarzkristall mit violetter Färbung. Auch rotviolett bzw. samtartig aussehender Tönung

Eigenschaften: wie bei Bergkristall, jedoch mit deutlichem Pleochroismus mit zwei Farben, und zwar rotviolett und blauviolett!

Vorkommen: Oberstein (Deutschland), Brasilien, Ural, Madagaskar, Uruguay

Nachahmungen: violetter Saphir und violetter Spinell, beide fälschlich als orientalischer Amethyst bezeichnet!

Sonderausbildung: gebrannte Amethyste ergeben Topasquarz mit topasbrauner Färbung (Name Topas für diese Quarze irrig und verboten)

1. c) **Citrin** Quarztopas frz. *Citrine* — engl. *Citrine* — ital. *Citrina* — (vgl. Taf. VIII, 6, S. 104)

Farbe: Übergänge von hellem Gelb bis zu Bräunlichgelb (sind die Farben stärker, d. h. tiefer, satter, dann handelt es sich meist um gebrannte Amethyste, die durch die Erhitzung zu goldgelben bis tiefer bräunlichen Steinen umgewandelt werden und nur an der dem Amethyst typischen Lamellenstruktur erkannt werden können!)

Eigenschaften: wie bei Bergkristall, Pleochroismus fehlt fast, trotzdem schwach erkenntlich, helles und dunkleres Gelb

Vorkommen: Brasilien und Madagaskar

Zur Benennung: zulässig ist die Bezeichnung Citrin oder Rauchtopas, obwohl der Stein mit Topas nichts zu tun hat. Besonders tiefgelbe bis orangefarbige Citrine nennt man auch Madeiratopas (aber zu Unrecht), obwohl Quarzmaterial, daher besser die Bezeichnung Madeira-Citrin oder Madeira-Quarztopas. Die irrige Bezeichnung als Goldtopas ist gänzlich zu vermeiden. (Für die echten Topase muß stets das Wort: „Edel-Topas" beigegeben werden, um sie vom viel weniger wertvollen Quarztopas oder Citrin zu unterscheiden!)

1. d) **Rauchquarz** Morion frz. *Quartz fumé* — engl. *Smoky-Quartz* — ital. *Quarzo Affumicato* — (vgl. Taf. IX, 3, S. 121)

Farbe: rauchgrau-braun, z. T. auch nelkenbraun; die ganz dunklen bis schwärzlichen Varietäten heißen Morion.

Eigenschaften: wie bei Bergkristall, Pleochroismus gut erkennbar. Farben im Dichroskop: helles Grau und gelbliches Braun

Vorkommen: Brasilien, Madagaskar, Alpen und Ural

Falsche Bezeichnung: Rauchtopas

2. Quarze mit feinkristalliner Ausbildung — d. h. dichte derbe Massen — (natürliche und künstliche, primäre und sekundäre Einfärbung):

2. e) **Gemeiner Chalcedon** frz. *Calcédoine* — engl. *Chalcedony* — ital. *Calcedonio* (vgl. Taf. V, 2, S. 85; Taf. XIII, 2, S. 157)

Farbe: graublau

Eigenschaften: es gibt zwei Hauptgruppen der Chalcedone, und zwar:

aa) Ungestreifte Chalcedone, wie den gemeinen Chalcedon, den Karneol, den Heliotrop, Jaspis, Plasma und Chrysopras, sowie

bb) den gestreiften Chalcedon, wie die wichtigsten Onyxarten und die Achate, also Onyx, Karneolonyx, Sardonyx

In der Praxis der Schmucksteinindustrie wird der gemeine Chalcedon nur dann verwendet, wenn er besondere Einschlüsse in der amorphen Grundmasse enthält. Hier sind zu erwähnen: Moosachat, Baumachat

Falsche Bezeichnung: Blauer Mondstein

2. f) **Jaspis** frz. *Jaspe* — engl. *Jasper* — ital. *Diaspro* (vgl. Taf. IX, 9, S. 121)

Ist eine andere Namensbezeichnung für derben Chalcedon, jedoch durch besondere Färbebeimengungen. So (Fe-Oxyd) = rot gefärbt (roter Jaspis) oder durch Fe-Oxydhydrat (gelber Jaspis) und Manganoxyd (bräunlich) eingefärbt. Jaspis wird auch als Silex bezeichnet.

Falsche Bezeichnung: als deutscher Jaspis, wenn er blau gefärbt ist!

Ägyptischer Jaspis wird auch als Nilkiesel bezeichnet; Nilkiesel = Silex du Nile
Besondere Ausbildung: tritt Jaspis in streifiger Ausbildung auf, so wird er auch als Bandjaspis bezeichnet.

2. g) **Heliotrop** frz. *Héliotrope* — engl. *Heliotrop* — ital. *Eliotropo* (vgl. Taf. VI, 12, 13, S. 86)
Farbe: dunkelgrüner Jaspis mit roten Flecken (Fe-Oxydzusätze), auch Blutjaspis genannt
Eigenschaften: Härte: 6,5–7,0; spez. Gew.: 2,65
Falsche Bezeichnung: Hämatit

2. h) **Karneol** frz. *Carnéol (= Cornaline)* — engl. *Carneol* — ital. *Carniolio* (vgl. Taf. VI, 4, S. 86)
Ist das zu Gemmen und Kameen verwandte Material als Grundmaterial Chalcedon durch Fe-Oxyd rotbraun gefärbt
Verwendung: zu Ringsteinen (vertieft eingeschnitten = Gemme, erhaben ausgeschnitten = Kamee!)

2. i) **Plasma** frz. *Plasma*
Heliotrop vergleichbar, aber ohne die rötlichen Einschlüsse. Als Grundmasse: grüner Chalcedon wie beim Heliotrop. Ursache der Grünfärbung wie bei Heliotrop (Fe-Hydroxyd!)

2. k) **Chrysopras** frz. *Crysoprase* — engl. *Chrysoprase* — ital. *Chrysoprasa* (vgl. Taf. VII, 13, S. 103)
Grüner Chalcedon, aber nicht tief grün wie Heliotrop oder Plasma, sondern mehr apfelgrün, Farbe bedingt durch Nickelgehalt (Nickeloxyhydrat)
Eigenschaften: wie bei allen anderen dichten Quarzen
Vorkommen: in Deutschland meist Oberschlesien, sonst auch USA. Als Schmuckstein sehr beliebt.

2. l) **Achat** frz. *Agate* — engl. *Agate* — ital. *Agata* (vgl. Taf. X, 4, S. 122) — und **Onyx** frz. *Onyx* — engl. *Onyx* — ital. *Onice* — (Taf. X, 6, S. 122) sind mineralogisch gesehen lediglich Fachbezeichnungen für gestreifte Ausbildungen der Chalcedone. Achat hat im allgemeinen zwei, drei und auch mehr parallele Lagen von verschiedenartig gefärbtem Material. Bei Onyx jedoch nur schwarz-weiße Lagen; bei weißen und roten Lagen sagt man Karneolonyx und bei braunen und weißen Lagen spricht man von Sardonyx.

Achat bezeichnet einen mehrfarbigen gestreiften Chalcedon mit folgenden
Eigenschaften: Härte: 6,5–7,0; spez. Gew.: 2,59–2,67; Brech.-Ind.: 1,54–1,55
Abarten: wenn milchig und moosartig (mit grünen Einschlüssen), Moosachat

Achat kann in verschiedensten Farben und Strukturen gefärbt werden wie der Naturachat, jedoch Farben von gebranntem und gebeiztem Achat sind lichtbeständig!

(Hier soll besonders erwähnt werden, daß die im Raum Idar-Oberstein bodenständige Edelsteinschleiferei-Industrie sich aus der Verarbeitung der in den dortigen Gesteinen auftretenden Mandeln (Geoden) entwickelte und damit die Grundlage für unsere einzige deutsche Edelsteinindustrie geschaffen hat.)

Vorkommen: außer Idar-Oberstein, Brasilien, Indien und Madagaskar

3. Die grobkörnige Ausbildung, d. h. die derben Quarze:

3. m) **Aventurinquarz** frz. *Avanturine* — engl. *Aventurine* — ital. *Avanturina* (vgl. Taf. VII, 7, S. 103)
Farbe: golden, auch grünlich schillernd (verursacht durch Glimmereinschlüsse). Die Grundsubstanz ist bräunlich; durch die Einschlüsse wird ein metallisches Flimmern erzeugt. Es gibt zwei Modifikationen:

a) mit Einschlüssen von Chromglimmer (grün) und

b) mit Einschlüssen von Eisenoxydplättchen (rot) (kein besonderer Wert)

Vorkommen: echtes Material stammt aus Indien und dem Ural

Nachahmungen: durch Glasfluß mit Einlagerungen von Kupferkristallen wird ein sehr ähnliches Material erzeugt.

3. n) **Quarzkatzenauge** frz. *Oeil de Chat* — engl. *Quartz Cat's Eye* — ital. *Occhio di Gatto*

Durch Verwachsung von derbem, faserigem Quarz mit Asbest (mineralogisch eine Hornblendeasbestfaser) entsteht der typische wogende Lichtstein oder das „Chatoyieren". Man bezeichnet diese Erscheinung auch als Pupillenquarze! Bei Tigerauge und Falkenauge sind die Einlagerungen durch ein Mineral namens Krokydolith verursacht.

3. o) **Tigerauge** *frz. Oeil de Tigre* — engl. *Tiger's Eye* — ital. *Occhio di Tigre*

Ist gleichartig aufgebaut wie Katzenauge mit dem Unterschied, daß hier die Einlagerung durch Krokydolith erzeugt ist. Farbe der Verwachsung ist gelbbraun oder blau, poliert goldig-seidenglänzend

3. p) **Falkenauge** (wie Tigerauge)

Wie bei Tigerauge und bei Katzenauge. Strukturen faserig. Bei Tigerauge Krokydolith oxydiert, bei Falkenauge nicht

3. q) **Prasem** frz. *Prase* — engl. *Prase* — ital. *Prasio*

Gehört auch zu den derben Quarzen, jedoch mit dem Unterschied, daß hier die Grundfärbung durch Einlagerung von grüner Hornblende lauchgrün ist.

3. r) **Rosenquarz** frz. *Quartz Rose* — engl. *Rose Quartz* — ital. *Quarzo Rosa* (vgl. Taf. VI, 10, 17, S. 86)

Ist der grobkristalline Quarz, der durch primäre Einfärbung blaßrosa Farbe trägt, vielseitig als Schmuckstein verarbeitet. Pleochroismus: hell weißlich und rotenrot. Besonderes Kennzeichen ist der bei rundlich geschliffenen Formen (Kugel u. a. m.) sehr gut ausgebildete Asterismus.

3. s) **Saphir-** und **Amethystquarz**

Bläulichtrübe Quarze, deren Färbung auf Beugungserscheinungen an kleinen Rutilnädelchen zurückgeht.

4. Die amorphe Kieselsäure:

4. t) **Opal** frz. *Opale* — engl. *Opal* — ital. *Opale* — (vgl. Taf. X, 13, 14, S. 122)

Farbe: farblos, auch milchig weiß mit lebhaft regenbogenartigem Schiller

Eigenschaften: Härte: 5,5–6,5; spez. Gew.: 1,85–2,25; Brech.-Ind.: 1,13–1,45

Vorkommen: hauptsächlich Mexiko und Australien, früher auch Ungarn

Chem. Zusammensetzung: $SiO_2 \cdot nH_2O$ (etwa 90% SiO_2 und 10% H_2O

Die schönsten Opale zählen zu den wertvollsten Edelsteinen.

Varietäten:

Tafel XI: Gesteinsbildende Mineralien 1

1. Quarz; 2. Orthoklas (Feldspat); 3. Mikroklin (Feldspat)
4. Oligoklas (Feldspat); 5. Leuzit mit schwarzem Granat (Melanit); 6. Granat
7. Augit; 8. Hornblende; 9. Grüner Turmalin; 10. Epidot
11. Biotit (Glimmer); 12. Muskovit (Glimmer)

1
2
3
4
5
6
7
8
9
10
11
12

1
2
3
4
5
6
7
8

1. wenn feuerrot bis bräunlichrot: Feueropal oder Goldopal
2. wenn farblos: Wasseropal
3. wenn besondere Ausbildungen: Holzopal, Milchopal, Moosopal, Prasopal
4. wenn Opal im Einbettungsgestein vorhanden: Opalmasse oder Opal-Matrix

Nachahmungen: Mondstein als Ceylon-Opal

Kristallographisch: amorphe Substanz, ohne geordnete Struktur, Lichtbrechung: einfachbrechend

Rubin frz. *Rubis* — engl. *Ruby* — ital. *Rubino* — (siehe Korund S. 132ff.)

Spinell frz. *Spinelle* — engl. *Spinel* — ital. *Spinello* — (vgl. Taf. V, 7, S. 85; Taf. VI, 5, S. 86; Taf. IX, 2, S. 121)

Farbe: kann in allen Farben auftreten; häufig sind: rot, braunrot, dunkelgraues Blau, gelb, violett, auch grünlich, blau, bis zu braunschwarz

Eigenschaften: Härte: 8,0; chem. Zus.: $MgAl_2O_4$; Brech.-Ind.: hoch 1,72–1,77 (einfach brechend); Kristallsystem: regulär, meist Oktaeder, oft auch Zwillinge; Pleochroismus nicht vorhanden, also Dichroskop: nur 2 gleiche Bilder

Vorkommen: wichtigste Fundorte: Ceylon, Indien, Burma, Siam, Afghanistan

Nachahmungen: Roter Granat als Arizona-Spinell
Almandingranat als Almandin-Spinell
Ceylon-Granat als Kandy-Spinell
Grüner Granat als Arizona-Spinell

Falsche Bezeichnung (besonders zu beachten: dunkelroter Spinell als Rubin oder Rubinspinell):

a) Rosa Spinell als Balasrubin
b) Orange Spinell als Rubicell
c) Rot mit Tönung ins Violette als Almandin-Spinell
d) Rotbraun. Spinell als Hyazinth
e) Violetter Spinell als oriental. Amethyst
f) Blau bis grünlicher Spinell als Saphirspinell

Blauer Spinell wird in Oberstein synth. hergestellt. Zur Unterscheidung gegenüber Saphir dient die einfache Lichtbrechung. Echte grüne Spinelle sind selten.

(Farbnuancen entstehen durch: FeO, Fe_2O_3 und Cr_2O_3; sie geben rote, braune und blaue Farben.)

Bewertung: unterschiedlich, abhängig von der Reinheit der Farbe und Fehlerfreiheit, starkem Glanz und auch Größe der Steine, da allgemein Kristalle recht klein sind

Synthetische Steine

Die Synthese (künstliche Herstellung) von Edel- und Schmucksteinen mit dem Ergebnis, daß die Eigenschaften (Chemismus, physikal. Daten) den echten Steinen genau gleichwertig sind, kann nicht für alle Edelsteine durchgeführt werden. Es seien hier nur die wichtigsten synth. Steine aufgezählt, die bereits seit vielen Jahren synthetisiert werden:

Tafel XII: Gesteinsbildende Mineralien 2
1. Kalkspat; 2. Flußspat
3. Anhydrit; 4. Gips
5. Talk; 6. Steinsalz
7. Schwerspat; 8. Glaukonit

1. **Korunde:** frz. *Corindon* — engl. *Corundum* — ital. *Corindone* — in den Farben rot (Rubin), blau (Saphir), gelb, rosa, braunrot (Padparadscha) und farblos

   a) Rubine: frz. *Rubis* — engl. *Ruby* — ital. *Rubino* — Unterscheidung: geschliffene echte Steine im Dichroskop einfarbig, da Tafel senkrecht zur opt. Achse liegt, jedoch bei künstlichen ist dies durch Spaltrisse schräg zur opt. Achse nicht der Fall, im Dichroskop Doppelfarbigkeit (vgl. Taf. VI, 3, S. 86).

   Es gibt neuerdings auch synth. Sternrubine aus der Produktion der Linde Air Products Company (USA). Feststellung der künstlichen Produkte durch stärkere Lupe bereits möglich.

   b) Saphire: frz. *Saphir* — engl. *Sapphire* — ital. *Zaffiro* — ähnliche Bedingungen wie oben! (vgl. Taf. V, 6, S. 85)

   Auch künstl. Sternsaphire werden z. Z. im Handel abgegeben. Sie sollen jedoch nicht den gleichen Qualitätsgrad haben wie die Sternrubine. Hersteller obige Gesellschaft. Überprüfungen sollen gezeigt haben, daß der Stern des synth. Sternsaphirs nicht bis zur Basis des Cabochons reichen soll, im Gegensatz zum echten Sternsaphir. Auch soll bei genauer Betrachtung durch Benetzen der Basis des künstl. Sternsaphirs mittels Methylenjodid der synth. Stein im Tropfen keinen Stern mehr zeigen (im Gegensatz zum echten!).

   c) Korunde: Synthese in korundfremden Farben: hier ist besonders grün zu nennen (mit dem grünen Chrysoberyll — dem Alexandrit — „identisch"). Man spricht daher auch sinnwidrig vom synth. Alexandrit. Auffallend ist aber, daß der Farbunterschied beim echten Alexandrit (weißes Licht tiefgrün und künstliches Licht rot!) auch in ähnlicher Weise beim synth. Korund vorhanden ist (vgl. Taf. VI, 1, S. 86).

2. **Spinelle:** frz. *Spinelle* — engl. *Spinel* — ital. *Spinello* — kommen praktisch in allen Farben vor. Jedoch werden die natürlichen Spinelle meist nicht nachgeahmt, da Synthese nicht rentabel ist (vgl. Taf. VI, 1, S. 86).

   Synthesen in spinellfremden Farben:

   a) blauer zirkonfarbiger Spinell
   b) grüner alexandritfarbiger Spinell
   c) hellblauer aquamarinfarbiger Spinell

   Unterscheidungsmöglichkeiten:

   a) Es fehlt die Doppelbrechung des Zirkon! Kein Dichroismus (dagegen bei Zirkon: dunkles Blau und helles verwaschenes Blau!)
   b) auch hier gegenüber dem echten Alexandrit Einfarbigkeit im Dichroskop
   c) Ein echter Aquamarin, also ein Beryll, läßt sich von hellbläulich aquamarinfarbigem Spinell durch die Doppelbrechung des ersteren unterscheiden.

   Neues Hilfsmittel ist das Absorptionsspektrum (s. S. 118/119): blaue synth. Spinelle absorbieren gelben Teil des Spektralbereiches, lassen roten Teil durch; echte Aquamarin umgekehrt.

3. **Smaragde:** frz. *Emeraude* — engl. *Emerald* — ital. *Smeraldo* — Zunächst der synth. Igmerald, der ehemals bei IG.-Farben herausgebracht wurde. Weiterhin werden in USA (San Franzisko) durch C. F. Chatham größere Mengen neuer synth. Smaragde produziert, wobei Größen bis max. $^{3}/_{4}$ Karat erzeugt werden.

4. **Synth. Diamant:** ist in den USA erzeugt worden

   Eine Diamantimitation ist das β-Siliziumkarbid, das mit dem echten Diamant Ähnlichkeit, und zwar in folgenden Werten hat:

Diamant = C	Siliziumkarbid = Si_3C
2,417	2,654–2,697 als Brechungsindizes (also noch größer) (weißer Zirkon = 1,938!) (weißer Saphir = 1,773!)
0,402	0,526 als spezifische Lichtbrechung (bei Zirkon nur 0,137, bei Saphir nur 0,193)
0,045	0,103 als Dispersionswert Zirkon: 0,048 und Saphir: 0,018

Siliziumkarbid hat aber ein größeres Feuer als der Diamant; das Material ist wesentlich billiger und steht in unbeschränkten Mengen zur Verfügung!

Siliziumkarbid ist vom Diamant leicht zu unterscheiden durch Doppelbrechung, niedrigere Dichte und Härte (9,5).

5. **Quarze:** künstl. Kristallzüchtung des Quarzes ist bereits gelungen. Man verwendet die Quarze in der Radioindustrie zur Frequenzsteuerung von Sendern. Erzeugung erfolgt in einer Stahlbombe mit wasserhaltiger alkalischer Lösung: Unter einem Druck von etwa 1000 Atmosphären und Temperatur von etwa 400⁰ C bildet sich der Kristall. Für Kristallgrößen von 1 Zoll = Zeitdauer etwa ein Monat. Bezeichnung synth. Quarz EDT (Ethylene diamine tartrate)

Spodumen frz. *Spodumen* — engl. *Spodumen* — ital. *Spondumeno* = grüner Hiddenit und lila Kunzit (frz. Triphane)

Farbe: es gibt zwei Edelsteinvarietäten:

a) der gelblichgrüne bis bläulichgrüne Hiddenit

b) der rosa, lila bis violette Kunzit (vgl. Taf. VI, 14, S. 86)

Eigenschaften: Härte: 6,5–7,0; spez. Gew.: 3,13–3,20; Brech.-Ind.: 1.65–1,68; chem. Zus.: $LiAlSi_2O_6$, Kristallsystem monoklin; Pleochroismus: gut, 2 Farben:

gelb und graugelb für a) grün und gelbgrün

für b) violettes Rosa und helles Violett

Vorkommen: beide in USA, Brasilien, Madagaskar. Hiddenit: North Carolina Kunzit: California; gelbbraune Kunzite: Minas Geräes (Brasilien)

Unterscheidung gegenüber ähnlichen Steinen:

a) Hiddenit gegenüber Smaragd durch optische Unterschiede:

Smaragd: Dichroskop: grün und blaugrün

Hiddenit: grün und gelbgrün

b) Kunzit unterscheidet sich von ähnlichem Amethyst durch höheres spez. Gewicht.

Kunzit: zweiachsig, Amethyst einachsig

Topas frz. *Topaze* — engl. *Topaz* — ital. *Topazio* = Edeltopas (vgl. Taf. VIII, 3, 4, S. 104; Taf. IX, 7, 8, S. 121)

Eigenschaften: Härte: 8,0; spez. Gew.: 3,50–3,56; Brech.-Ind.: 1,61–1,62; chem. Zus.: $Al_2[(SiO_4|F_2)]$; Kristallsystem: rhombisch; Pleochroismus: gut, und zwar:

a) bei farblosen Edeltopasen: ganz hellgelb und lichtrosa

b) bei hellgelben Edeltopasen: farblos und graugelb

c) bei dunkelgelben Edeltopasen: dunkelweingelb und hellgelb

d) bei hellblauen Edeltopasen: hellblaugrün und lichtrosa

e) bei rosa Edeltopasen: violett und gelblichrot

f) bei hellgrünen Edeltopasen: hellgrün und hellgelb

Vorkommen: Deutschland (Sachsen, Schneckenstein), Brasilien (Minas Geräes), Rußland, Australien, Ceylon, Südwestafrika usw.

Falsche Bezeichnungen, Nachahmungen und Unterscheidungsmöglichkeiten:

1. Aquamarin (als Brasilianischer Aquamarin — falsche Bez.), ein bläulich- bis grünblauer Topas; Unterschied: opt. Eigenschaften und spez. Gew.; richtige Bez.: Blaugrüner Edeltopas
2. Böhmischer Topas ist kein Edeltopas, sondern Citrin; als Quarztopas oder gebrannter Amethyst: Unterscheidung leicht als Quarz (falsche Bez.)
3. Brasilianischer Topas = echter Edeltopas aus Brasilien (richtig)
4. Brasilianischer Rubin = rosa bis roter Edeltopas aus Brasilien, falsche Bezeichnung
5. Brasilianischer Saphir = falsche Bez., muß heißen bläulicher Edeltopas aus Brasilien
6. Brasilianischer Aquamarin: vgl. unter 1., falsche Bezeichnung!
7. Chrysolith (sächsischer) = falsche Bez. für hell-dunkel-goldgelben Edeltopas
8. Diamant (sächsischer!) = falsche Bez. für weißen-farblosen Edeltopas vom Schneckenstein (Sa.)
9. Edeltopas ist die einzige Bezeichnung, um den echten Topas von den vielen falschen zu unterscheiden!
10. Goldtopas = falsche Bez.; ist gewöhnlicher Citrin oder gebrannter Amethyst. Als Quarzmineral ohne viel Schwierigkeiten zu bestimmen!; opt. 1-achsig; geringeres spez. Gew.; Härte 1 Stufe niedriger; Brech.-Ind.: kleiner
11. Indischer Topas = falsche Bez. für gelben Saphir (echter Topas = rhombisch; Saphir = trigonal)
12. King Topas = anderer Name für Padparadscha; falsche Bez.! Unterscheidung siehe unter 11.
13. Hyazinth-Topas = falsche Bez. für Hyazinth (braunroter Zirkon); Unterscheidung: Kristallsystem: Zirkon = tetragonal; Topas = rhombisch; spez. Gew.: Zirkon = 4,70, Topas = 3,53 (größerer Unterschied)
14. Madeira-Topas = falsche Bez. für braunroten Citrin oder gebrannten Amethyst (vgl. unter 10.)
15. Orientalischer Topas = falsche Bez. für gelben Saphir; Unterscheidung: siehe unter 11.
16. Palmyratopas = falsche Bez. für gebrannten Citrin oder Amethyst
17. Quarztopas wird nur gebraucht für Citrin, goldgelbe Farbe
18. Rauchtopas heißt eigentlich Rauchquarz. Ein Quarz!
19. Rosatopas, besser ausgedrückt „rosa Edeltopas“
20. Sächsischer Topas = Edeltopas aus dem Bereich Schneckenstein (Sa.)
21. Sibirischer Topas = ist der russ. blaue Edeltopas
22. Spanischer Topas = falsche Bez. für hellen Citrin oder gebrannten Amethyst (Bestimmung als Quarz einfach!)
23. Synth. Goldtopas (synth. Edeltopase gibt es nicht!). In Wirklichkeit falsche Bez. für synth. gelben Saphir und als solcher auch unterscheidbar (siehe unter 11.)
24. Topas-Katzenauge = falsche Bez. für gelben Sternsaphir; Unterscheidung als Saphir gut möglich!
25. Topasquarz = falsche Bez. für einen gewöhnlichen Citrin (Quarz)
26. Topassaphir = falsche Bez. für gelben Saphir (vgl. 11.)

Turmalin frz. *Tourmaline* — engl. *Tourmaline* — ital. *Tormalina* — (vgl. Taf. V, 11, 12, S. 85; Taf. VI, 11, S. 86; Taf. VII, 17, S. 103; Taf. XI, 9, S. 139)

Farbe: in fast allen Farben möglich, Farbnuancen sind: tiefgrün, sattes Rot, blau = Indigolith, farblos = Achroit, rosa bis karminrot = Rubellit, braun bis schwarz = Schörl

Eigenschaften: Härte: 7,0–7,5; spez. Gew.: 2,94–3,24; Brech.-Ind.: 1,62–1,65; chem. Zus.: kompliziert: borhaltiges Silikat mit Metalloxyden, die Färbung verursachen; sehr stark pleochroitisch; bei drei Hauptfarbmodifikationen gibt es im Dichroskop folgende Farben:

a) tiefgrün und olivgrün
b) dunkelgrün und blaugrün
c) tiefrot und gelbgrün

Opt. 1-achsig, doppelte Lichtbrechung opt. negativ!; Kristallsystem: trigonal

Folgende Turmaline kommen vor:

a) rosa bis karminroter T. = Rubellit oder fälschlich Sibir. Rubin
b) gelbgrüner T. = Brasil-Smaragd (unklare Bezeichnung!)
c) hell bis dunkelgrüner T., falsche Bez.: Brasil-Smaragd, Ceylon-Chrysolith, Ceylon-Peridot, Brasil-Peridot
d) blau bis grünblauer T., falsche Bez.: Brasil-Saphir
e) farblos richtig als Achroit
f) braun bis schwarz: richtig als Schörl

Unterscheidungen von ähnlichen Steinen gleicher Farbe:

1. Rubellit unterscheidet sich von echtem Rubin durch Brech.-Ind.: 1,64, wogegen Rubin hat: 1,76; Härte: 7,25; Rubin = 9,0; spez. Gew.: Rubin ca. 4,0 und Turm.: 3,15

   Bei rosa Topas: Brech.-Ind.: 1,61; Härte: größer; spez. Gew.: größer

   Bei rotem Spinell: einfach brechend, kein Dichroismus, keine Interferenz, Pleochroismus bei T. sehr stark; Rubellit: Dichroismus rosarot bis gelb und violett

2. Indigolith unterscheidet sich von hellem Saphir durch gleiche Eigenschaften wie Rubellit, da auch Korund

   Blauer Cyanit = optisch 2-achsig
   Blauer Cordierit = optisch 2-achsig
   Indigolith: bei Dichroskop 2 Farben: blaugrau und hellblau

3. Grüner Turmalin unterscheidet sich vom Smaragd durch Brech.-Ind.: 1,57; spez. Gew.: kleiner und Dichroismus schwächer!

   Unterschied gegenüber grünem Chrysolith = Olivin: opt. 2-achsig, dadurch also sehr leicht von dem olivgrünen Turmalin zu unterscheiden

Für alle Turmaline verschiedener Farben gilt:
Durch Reibung lassen sich Turmaline sehr einfach elektrisch aufladen und ziehen dabei kleine Papierschnitzel an!

Vorkommen: besonders Brasilien (Minas Gerães) und Südwestafrika, auch Madagaskar, Ceylon, USA (Maine, Calif., Mass.), Sibirien, Mähren, Siam, St. Gotthard

Bewertung: gute tiefgrüne Steine wertvoll

Türkis frz. *Turquoise* — engl. *Turquise* — ital. *Turchese* = Kallait (vgl. Taf. V, 3, S. 85)

Farbe: himmelblau, blau, blaugrün, grünlich, pistaziengrün, auch gelblich

Eigenschaften: Härte: 5,5–6,0; spez. Gew.: 2,5–2,9 schwankend je nach dem Grad der Mineralbeimengung; chem. Zus.: $CuAl_6[(OH)_8|(PO_4)_4] \cdot 5\,H_2O$

Material ist sehr feinkristallin und besteht äußerlich aus massigen, derben Knollen, die oft nierenförmig aussehen. Sie sind von feinsten Äderchen und Rissen durchsetzt, Material ist durchsichtig; Brech.-Ind.: 1,60–1,65

Vorkommen: vorwiegend Vorderer Orient, also Türkei und Persien (Name Türkis von Türkei abgeleitet!), USA, Südafrika, Tibet und Ägypten, Mexiko

Handelsbezeichnungen und Ausbildungsarten: Persischer, Ägyptischer, Californischer, Mexikanischer, Tibetanischer Türkis oder Türkis-Matrix, wenn Türkismaterial mit anderen Gesteinen durchsetzt ist

Nachahmungen: gebeizter Achat als Achattürkis; künstlich gefärbtes Elfenbein als Zahntürkis; gefärbter Serpentin als Türkis! Gepreßte Al-Phosphate mit Cu eingefärbt (bes. aus China!). Kennzeichen zur Unterscheidung: Die synth. Ausbildung schmilzt vor dem Lötrohr, während der echte Türkis zwar die Farbe verändert, schließlich zerspringt, aber nicht schmilzt.

Zirkon frz. *Zirkon* — engl. *Zircon* — ital. *Zircone* = Hyazinth-Jargon frz. *Hyacinth-Jargon* — engl. *Hyacinth* — ital. *Giacinto* — (vgl. Taf. V, 5, S. 85; Taf. X, 7, S. 122)

Farbe: farblos und alle anderen Färbungen wie blau, grün, rotbraun, gelbrot (= Hyazinth), gelblich, violett

Eigenschaften: Härte: 7,0–7,5; spez. Gew.: 4,33–4,75; chem. Zus.: $Zr(SiO_4)$; Kristallsystem: tetragonal; Kristalle haben quadratische Grundformen; Brech.-Ind.: nach dem Diamanten der höchste Wert, und zwar: 1,96–2,01; optisch 1-achsig; doppelte Lichtbrechung, positiv!

Vorkommen: Sibirien, Indien, Siam, Birma, Böhmen, Sachsen, Schweiz, Oberitalien, Ural, Australien, Nordamerika

Unterscheidung zwischen Zirkon als Hyazinth und braunrotem Granatzirkon: Doppelbrechung, Brech.-Ind. höher, spez. Gew.: höher, Dichroismus deutlich, 2 Bilder; rotes und gelbes Bild

Vergleich mit Diamant: Geglühter Hyazinth wird ähnlich wie Diamant, da ähnliche Brechungsindizes ist Verwechslung möglich. Doch Zirkon ist 1-achsig; spez. Gew.: höher als Diamant

Sonderbezeichnung: schöner gelbroter Zirkon = Hyazinth
blauer Zirkon in USA als Starlit bezeichnet
Jargon = Zirkonit = farblos bis blaßstrohgelbgrünliche Ausbildung

Falsche Bezeichnungen: Weißer Zirkon als Matura-Diamant
Weißer Zirkon als Ceylon-Diamant
Blaugrüner Zirkon als Siam-Aquamarin

Nachahmungen: hyazinthfarbiger Saphir als orientalischer Hyazinth

Zoisit: Tansanit als blauer Edelstein; Tiefblau aus Tansania (ehem. Deutsch-Ost-Afrika).
Formel: $Ca_2Al_3[OH(SiO_4)_3]$

Welches Gestein ist das?

Wie ist unsere Erde entstanden und wie setzt sie sich zusammen?

Wie unsere Erde entstanden ist, wird der Menschheit wohl für immer ein ungelöstes Rätsel bleiben. Wir stellen uns nach den Forschungen der Astronomen und Geophysiker vor, daß sie vor mindestens 2 bis 3 Milliarden Jahren — für den menschlichen Geist ein unvorstellbar langer Zeitraum — als glühender Gasball ihren Lebenslauf im Weltall begann. Diese Urzeit der Erde, die wir auch ihre Sternzeit nennen, kann nur aus Analogieschlüssen aus dem Weltall abgeleitet werden. Während ihres Wandelns nach den von den Gesetzen des Kosmos vorgeschriebenen Bahnen kühlte sie sich allmählich ab, verlor an Leuchtkraft und wurde zu einem flüssigen Tropfen in der Weite des Weltalls. In diesem Zustande erfolgte wahrscheinlich die erste Stofftrennung nach den Gesetzen der Schwerkraft; die schweren Teile konzentrierten sich im Erdinnern, die leichten gelangten an die Oberfläche. Allerdings ist diese erste Trennung nach der Stoffdichte nur unvollständig erfolgt; d. h. ein geringer Teil der schweren Elemente ist in höhere Krustenbereiche gelangt. Als nach weiterer Wärmeabgabe die Temperatur auf den äußeren Teilen der „Erde" auf etwa 1100 bis 900 Grad abgesunken war, da bildeten sich die ersten festen Krustenteile; diese ältesten Bildungen auf dem Antlitz der Erde sind kaum noch nachzuweisen, die meisten von ihnen wurden durch nachträgliche Senkungs- und Einschmelzungsvorgänge bis zur Unkenntlichkeit verändert, umgewandelt und neu gebildet. Das Alter dieser ersten Erstarrungskrusten konnte nach verschiedenen Methoden auf etwa 1,8 bis 2 Milliarden Jahre berechnet werden. Mit weiterem Wandern der Abkühlungswelle nach innen zu wurde die äußere Gesteinshaut der Erde immer dicker und belastete den breiförmigen Untergrund. Die Abkühlung brachte aber auch eine Zusammenziehung des Gesteinsmantels mit sich, der als relativ unelastischer Stoff zu reißen begann. So bildeten sich einzelne Schollen aus, die — auf dem plastischen Untergrund der Tiefe schwimmend — gegeneinander verschoben wurden, sich stauten, falteten, hoben und senkten. Diese Bewegungsäußerungen führten zur Bildung von Runzeln und Falten im Antlitz der Erde: es entstanden die ersten Gebirge. Sie sind heute nur noch an wenigen Stellen erhalten geblieben; die meisten wurden ein Opfer nachfolgender Bewegungs- oder tektonischer Vorgänge und sind — als alte Relikte aus damaliger Zeit — nur schwer nachzuweisen.

Nach Unterschreitung der sogenannten kritischen Temperatur entstand das Wasser unserer Meere. Verdunstung und Luftbewegung hoben Teile des Wassers aus den Weltmeeren heraus und verteilten es in Form von Regen und Schnee über das Land. Die mechanische Transportkraft und seine chemische Lösungsfähigkeit sowie die starke Sprengkraft des Eises sorgten dafür, daß die Gebirge nicht „in den Himmel wuchsen"; der aufbauenden Kraft gebirgsbildender Vorgänge wurde also die zerstörende des Gebirgsabbaues entgegengesetzt; so unterlag also die Erde seit ihrer Verfestigung einem dauernden Wandel zwischen Gebirgsaufbau und -abbau, und zwar bis auf den heutigen Tag.

Aus dem Newtonschen Gesetz der Gravitation läßt sich das Gesamtgewicht der Erde berechnen; da ihr Volumen aus dem Radius ebenfalls berechenbar ist, konnte die mittlere Dichte oder das spezifische Gewicht unserer Erde mit 5,52 berechnet werden. Die Gesteine der äußeren Schale sind, wie wir leicht nachweisen können, aber merklich leichter als 5,6; ihre durchschnittliche Dichte liegt bei 2,7. Um also zur Gesamtdichte von 5,6 zu gelangen, muß für das Erdinnere ein Stoffbestand mit erheblich höherer Dichte angenommen werden. Es läßt sich durch direkte Probeentnahme nicht nachweisen, aus welchen Stoffen das Erdinnere besteht, denn unsere tiefsten Bohrlöcher reichen nur gut 5 km tief in die äußere Gesteinskruste hinein. Das ist bei einem Erdradius von 6370 km noch nicht ein Tausendstel! Dennoch haben wir einigermaßen festgefügte Vorstellungen vom Aufbau des Erdinnern. Aus den Aufzeichnungen der Erdbebenmeßgeräte (Seismographen) geht hervor, daß in 1200 und 2900 km Tiefe je eine deutlich wahrnehmbare Grenze bestehen muß; diese Diskontinuitätsflächen scheiden voneinander grundsätzlich verschiedenes Material. Aus Analogieschlüssen entsprechend der Zusammensetzung der Meteore nimmt man an, daß der Kern der Erde aus einer Nickel-Eisen-Legierung mit der Dichte von 8—10.3 besteht; sein Radius wird rund 3500 km betragen oder, um es anders auszudrükken, der Kern beginnt in 2900 km Tiefe. Um diesen Kern legt sich die Kernschale oder die Sulfid-Oxyd-Schale; sie besteht aus Schwefel-Sauerstoff-Verbindungen mit Schwermetallen, die Dichte liegt zwischen 5,5 und 6,5. Diese Kernschale wird von einem äußeren Gesteinsmantel umgeben, der bis in 1200 km Tiefe hinabreicht; er wird sich im wesentlichen aus schweren, eisen- und magnesiumhaltigen Gesteinen zusammensetzen und hat daher auch den Namen Sima (von Silizium-Magnesium). Ihn umgibt eine dünne Haut, die wir Sial (von Silizium-Aluminium) nennen; sie baut sich aus leichten Gesteinen auf, die vor allem Aluminium-Silikate enthalten. Diese Gesteine treten an die Tagesoberfläche; die Dichte von Sima und Sial fällt von 3,5 auf etwa 2,7 ab. Das Sial hat nach den neuesten Ergebnissen, die uns u. a. die große Helgolandsprengung übermittelte, etwa 10—30 km Dicke. Es bildet die Kontinentalschollen, die ihrerseits auf dem zähen Sima — nach der Lehre von A. Wegener — schwimmen. Die Stärke des Wassermantels spielt bei dieser Betrachtung keine Rolle, die Lufthülle umfängt in stark abnehmender Dichte das Ganze.

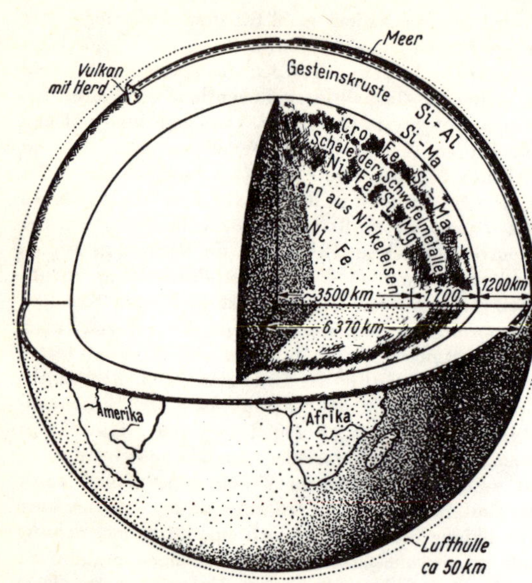

Abb. 3
nach K. Keller, Natur und Volk, Jhg. 67, 4. S. 201

Wenn wir die mittlere chemische Zusammensetzung der Sial- und Simagesteine betrachten, so kommen wir zu den in den Abb. 4 u. 5 wiedergegebenen Zahlenverhältnissen. Wir erkennen, daß die Simagesteine weniger Kieselsäure (SiO_2) enthalten als jene des Sial; diese hingegen besitzen einen höheren Aluminiumgehalt. Die Simagesteine sind außerdem durch hohe Eisen- (Fe) und Magnesiumwerte (Mg) gekennzeichnet.

Wenden wir uns dem eigentlichen chemischen Stoffhaushalt der Erde näher zu, so ist festzustellen, daß die etwa 90 chemischen Grundstoffe — grob betrachtet — durchaus bestimmte Tiefenbereiche zu bevorzugen scheinen. So liegt der Hauptanteil des Eisens — der Schwere folgend — im Erdkern, während der leichte Sauerstoff gewichtsmäßig etwa die Hälfte der äußeren Erdkruste aufbaut.

Blicken wir ein wenig schärfer hin, so finden wir im Eisenkern, den man auch die Siderosphäre nennt (von Eisen abgeleitet), Nickel (etwa 8%), aber auch Kobalt, die Platinmetalle, Gold und andere schwere Stoffe angereichert; jedenfalls ist das bei den Eisenmeteoren der Fall, deren Zusammensetzung uns einen Parallelschluß auf das Erdinnerste gestattet. Der den Kern umgebende Kernmantel, der auch den Namen Chalkosphäre (etwa gleich „erzbildend") hat, enthält vor allem Elemente von der Art: Kupfer, Zink, Blei, Quecksilber, Wismut, Selen, Schwefel, Antimon und andere mehr, um nur die bekanntesten zu nennen. In der äußeren Gesteinshülle, der sogenannten Lithosphäre, verbindet sich der Sauerstoff mit Silicium, Aluminium, Calcium, Natrium, Kalium, Magnesium und vielen anderen. Freilich, diese Trennung ist keineswegs vollkommen, denn

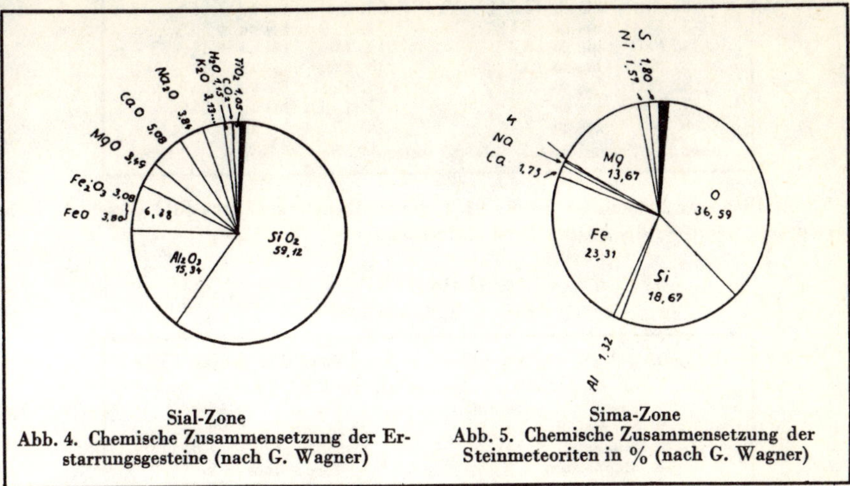

Sial-Zone

Abb. 4. Chemische Zusammensetzung der Erstarrungsgesteine (nach G. Wagner)

Sima-Zone

Abb. 5. Chemische Zusammensetzung der Steinmeteoriten in % (nach G. Wagner)

sonst würden wir ja auf der Erdoberfläche nicht Elemente der Tiefenzone wie Eisen oder Platin gewinnen können. Die Elemente der Atmosphäre oder Lufthülle sind Sauerstoff, Stickstoff, Wasserstoff und die Edelgase.

Da die äußerste Gesteinshülle uns hier ganz besonders angeht, wollen wir uns noch einen Einblick in ihren Chemismus verschaffen. Wir legen unserer Betrachtung die obersten 15 km Gesteinsmaterial zugrunde; es ergibt sich dann die folgende durchschnittliche chemische Zusammensetzung:

Tabelle 7

nach Clarke und Rankama

Einzelelemente in Gewichtsprozenten für **Gesteinshülle**			
1. Sauerstoff	(O)	49,4%	
2. Silicium	(Si)	25,8%	1. bis 4. = 87,4%
3. Aluminium	(Al)	7,5%	
4. Eisen	(Fe)	4,7%	
5. Calcium	(Ca)	3,4%	
6. Natrium	(Na)	2,6%	1. bis 8. = 97,8%
7. Kalium	(K)	2,4%	
8. Magnesium	(Mg)	2,0%	
Mit geringem Anteil			
9. Wasserstoff	(H)	0,9%	
10. Titan	(Ti)	0,5%	1. bis 12. = 99,5%
11. Chlor	(Cl)	0,2%	
12. Phosphor	(P)	0,1%	

Wir sehen aus dieser Tabelle, daß der Sauerstoff gewichtsprozentig praktisch die Hälfte ausmacht! Da jedoch die in dieser Tabelle aufgeführten Stoffe nicht elementar, sondern fast immer gebunden an Sauerstoff vorkommen, soll eine weitere Übersicht Aufschluß erteilen (Tab. 8).

Tabelle 8

1. SiO_2	bis zu	61,0%	9. H_2O	bis zu	1,15%
2. Al_2O_3	bis zu	15,5%	10. TiO_2	bis zu	1,05%
3. Fe_2O_3	bis zu	3,1%	11. P_2O_5	bis zu	0,30%
4. FeO	bis zu	3,8%	12. MnO	bis zu	0,12%
5. MgO	bis zu	3,5%	13. CO_2	bis zu	0,10%
6. CaO	bis zu	5,1%	14. BaO	bis zu	0,05%
7. Na_2O	bis zu	3,8%	15. Cr_2O_3	bis zu	0,05%
8. K_2O	bis zu	3,1%	16. Cl	bis zu	0,05%

über 3% liegend insges. ~ 97%, unter 3% liegend insges. ~ 2,87%

Acht Elemente bauen also bereits 97% der Erdkruste auf! Das Bild verschiebt sich wesentlich, wenn wir die ganze Erde betrachten:

Tabelle 9

nach F. W. Clarke 1924

Prozentgehalt der wichtigsten Elemente der **ganzen** Erde

a) nach Andersen		b) nach Linck	
1. Eisen	40,0%	1. Eisen	50,0%
2. Sauerstoff	27,5%	2. Sauerstoff	22,0%
3. Silicium	14,5%	3. Silicium	11,0%
4. Magnesium	9,0%	4. Magnesium	9,0%
5. Nickel	3,2%	5. Nickel	6,0%
6. Calcium	2,1%	6. Calcium	1,0%
7. Aluminium	1,8%	7. Aluminium	0,6%
	= **98,1%**		= **99,6%**

Die Zahlenangaben der Tabellen 7—9 beruhen auf Durchschnittswerten, die sich auf alle bekannten Gesteinsarten beziehen. Es ist ja auch dem Nicht-Fachmann klar, daß ein Kalkstein bedeutend mehr Calcium enthalten wird als ein Granit. Unser Blick in die Gesteinswelt erfordert, daß wir uns noch der Entstehung, Einteilung und chemischen Zusammensetzung der verschiedenen Gesteinsarten selbst zuwenden, die die Erdkruste aufbauen.

Auf Grund ihrer Entstehung unterscheiden wir drei große Gesteinsgruppen (Abb. 6):

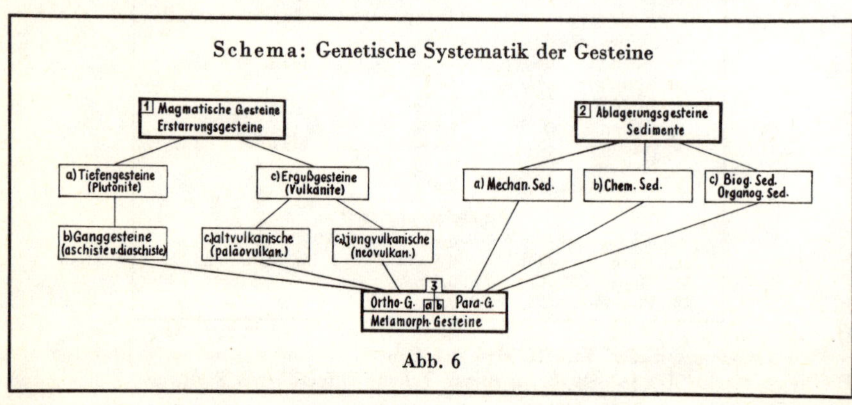

Abb. 6

1. Die aus Magma entstandenen sogenannten

magmatischen oder Erstarrungsgesteine.

Der Name sagt uns schon, daß sie durch Erstarren magmatischen Schmelzflusses, also durch Auskristallisation gebildet wurden; mit wenigen Ausnahmen sind sie daher vollkristallin-körnig, das heißt, die Mineralien in ihnen können ohne oder mit Lupe oder Mikroskop als Kristalle erkannt werden; Ausnahmen sind an der Erdoberfläche zu Gesteinsglas erstarrte Laven.

Diese erste große Gruppe magmatischer Gesteine wird — wieder auf Grund ihrer Entstehung — in 3 Untergruppen aufgeteilt:

a) Drang das Magma nicht bis an die Erdoberfläche, blieb es also innerhalb der Kruste unter dem deckenden Schutzmantel bereits vorhandener Gesteine stecken, so daß es langsam abkühlen und auskristallisieren konnte, so sprechen wir von

Tiefengesteinen oder Plutoniten

(nach Pluto = Gott der Unterwelt). Durch nachträgliche Abtragung der Decke wurden sie später häufig freigelegt und der Beachtung zugänglich.

b) Ist das Magma hingegen bis an die Erdoberfläche emporgedrungen und hat sich dort ergossen — wie es heute noch die Laven der tätigen Vulkane tun —, so erstarrte es schnell, blieb meist feinkörnig und formte Deckenergüsse, Schlote oder Kegel; diese Untergruppe magmatischer Gesteine nennen wir

Ergußgesteine oder Vulkanite

(nach Vulcanus = Feuergott). Sie können rezent (= in der Gegenwart), jung- oder altvulkanisch sein.

c) In die nach ihrer Verfestigung durch Abkühlung oder tektonische Bewegungen entstandenen Risse der bisher genannten Gesteine drang nicht selten eine Gesteinsschmelze ein, die in ihrer Zusammensetzung entweder einem Tiefengestein entsprach oder sich durch Differenzierung aus einer Tiefengesteinsschmelze entwickelte. Derartige Gesteine nennt man

Ganggesteine,

die man in abgespaltene (diaschiste) mit einem anderen Mineralbestand als das zugehörige Tiefengestein und ungespaltene (aschiste) mit einem dem Tiefengestein entsprechenden Mineralbestand gliedert. Diese Gesteine sind ebenfalls meistens feinkristallin und nicht selten porphyrisch ausgebildet. Eine Ausnahme bilden die grobkörnigen Pegmatite.

2. Die bisher aufgezählten Erzeugnisse magmatischer Tätigkeit unterlagen nach ihrer Entstehung den Verwitterungsvorgängen; sie wurden durch Wässer und Eis abgetragen oder aufgelöst, und diese Zerstörungsprodukte sammelten sich in Tälern, Wannen oder Meeresbecken an, wohin sie durch die Transportkraft des fließenden Wassers gelangten. Sie wurden also abgelagert oder sedimentiert und erhielten daher die Bezeichnung

Sedimente als noch nicht verfestigte Ablagerungen, oder Ablagerungs- bzw. Sedimentgesteine (verfestigt).

Häufig, aber durchaus nicht immer, sind sie geschichtet; der Ausdruck „Schichtgesteine" ist daher irreführend. Wir unterteilen die Sedimente gewöhnlich in a) mechanische (Sande, Schotter usw.), b) chemische (z. B. Salze) und c) organogene oder biogene Sedimente (Kohlenarten u. a.).

3. Sowohl die Erstarrungs- als auch die Sedimentgesteine können durch Bewegungsvorgänge der Erdkruste wieder in größere Tiefen gelangen (woher sie ursprünglich stammen), wo sie aufgeschmolzen, umgeschmolzen, gemischt, gepreßt, geknetet oder gefaltet werden; anschließende Hebungsvorgänge oder die Abtragung überlagernder Gesteine können sie dann wieder zutage fördern. Und hier ist ihre ursprüngliche Beschaffenheit kaum wiederzuerkennen: aus Graniten wurden Gneise, ebenso aus Grauwacken Arkosen oder Konglomeraten. Da sie fast stets ein schiefriges Aussehen haben, nennt man sie allgemein „kristalline Schiefer". Einem aus dem Griechischen stammenden Wort zufolge erhielten diese umgewandelten oder veränderten Gesteine den Namen

Metamorphe Gesteine.

Sie können also a) magmatischen Ursprungs sein (sog. Orthogesteine) oder b) sedimentären Ursprung haben (sog. Paragesteine); das Wort „kristalline Schiefer" hat sich für sie eingeführt.

Betrachten wir die obersten 16 km Erdkruste, so stehen die unter 1 bis 3 genannten Gesteine in folgenden Verhältnissen untereinander:

1. Erstarrungsgesteine und metamorphe Gesteine			95 %
2. Sedimente			
a) Schiefer	4 %	} 5 %	
b) Sandsteine	0,75 %		
c) Kalksteine	0,25 %		

Bei chemischer Betrachtungsweise fällt die große Verschiedenheit in ihrer Zusammensetzung auf; die fett gedruckten Werte geben an, daß sie als die wichtigsten zu etwa $^4/_5$ am Aufbau der betreffenden Gesteinsart beteiligt sind (Tabelle 10, Seite 154 oben!)

Aus dieser tabellarischen Übersicht entnehmen wir, daß die Erstarrungsgesteine und die mit ihnen verwandten kristallinen Schiefer zu rund 60 % aus Kieselsäure (SiO_2) und zu etwa 15 % aus Aluminiumoxyd (Al_2O_3) bestehen; der Name „Sial" findet also hier

---

Erklärung zur nebenstehenden Abbildung 7:

Der schematische Stammbaum der Gesteine nach einer Vorlage von Hans Cloos, 1936, zeigt eine stoffliche Aufgliederung nach rein genetischen Gesichtspunkten. Man sieht aus einer theoretisch gedachten Gesamtquelle (die aber möglichwerweise in dieser Art niemals bestanden hat; es gab vermutlich kein sog. Urmagma, von dem sich alle anderen Gesteinstypen ableiten lassen) zunächst drei Hauptäste als Kalk-Alkali-Reihe (oder Pazifische Differenzierungs-Tendenz), als Kali-Reihe (oder Mediterrane Differenzierungs-Tendenz) und endlich als Natron-Reihe (oder als Atlantische Differenzierungs-Tendenz) beginnen. In der linken Seite der Abbildung 7 ist dann das wesentliche Vorherrschen der sauren Tiefengesteine — also der häufig anzutreffenden Granit-Familie — gekennzeichnet, wogegen die etwas indifferenten oder stärker basischen Tiefengesteine — der Häufigkeit nach — eine mehr untergeordnete Rolle spielen. Umgekehrt sieht es bei den Ergußgesteinen aus. Hier sehen wir das völlige Vorherrschen der stark basischen Eruptiva (oder Vulkanite). Es handelt sich dabei im wesentlichen um die aus der Gabbro-Familie (der Tiefengesteine) — abgeleiteten Basalt-Gruppe, also auch der Diabase und Melaphyre.

Im Bilde links entwickeln sich aus der kalkalkalischen Reihe die verschiedenartigen Glieder der Granitfamilie (Granite und Granodiorite, bzw. Quarzmonzonite) mit ihren kleinen, mehr als Absplíß auftretenden Varianten der Ganggesteine (Granitporphyr, Aplit, Lamprophyre, Pegmatit usw.). Die dazugehörenden, besonders sauren Ergußgesteine sind dann die Quarzporphyre und Liparite, bzw. Rhyolithe.

Weiter nach der Mitte zu (im Bilde 7) sehen wir die Diorite, Gabbrogesteine und Peridotite, die als basische bzw. ultrabasische Tiefengesteine die ihnen korrelaten Ergußgesteine der Andesite, Basalte bzw. Diabase und Melaphyre — oder, als ultrabasische, die Pikrite bzw. Limburgite liefern. Ganz rechts sieht man die sehr vielfältige Differenzierung der Vulkanite aus der Kali- und Natron-Reihe abgeleitet. Es muß gesagt werden, daß auch vielfach Überschneidungen der verschiedenen Gruppen vorkommen, so daß dieser zur Erklärung der „Genetischen Systematik" dargestellte Stammbaum alle möglichen Kombinationen enthält, die jedoch im Einzelfall niemals alle in einem speziellen Bereich auf der Erde vorhanden sind.

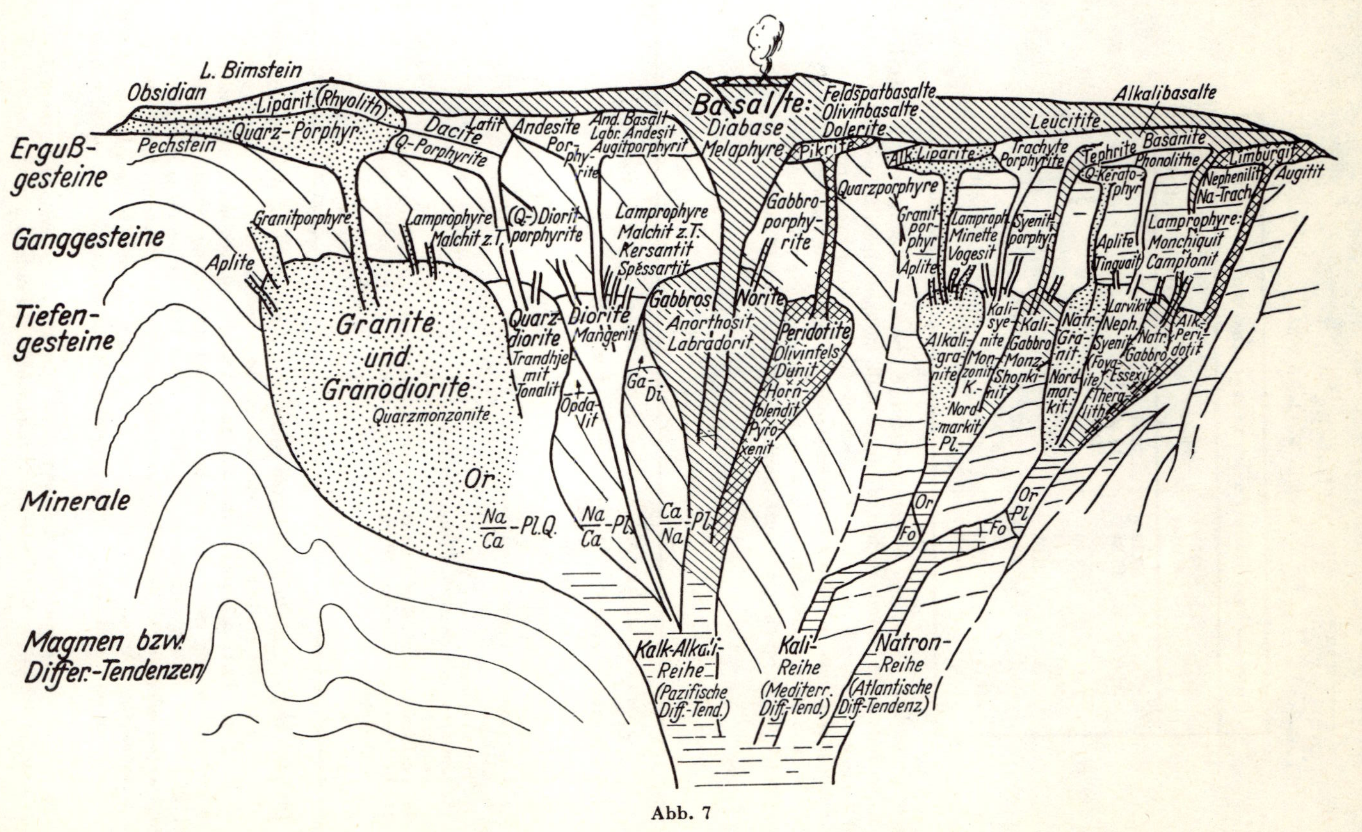

L. Bimstein
Obsidian
Liparit (Rhyolith)
Quarz-Porphyr
Pechstein
Ergußgesteine
Ganggesteine
Tiefengesteine
Minerale
Magmen bzw. Differ.-Tendenzen
Dacite
Q-Porphyrite
Latit
Andesite
Porphyrite
And. Basalt
Labr. Andesit
Augitporphyrit
Basalte:
Diabase
Melaphyre
Feldspatbasalte
Olivinbasalte
Dolerite
Pikrite
Alkalibasalte
Leucitite
Alk. Liparite
Trachyte
Porphyrite
Tephrite
Basanite
Phonolithe
Limburgit
Augitit
Q-Keratophyr
Nephenilit
Na-Trach
Granitporphyre
Aplite
Lamprophyre
Malchit z.T.
(Q-)Diorit-porphyrite
Lamprophyre
Malchit z.T.
Kersantit
Spessartit
Gabbroporphyrite
Quarzporphyre
Granitporphyr
Aplite
Lamproph.
Minette
Vogesit
Syenitporphyr
Aplite
Tinguait
Lamprophyre:
Monchiquit
Camptonit
Granite und Granodiorite
Quarzmonzonite
Quarzdiorite
Trandhjemit
Tonalit
Diorite
Mangerit
Opdalit
Ga-Di
Gabbros
Anorthosit
Labradorit
Norite
Peridotite
Olivinfels
Dunit
Hornblendit
Pyroxenit
Alkaligranite
Kalisyenite
Monzonit
K.-Nordmarkit
Pl.
Kaligabbro
Monz.
Shonkinit
Natr.-Granit
Nordmarkit
Larvikit
Neph. Syenit
(Foyaite)
Essexit
Theralith
Natr. Gabbro
Alk. Peridotit
Or
Na/Ca-Pl.Q.
Na/Ca-Pl.
Ca/Na-Pl.
Or
Fo
Or
Pl
Fo
Kalk-Alkali-Reihe
(Pazifische Diff.-Tend.)
Kali-Reihe
(Mediterr. Diff.-Tend.)
Natron-Reihe
(Atlantische Diff.-Tendenz)

Abb. 7

Tabelle 10
nach F. W. Clarke, 1924

Durchschnittliche Zusammensetzung einiger Gesteine				
Stoff	Magmat. Gesteine	Schiefer	Sedimente: Sandsteine	Sedimente: Kalksteine
SiO_2	**59,12**	**58,11**	**78,31**	5,19
Al_2O_3	**15,34**	**15,40**	4,76	0,81
Fe_2O_3	3,08	4,02	1,08	} 0,54
FeO	3,80	2,45	0,30	
MgO	3,49	2,44	1,16	7,89
CaO	**5,08**	3,10	**5,50**	**42,57**
Na_2O	3,84	1,30	0,45	0,05
K_2O	3,13	3,24	1,32	0,33
H_2O	1,15	**4,99**	1,63	0,77
CO_2	0,10	2,63	5,04	**41,54**

einen begründeten Nachweis. In den Sandsteinen überwiegt mit fast $^4/_5$ die SiO_2-Komponente, und da die Quarzkörnchen oft durch Kalk zusammengekittet werden, tritt CaO mit 5,5 % auf. In den Kalksteinen fällt die große (CaO + CO_2)-Komponente auf.

Schließlich können wir die Zusammensetzung der Erdkruste nach der Häufigkeit der in ihr vorhandenen Mineralien betrachten, ganz unabhängig vom Chemismus oder der Gesteinsart, die sie im einzelnen aufbauen. Danach ergibt sich (Tabelle 11):

Tabelle 11
nach F. W. Clarke, 1924

Die häufigsten Mineralien der Erdkruste nach Prozenten	
1. Feldspäte u. Vertreter: Plagioklas = 40,2 %, Orthoklas = 17,7 %	= 57,9 %
2. Augit, Hornblende u. Olivin	= 16,3 %
3. Quarz mit Chalcedon u. Opal	= 12,6 %
4. Magnetit u. Hämatit	= 3,7 %
5. Glimmerarten (Biotit u. Muskovit)	= 3,3 %
6. Kalkspat	= 1,5 %
7. Tonmineralien	= 1,0 %
8. Limonit u. a. wasserhalt. Eisenmineralien	= 0,3 %
9. Dolomit	= 0,1 %
10. Begleiter magmat. Gest. (Apatit, Titanit, Zirkon, Magnetkies, Granat usw.)	= 2,5 %
11. Begleiter der Sedimente (Pyrit, Pyrolusit, Granat, Rutil, Apatit, Zirkon, Karbonate usw.)	= 0,5 %
	= **99,7 %**

Die oben unter 1. bis 9. angeführten wichtigsten gesteinsbildenden Mineralien geben nur den prozentualen Anteil am Gesamtaufbau der Gesteine wieder. Für eingehendere Behandlung der Petrographie oder Gesteinskunde müssen noch mehr Mineralien in unsere Betrachtung einbezogen werden. Zunächst gilt der Grundsatz, daß die Mehrzahl aller in der Natur vorkommenden Steine keine Einzelmineralien, sondern ein Gemenge verschiedenartiger Mineralien darstellen, welches als Gestein bezeichnet wird. Der mengenmäßige Anteil der verschiedenen Mineralien in einem Gestein bestimmt dessen Chemismus und wird auch — neben anderen Eigenschaften (Gefüge) — einer Klassifizierung zugrunde gelegt.

Mit den bisher vermittelten Angaben ist es nun allerdings noch nicht möglich, die große Mannigfaltigkeit in der Gesteinswelt übersichtlich zu ordnen und einzuteilen. Dazu bedarf es noch der Heranziehung eines weiteren Tatsachen- und Beobachtungsmaterials. Die chemische Zusammensetzung sagt uns ja nichts über die das Gestein aufbauenden Mineralien aus; so könnte zum Beispiel das SiO_2 an Silikate wie Feldspat oder Glimmer gebunden sein, es könnte aber auch in Gestalt von Quarz vorliegen, und das ist ein wesentlicher Unterschied bei der Einordnung eines Gesteines. Weiter erfahren wir aus der Analyse nichts über die Korngröße, die Struktur, also darüber, ob das Gestein etwa schiefrig oder richtungslos-körnig ist. Ebenso spielt bei Erstarrungsgesteinen die Absonderung und räumliche Gestalt eine Rolle, die eine Entscheidung über Tiefen- oder Oberflächenerguß zuläßt. Und schließlich interessiert den Petrographen auch das Gesteinsalter, das heißt die Frage nach dem geologischen Zeitabschnitt, in dem es gebildet wurde. Erst alle diese Komponenten bieten — zusammen mit der Analyse und dem mikroskopischen Studium — die Möglichkeit einer exakten Definierung der Probe. Wir beschränken uns hier nur auf das Wesentliche.

Struktur und Textur

Beim Betrachten eines Gesteins fällt uns außer dem Mineralbestand, der Farbe und dem spezifischen Gewicht (das man durch Übung schätzen lernt) das Gefüge auf. Wir verstehen darunter die räumliche Verteilung der Mineralien im Gestein und untergliedern noch in Struktur und Textur. Die Struktur ist im wesentlichen von der Ausbildungsweise der einzelnen Gemengteile abhängig, während die Textur von der räumlichen Anordnung der Gemengteile bestimmt wird. Je nach Größe der aufbauenden Mineralien kann die Struktur eines Erstarrungsgesteines glasig (in vulkanischen Schmelzflüssen), glasig mit eingesprengten Kristallen (z. B. in Porphyren) oder fein- bis grobkristallin sein, wie wir das am Granit beobachten können. Diesen Strukturstudien an magmatischen Gesteinen können wir noch solche über die Textur (von textus = Gewebe) hinzufügen; danach kann ein Gestein gleichförmig dicht, porös, blasig oder gar schaumig wie Bimsstein sein. Die Mineralien können richtungslos oder auch gerichtet, sozusagen fließend angeordnet sein, was besonders bei Vulkaniten zutrifft.

Bei den metamorphen Gesteinen beobachten wir strukturelle Eigenschaften wie ausgewalzte, zertrümmerte, auch wieder verkittete Mineralien, die Textur hingegen kann fein- bis grobschichtig, blättrig, faserig, gebändert oder gestreckt sein; auch Fältelungen wie an Wellblech sind zu beobachten — kein Wunder, wenn wir an den Werdegang dieser Gruppe der metamorphen Gesteine denken!

Die Struktur der Sedimente richtet sich nach Form und Größe der aufbauenden Bestandteile; sind sie grob und eckig und durch ein Bindemittel verkittet, so haben wir eine Brekzie vor uns, handelt es sich um grobes, abgerundetes Füllmaterial (wie verkitteter Flußkies) so liegt ein Konglomerat vor. In Sandsteinen sind die Körnchen kleiner und reichen bis an die Sichtbarkeitsgrenze heran; kann das Korn nur noch mit dem Mikroskop (wenn überhaupt) wahrgenommen werden, so handelt es sich um feinste Ton- oder Kalkgesteine. Die Textur erlaubt uns in diesen Fällen geschichtete, poröse oder zellenartige sowie säulige (Stalaktiten der Tropfsteinhöhlen) oder erbsen- bis rogensteinartige (auch „oolithische", von ovum = Ei) zu unterscheiden.

Was das Alter anbetrifft, so läßt es sich bei Sedimenten mit Hilfe der oft darin eingeschlossenen Tier- und Pflanzenreste bestimmen; jedes Geologiebuch gibt uns darüber Aufschluß. Magmatische und metamorphe Gesteine jedoch enthalten keinerlei derartige Hinweise aus der biologischen Welt; ihre Alterseinstufung muß daher indirekt erfolgen und ist deswegen bisweilen unsicherer. Aus eigener Anschauung wissen wir, daß auch heute immer noch vulkanische Gesteine (rezente Laven genannt) entstehen; der Ätna, Vesuv und andere tätige Vulkane liefern sie. Während des Tertiärs war der Vulkanismus äußerst heftig tätig, bei uns in Deutschland hinterließ er die Hegauvulkane, die der Rhön, des Vogelsberges, Kaiserstuhles und der Schwäb. Alb; sie bestehen meistens aus Basalten, Phonolithen oder Andesiten; ihr Alter beträgt etwa 30 Millionen Jahre. Das ist geologisch ein kurzer Zeitraum; die Basalte, Phonolithe und Andesite sind also tertiären oder „jungvulkanischen" Alters. In der Zeit des Rotliegenden, also vor rund 200 Millionen Jahren, gab es ebenfalls sehr aktiven Vulkanismus; die Porphyre und Melaphyre des Odenwaldes oder der nördlichen Pfalz sind die Zeugen dieser Tätigkeit (altvulkanisch = vortertiär). Noch etwa 50 Millionen Jahre früher als im Rotliegenden, nämlich im Karbon, entstanden die alten Gebirgsrümpfe des Harzes, des Erzgebirges, des Schwarzwaldes und der Vogesen mit ihren Granitkörpern. Noch älter als diese sind die Diabase (Devon-Silur) oder die Quarzite und Phyllite (Kambrium) auf deutschem oder böhmischem Boden.

Im allgemeinen ist das geologische Alter eines Gesteins für seine Bezeichnung ohne Bedeutung. Nur bei den Ergußgesteinen pflegt man in Deutschland zwischen alt- und jungvulkanischen zu unterscheiden.

Für die Charakterisierung einer Gesteinsprobe sind also Mineralbestand und Gefüge ausschlaggebend; da der Mineralbestand aus der chemischen Analyse nicht entnommen werden kann und andere Verfahren schneller zum Ziel führen, wird er mit Lupe oder Polarisationsmikroskop ermittelt. Wir unterteilen die gesteinsbildenden Mineralien zweckmäßig in helle und dunkle, denn die Farben der Minerale teilen sich in ihrer Gesamtheit auch dem Gestein mit. Die Mineralien, welche ein Gestein aufbauen, unterteilt man in Hauptgemengteile (= vorherrschend und charakteristisch für einen Gesteinstyp), Übergemengteile (= Anteil wechselnd und mitunter typisch für ein Gestein) und Nebengemengteile oder Akzessorien.

Die gesteinsbildenden Mineralien

Obgleich viele Hauptgemengteile der Gesteine, z. B. die Mineralien der Feldspatgruppe, sowohl in Erstarrungsgesteinen als auch in Sediment- und Umbildungsgesteinen auftreten, soll im folgenden eine Gruppierung in die Mineralien der magmatischen Gesteine, der Sedimentgesteine und metamorphen Gesteine vorgenommen werden.

I. Zur Gruppe der Magmagesteine gehören folgende Mineralien:

A. Helle Mineralien (leukokrate Min.) sind

1. Quarz, SiO_2, meist in derber Ausbildung, körnig, selten eigengestaltig. SiO_2 seltener als Tridymit (in Oberflächengesteinen)
2. Die Feldspäte als
   a) Alkalifeldspäte (kurzprismatisch bis dicktafelig), welche Gemenge von $K[AlSi_3O_8]$ mit $Na[AlSi_3O_8]$ darstellen und je nach ihrer Ausbildungsweise als Orthoklase, Sanidine oder Mikrokline zu bezeichnen sind. Demgegenüber haben wir die
   b) Kalknatron-Feldspäte = Plagioklase (hell bis weiß, meist feinlamellar verzwillingt), welche Gemenge von $Na[AlSi_3O_8]$ mit Anorthit $Ca[Al_2Si_2O_8]$ darstellen und je nach Anteil der Grundelemente als Albit, Oligoklas, Andesin, Labradorit und Bytownit und Anorthit zu kennzeichnen sind. Ferner ist die Gruppe der

---

Tafel XIII: Gesteinsbildende Mineralien

1. Graphit; 2. Chalcedon

3. Kaolin; 4. Marmor (Arabescato)

5. Chlorit; 6. Faser-Serpentin (Asbest)

1
2
3
4
5
6

1
2
3
4
5
6
7
8

3. Feldspatvertreter = Foide in SiO_2-armen Gesteinen (ohne Quarz) zu nennen, und darunter fallen
   a) Leucit, als $K[AlSi_2O_6]$, rundliche Kristalle, ähnlich Analcim
   b) Nephelin, als $Na[AlSiO_4]$ (prismatisch)
   c) die Gruppe der Sodalith-Mineralien, mit Sodalith, Hauyn, Nosean. Grundsubstanz $NaAlSiO_4$ und zusätzlich bei Hauyn $CaSO_4$, bei Nosean mit Na_2SO_4, bei Sodalith mit NaCl und bei Lasurit Na_2S.
   d) Melilith als Plagioklasvertreter mit der Zus. $Ca_2(Mg, Al)[(Si, Al)_2O_7]$
4. Muskovit = heller Glimmer, Formel $K(OH)_2Al_2[Si_3AlO_{10}]$, blättrige Spaltbarkeit, feinschuppige Abart als Serizit bezeichnet.

B. An dunklen Mineralien (melanokrate Min.) sind vor allen Dingen zu nennen
1. dunkle, schwere Augite oder Pyroxene (wie Enstatit, Bronzit, Hypersthen = rhombisch), sowie Augit und Diallag, Diopsid, Ägirin (monoklin)
2. bläulich-schwarz bis tiefschwarze Hornblende oder Amphibole, kurzsäulige Kristalle (wie Glaukophan, Arfvedsonit und Riebeckit)
3. dunkle Mg-Glimmer = Biotite, in blätteriger Ausbildung, sehr gute Spaltbarkeit, bräunlich bis schwarz
4. tiefgrüne bis tiefschwarze Olivine (körnige Ausbildung).
5. Als Übergemengteile der magmat. Gesteine sind zu nennen: Turmalin (im Turmalingranit), Granat, Chlorit u. a.

C. Nebengemengteile (Akzessorien):

Rutil, Apatit, Eisenglanz, Magnetit, Chromit, Magnetkies, Ilmenit, Wollastonit, Zirkon, Granat, Monazit, Titanit, Xenotim u. a. m.

II. Sedimentgesteine:

A. Mechanische Sedimente:
1. Quarz, meist in Körnchen
2. Kalkspat, Dolomit, Eisenspat
3. Versch. Tonmineralien, z. B. Kaolinit
4. Muskovit
5. Wasserhaltige Eisenoxyde.

B. Chemische Sedimentgesteine:
1. Gips, ein Ca-Sulfat = $CaSO_4 \cdot 2H_2O$, helle, weißlich bis rötliche Ausbildung; wenn sehr dicht, als Alabaster bezeichnet, Fasergips
2. Anhydrit = $CaSO_4$, ähnlich Kalkspat, jedoch schwerer, weiß bis bläulich, spätig
3. Steinsalz = NaCl, kubische, würfelige Ausbildung
4. Kalkspat = $CaCO_3$, körnig gut spaltbar, weich, weiß bis gelblich
5. Aragonit: wie Kalkspat $CaCO_3$
6. Dolomit: ähnlich Kalkspat $CaMg(CO_3)_2$

Tafel XIV: Plutonite = Tiefengesteine und Vulkanite = Ergußgesteine
1. Syenit; 2. Granit
3. Gabbro; 4. Diorit
Vulkanite = Erguß-Gesteine
5. Trachyt; 6. Quarzporphyr
7. Basalt; 8. Andesit

7. Limonit: $Fe_2O_3 \cdot 1{,}5H_2O$, Brauneisenerz
8. Bauxit: $Al_2O_3 \cdot 2H_2O$ = wichtiger Rohstoff für Al-Gewinnung
9. außer dem Steinsalz, alle Abraumsalze, wie Sylvin, Carnallit, Kieserit u. a.
10. Chlorit-Mineralien, wie Thuringit, Chamosit
11. Glaukonit, ein wasserreiches K-Mg-Fe-Al-Silikat, ähnlich Glimmer
12. Braun- und Steinkohlen bzw. Torf (Gesteine).

III. Metamorphe Mineralien sind solche, welche durch Druck und Hitze gebildet werden. Dazu gehören vor allem die in Schieferlagen und Gneisen neu gebildeten Kristalle wie Staurolith und Granat. Aus metamorphen Kalken können auch neue Mineralausbildungen wie Kalktonerde-Silikate als Epidot, Vesuvian, Wollastonit u. a. m., sowie als Al-Minerale die Spinelle, der Korund u. a. m. entstehen. Bei kohlenstoffhaltiger Beimengung in Kalk kann auch Graphit entstehen. Es ist von dem Grad der Verunreinigung der Kalke abhängig, wie viele kieselige oder tonige Substanz mit zur Mineralbildung verwendet werden konnte.

Die wichtigsten Mineralien der kristallinen Schiefer sind: Quarz, Feldspäte, Pyroxene, Amphibole, Zoisit, Epidot, Disthen, Sillimanit, Staurolith, Granat, Muskovit, Biotit, Olivin, Talk, neben vielen anderen Mineralien.

Tabelle 12

Dichte der gesteinsbildenden Mineralien

Mineral	Dichte	Mineral	Dichte	Mineral	Dichte
Carnallit	1,60	Kalkspat	2,71–72	Olivin	3,41–45
Sylvin	1,95	Chlorit	2,73–75	Sphen (Titanit)	3,46–48
Schwefel	2,10	Anorthit	2,76	Topas	3,50–52
Steinsalz	2,15	Wollastonit	2,83	Staurolith	3,58–67
Graphit	2,20–2,25	Muskovit	2,85	Cyanit	3,65–3,67
Analcim	2,20–3,30	Dolomit	2,90	Spinell	3,60–64
Opal	2,00–2,20	Anhydrit	2,95	Granat (Pyrop)	3,70–75
Glaukonit	2,30	Magnesit	3,00–02	Brauneisen	3,77–80
Gips	2,31	Glaukophan	3,00–04	Spateisen	3,88–90
Hauyn	2,45	Grammatit	3,00	Korund	3,94–95
Leucit	2,47	Aktinolith	3,00–02	Kupferkies	4,20–22
Nephelin	2,55	Biotit	3,00–03	Granat (Andradit)	4,28–30
Sanidin	2,65	Turmalin	3,12–14	Rutil	4,46–50
Orthoklas	2,65	Apatit	3,14–16	Zirkon	4,52–55
Mikroklin	2,58	Flußspat	3,16–18	Magnetkies	4,58–60
Chalcedon	2,55–2,60	Andalusit	3,18–20	Chromit	4,62–65
Cordierit	2,56–2,67	Hornblende	3,20–22	Titaneisen	4,68–74
Serpentin	2,62	Diopsid	3,30–31	Markasit	4,85–92
Albit	2,63	Diallag	3,30–33	Pyrit	5,16–22
Quarz	2,65	Augit	3,35–40	Magnetit	5,20–22
Skapolith	3,68	Epidot	3,40–42		
Talk	2,70	Vesuvian	3,40–44		

Tabelle 13 a

Härten der gesteinsbildenden Mineralien nach Mohs

Härte 1: Talk: Ebenso Graphit, Speckstein, Kaolin (und alle in diese Gruppe gehörigen zerreibbaren, erdigen Mineralien), Chlorit, Rötel (als Verwitterungsprodukt des Hämatit), Ocker (als Verwitterungsprodukt des Limonit) usw.

Härte 2: Gips (bzw. Steinsalz): Steinsalz, Sylvin, Carnallit, Gips, Biotit und Muskovit, alle ähnlichen Glimmer, Glaukonit, Hornblendeaggregate, Serpentinasbest

Härte 3: Kalkspat: Kalkspat und Dolomit, Anhydrit, Serpentin

Härte 4: Flußspat: Flußspat, Magnesit, Eisenspat = Siderit (z. T. durch Verwitterung weicher!), Magnetkies, Disthen (parallel der Längsorientierung)

Härte 5: Apatit: Apatit, alle Augite und Hornblenden, Andalusit (nur bei äußerer Verwitterung), Diallag, Skapolith und Sodalith, Orthaugite, Analcim, Aktinolith = Strahlstein, Diopsid, Nephelin, Hauyn, Leucit, Grammatit, Cyanit = Disthen, Chromit, Magnetit, Titanit, Limonit (Glaskopf)

Härte 6: Feldspat: Epidot, Markasit, Pyrit = Schwefelkies, Ilmenit, Olivin, Granat, Opal (z. T. schwächer), Hämatit, Glaukophan, Zoisit, Rutil, Vesuvian, z. T. Leucit und Nephelin

Härte 7: Quarz: Andalusit, Turmalin, Granat, Disthen (senkrecht zur Längsrichtung), Cordierit, Staurolith, Zirkon

Härte 8: Topas: Spinell

Härte 9: Korund, Rubin, Saphir

Härte 10: Diamant

Tabelle 13 b

Wichtigste Kennzeichen der häufigsten gesteinsbildenden Mineralien

Nach P. Niggli: Tabellen zur Petrographie 1946, Zürich

I. Weiße bzw. helle Mineralien:

a) Quarz: Härte sehr groß (7); muscheliger Bruch, unter natürl. Bedingungen nur schwer chem. zersetzbar, Glasglanz bis Fettglanz. Gestalt unregelmäßig, im Gestein meist derb und gestaltlos. Endprodukt der Verwitterung sind feine Quarzkörnchen.

b) Feldspäte: aa) Plagioklas: Bruch frisch, mit fast senkrecht aufeinander stehenden Spaltflächen, diese haben hohen Glanz (bei Labradorit perlmutterartig), öfters grünlich gefärbt, Neigung zu Zwillingsbildung, dicktafelig bis säulig. In den magmat. Gesteinen sehr häufig, bei Sedimenten bereits zersetzt. bb) Kali- und Alkali-Feldspäte: Meist nicht zersetzt, tafelig, leistenförmig, einfache Zwillinge, Sanidin = wasserklar bis weißlich, Orthoklas weiß oder rötlich

c) Leucit: rundliche Ausbildung, leicht zersetzbar in weiße kaolinartige Massen, auch ähnlich der bläuliche Hauyn und der mehr rötliche Analcim

d) Nephelin: ohne besondere Formen, ähnlich Quarz (äußerlich), Bruchflächen haben Fettglanz, weiß-gelblich, 6-seitige Durchschnitte

e) **Muskovit:** silberweiß, biegsam, blättrig, perlmutterglänzend, feinschuppig ausgebildet, Na-Glimmer = Paragonit = gelblich, Lithium-Gl. = rötlich. In Graniten, Gneisen, Glimmerschiefern, in grobkörnigen (klastischen) Sedimenten

f) **Sericit:** seidenglänzend, feinschuppiger Muskovit, besonders in metam. Gesteinen

g) **Kalkspat = Calcit:** weiß-gelblich, rhomboedrische Spaltbarkeit, Härte 3, spätig, körnig, Zwillinge, Kalkstein, Kalktuff und Kreidegesteine, in Drusen und Klüften größere Kristalle, auch auf Mineral- und Erzgängen, bei Absetzen aus wäßrig. Lösung mit Temperaturen über 29° C entsteht Aragonit. Ähnlich auch Dolomit = gleiche Kristallausbildung, härter und schwerer, HCl-Nachweis schwächer als bei Kalkspat, keine Zwillinge, Kristalle in Gipsen

h) **Anhydrit:** Die Aggregate ähnlich Calcit, doch Spaltbarkeit anders als Calcit, schlechter nach drei Richtungen, kein HCl-Nachweis.

II. Dunkle bzw. farbige Mineralien:

a) **Augite (Pyroxene):** Gesteinsbildende Augite meist tiefschwarz bis braunschwarz, dagegen Diopsid = weißl.-grün, Omphacit = grün, Gestalt kurzsäulig, Querschnitte 4- oder 8-seitig, Diallag auf den Absonderungsflächen: Metallglanz, basalt. Augit: pechschwarz, dagegen Diallag: braunschwarz bis schwarz, Diallag in Gabbro und Augite in Basalten. Spaltbarkeit nach Prisma (ca. 90°)

b) **Hornblende (Amphibole)** = mehr stengelig ausgebildet als Augite, Spaltbarkeit nach Prisma (ca. 120 Grad), stärkerer Glanz als Augite, 6-seit. Querschnitt, in erupt. u. metam. Gest., wenn grün = Pargasit als Kontaktmineral, in bas. Eruptiva = braun, stengelig u. strahlig = Aktinolith = Strahlstein, dunkelgrün, Smaragdit = umgebildeter Diallag. Uralit = Hornblenden. Augit

c) **Olivin:** grünl. bis olivfarben, auch grünschwarz, körnige Ausbild. wenig gute Spaltbarkeit, oft in Serpentin umgewandelt, oder zersetzt zu Limonit (rostrot) bzw rötlichbraun, rostrote Einsprenglinge in bas. Eruptiva wie Limburgit

d) **Granat:** in Gest. meist dunkelrot, rotbraun bis schwarz, meist gute Kristallumrisse erkennbar, Härte groß, kubische Ausbildg. Verschiedene Farben als Mg-Gr. = Pyrop, Ca-Gr. = Grossular, Fe-Gr. = Almandin, Mn-Gr. = Spessartin, Fe¨-Ca-Gr. = Andradit. Meist Kontaktmineral, also in metam. Gest., in Eruptiva seltener.

e) **Staurolith:** ähnl. wie Granat in Farben, doch mehr stengeliger Habitus, z. T. Zwillinge, rhombisch, Härte 7!, musch. Bruch, mit Granat u. Disthen in metam. Gest., meist Para-Gesteinen.

f) **Turmalin:** Im Gestein pechschwarz, säulige Ausbildung, muschelig. Bruch, runde Querschnitte, 3- oder 6-seitig, in Längsrichtung gestreift, rote Ausbildg. = Rubellit, schwarze Ausbildg. = Schörl, typ. Mineral der Kontaktzone. Härte 7

g) **Biotit:** der typ. Glimmer der Plutonite, sehr weich, sehr gut spaltbar, blättrig, elastisch, 6-seitige Umrisse, Farbe: bräunlich-schwarz bis schwarz, auch tiefschwarz, durch oberfl. Umwandlung nach Chlorit Übergang zu mattgrün. In erupt. u. metam. Gesteinen. Bei Verwitterung oft rostbraun

h) **Chlorit:** kleine grüne bis grauschwarze Blättchen, monoklin, feinschuppig, Härte 1½—2, sehr weich, gute Spaltbarkeit, nicht elastisch wie Glimmer, in metam. Gest., auch ein Umwandlungsprodukt anderer dunkler Minerale

Die folgende große Tabelle 14 bringt eine übersichtliche Zusammenstellung der magmatischen Gesteine. In der horizontalen Reihe befinden sich jeweils mineralogisch-chemisch Verwandte als Plutonit, Vulkanit und Ganggestein. Die vertikale Richtung bringt unter völligem Mineralwechsel den langsamen Übergang von den kieselsäurereichen Gliedern bis zu den SiO_2-ärmsten, womit nicht nur eine Dichteerhöhung, sondern zugleich auch ein Dunklerwerden verbunden ist. Die Plutonite wurden in zwei Reihen, nämlich Kalkalkali- und Alkaligesteine aufgeteilt, eine Maßnahme, die es gestattet, den Rahmen der Gliederung für die Tiefengesteine zu erweitern. Ebenso wurden auch die Ganggesteine, je nachdem, ob ihr Chemismus mit dem entsprechenden Tiefengestein übereinstimmt oder nicht, in zwei Gruppen unterteilt.

Tabelle 14. **Systematik der wichtigsten „Magmatischen Gesteine"**

Mineralbestand	Kieselsäuregehalt %	Erstarrungstemperatur in Grad C	Dichte	Plutonite (Tiefengesteine)	
				Kalkalkali-Reihe	Alkali-Reihe
1. **Quarz** + Feldspat: **Orthoklas** z.T. Plagioklas) + Glimmer: **Biotit** (+ z.T. Hornblende + Augit)	80% –70%	900–1000° C	2,5–2,7	**Granit** (Q; O; Bi)	Alkaligranit (+ Q) Alkalisyenit (– Q)
2. **Kein Quarz** Feldspat: **Orthoklas** (z.T. Plagioklas) **Hornblende** (z.T. Pyroxen, Glimmer)	60%	1100–1150° C	2,6–2,8	**Syenit**	Alkalisyenit (Nordmarkit)
3. Feldspat = **Plagioklas** **Hornblende** (Pyroxen, z.T. Pyroxen + Glimmer) Nephelin ± Orthoklas	55%	1200° C	2,7–2,8	**Diorit** und Quarzdiorit (Tonalit)	Eläolithsyenit (N) und Leucitsyenit (L) **(Foyait)**
4. Feldspat: **Plagioklas** **Augit** (Hornblende + Glimmer) Magnetit + Orthoklas + Nephelin + Leucit + Melilith ± Olivin	50–45 %	1250° C	2,9–3,0	**Gabbro** und Norit	**Essexit** (Pl + O + A) Theralith (Pl + N + A) Shonkinit (O + N + A) Ijolith (A + N ± Ol)
5. **Olivin und Augit** **(kein** Feldspat) Hornblende Magnetit	45–38 %	1400–1500° C	3,3	**Peridotit** (Olivinfels) **Amphibolit** (Hornblendefels) Pyroxenit Hornblendit	

l = leukokrate Gesteine (= helle Gesteine); m = melanokrate Gesteine (= dunkle Gesteine)

Mineralabkürzungen: Quarz = Q
Feldspäte: Plagioklas = Pl; Orthoklas = O
Pyroxene: Augit = A; Diallag = Di; Diopsid = Dp
Feldspatvertreter: Leucit = L; Nephelin = N; Melilith = M
Glimmer: Biotit = Bi; Muskovit = Mu
Olivin = Ol

(Tiefengesteine, Ganggesteine, Ergußgesteine) (vgl. Tafel XIV, S. 158)

Vulkanite (Ergußgesteine)		Ganggesteine (Gleicher Chemismus wie Muttergestein) (aschiste)	Ganggesteine (Vom Muttergestein verschiedener Chemismus) (diaschiste)	
geologisch alte altvulkan. vortertiär	geologisch junge Tertiär und jünger			
Quarzporphyr Quarzkeratophyr	**Liparit** (Quarztrachyt) Pantellerit (Rhyolith)	Granitporphyr	Aplit (l) Pegmatit (l) Minette (m) Vogesit (m)	↑ sauer (viel SiO_2) hell
Porphyr (im eng. Sinne) (Orthophyr) Keratophyr	**Trachyt** Alkalitrachyt	Syenitporphyr Rhomben-porphyr	Syenitaplit (l) Bostonit (l) Tinguait (l)	Sial-gesteine
Porphyrit Phonolith Leucitophyr	**Andesit** (Dazit)	Dioritporphyr	Kersantit (m) Nephelinaplit (l) Spessartit (m) Nephelinpegmatit (l) Malchit (l) Camptonit (m) Dioritaplit (l) Monchiquit (m)	↓
Diabas und Melaphyr (Pl, A, Ol)	**Feldspatbasalt** Trachydolerit Tephrit Nephelinbasalt (N) Leucitbasalt (L) Melilithbasalt (M)	Gabbroporphyrit	Gabbropegmatit (l)	↑ basisch (wenig SiO_2) dunkel
Pikrit	Limburgit (A + Ol) Augitit			Sima-gesteine ↓

Tabelle 15. **Die wichtigsten**

A. Tiefengesteine (Plutonite) (vgl. Tafel XIV, S. 158)

Gesteinsname Farbe	Abarten	Gemengteile wesentliche	Gemengteile akzessorische
1. **Granit** weiß-grau, schwarz-grau, rot-grau, grünlich, fleischfarben bis rot, schwarz-weiß, gelblich, seltener grün oder blau	Zweiglimmer-Gr. Biotit-Gr. Lithionit-Gr. Hornblende-Gr. Riebeckit-Gr. Diopsid-Gr. Ägirin-Gr.	Quarz, Feldspat (Orthoklas, Plagioklas), Glimmer (Biotit, Muskovit, Lithionit), Amphibol (Hornblende), Pyroxen (Augit) a) Quarz = sichert Härtegrad b) Feldspat = kennzeichnet Farbe c) Glimmer = bestimmt den Verwitterungsgrad	Apatit, Zirkon, Magnetit, z. T. Titanit, Topas, Turmalin Name = lat. granum = Korn = körniges Gestein
2. **Syenit** a) Normal-S. grau bis dunkelgrau, evtl. rötlich	Hornblende-S. Biotit-S. Pyroxen-S. Monzonit Laurvikit	Feldspat (Orthoklas, Plagioklas), Glimmer (Biotit), Amphibol, Pyroxen, kein Quarz oder wenig	Apatit, Titanit, Zirkon, Fe-Erze Name: v. Şyena bei Assuan/Ägypten. Dortiges Gestein ein Hornblendesyenit
b) Eläolith-S. (Nephelin-S.)	Foyait (Biotit-F., Pyroxen-F., Amphibol-F.), Sodalith-S., Cancrinit-S.	Eläolith, Orthoklas, Biotit, Amphibol, Pyroxen (Eläolith = Nephelin)	Apatit, Titanit, Zirkon, Eisenerz, Sodalith, Cancrinit
c) Leucit-S.		Orthoklas, Leucit, Diopsid	Apatit, Titanit, Magnetit, Eläolith, Melanit (Granat)
3. **Diorit** meist regelmäßig gefleckt u. schwarzweiß	Hornblende-D. Biotit-D. Augit-D. Quarz-D. Tonalit Trondhjemit	Plagioklas, Hornblende, Biotit, Pyroxen, z. T. Quarz, wenig Diallag	Apatit, Eisenerz, Titanit, Zirkon Name: v. gr. diorizein = unterscheiden (z. Unterschied von...)
4. **Gabbro** zumeist weiß-grau, dunkel, bräunlich bis grünlich, schwarz, selten rötlich	Hornblende-G. Biotit-G. Olivin-G. Hyperit	Plagioklas, Diallag, Hornblende, Biotit. z. T. Olivin	Apatit, Titaneisen, Spinell, rhomb. Pyroxen (Norit!), Magnetit Name: Gabbro = Ort bei Florenz? oder Gabbro, ital. Name für diallaghaltigen Serpentin!

natürlichen Gesteine (Übersicht)

Gefüge	Eigenschaften spez. Gewicht Druckfestigkeit kg/cm²	Verwendung (bautechnisch)	Vorkommen nur Europa! (nicht Übersee!)
fein- bis grobkörnig, vollkristallin (wie alle Tiefengesteine)	Meist sehr hart, wetterfest, wasserbeständig, druckfest. Gut polierbar, schwer zu bearbeiten. Hoher Glimmeranteil fördert Verwitterung. Spez. Gew. = 2,6—2,8. Druckfestigkeit: 1000—3000 kg/cm². Nicht feuerfest, springt bei raschem Temperaturwechsel.	Fundamente, Unterlagsteine, Widerlager, Treppenstufen, Säulen, Gesimse, Bordsteine. Im Straßen-, Wasser- und Brückenbau. — Falsche Bezeichnung: Belgischer Granit = Kalkstein; Schwarz. Schwed. Granit = dunkler Diabas oder auch Gabbro.	Odenwald, Spessart, Fichtelgebirge, Harz (Brocken), Thür. Wald, Lausitz-Thumitz, Kyffhäuser, Vogesen, Schwarzwald, Alpen (Gotthard, Montblanc), Böhmerwald, Riesengebirge, Erzgebirge (Eibenstock), Pyrenäen, Cornwall, Skandinavien.
fein- bis grobkörnig	Sehr hart und wetterbeständig, noch schwerer zu bearbeiten als Granit, gut polierfähig. Spez. Gew. = 2,6—2,8. Druckfestigkeit: 1500–2500 kg/cm².	Ähnlich Granit. Zu Denkmälern und Sockeln. Im Tief- u. Wasserbau sehr wichtig. Für Beschotterung und Pflasterarbeiten (rauhe Oberfläche).	a) Odenwald, Schwarzwald, Thür. Wald, Sachsen (Meißen, Moritzburg, Plauenscher Grund). Südl. Norwegen (Laurvikit), Südtirol (Monzoni = Monzonit), Predazzo.
s. o. s. o.	—	—	b) u. c) Siebenbürgen, Skandinavien, Kola, Ilmengebirge, Portugal.
körnig, jedoch feiner als Granit	Besonders hart und zähe, sehr schwer zu bearbeiten, gut polierbar. Spez. Gew. = 2,8–3,0. Druckfestigkeit: 1500–1800 kg/cm².	Ähnlich Granit. Gut als Tiefbaumaterial und für Pflastersteine, Schotter Eisenbahnbau.	Odenwald, Thüringen, Vogesen, Alpen, Südtirol (dort Tonalit), Norwegen (Trondheim), Böhmerwald, Skandinavien, Korsika (Kugeldiorit), Portugal.
grob- bis kleinkörnig	Schwer zu bearbeiten. Spez. Gew. = 2,8–3,1. Druckfestigkeit: 1800 kg/cm².	Ähnlich Granit, bei guter, nicht zu grobkörniger Ausbildung auch als Pflasterstein.	Schlesien (Neurode), Sachsen (Penig), Harz (Radautal), Odenwald, Fichtelgebirge, Zobten (Breslau), Ostalpen, Cornwall, Skandinavien, Finnland.

B. Ganggesteine (vgl. Tafel XIV, S. 158)

Gesteinsname Farbe	Abarten	Gemengteile wesentliche	Gemengteile akzessorische
5. **Aplit und Pegmatit**	Granit-A. u. -P. Syenit-A. u. -P. Foyait-A. u. -P. Diorit-A. u. -P. Gabbro-A. u. -P. Norit-A. u. -P. Essexit-Tinguait-A. u. -P.	Wie entsprechende Tiefengesteine. Wie oben, doch mit stark wechselnden hellen Gemengteilen.	Wie Tiefengesteine
6. **Lamprophyr**	Minette, Kersantit, Vogesit, Spessartit, Camptonit, Monchiquit	Feldspat, Biotit, Amphibol, Pyroxen	Apatit, Eisenerz, Olivin

C. Ergußgesteine (Vulkanite) (vgl. Taf. XIV, S. 158)

Gesteinsname Farbe	Abarten	Gemengteile wesentliche	Gemengteile akzessorische
7. **Quarzporphyr** und **Liparit** grau-schwarz, rötlichgrau, braungrün, braun	Quarzporphyr Liparit	Quarz, Feldspat (Orthoklas, Plagioklas), Biotit, Pyroxen, Amphibol	Apatit, Zirkon, Magnetit
8. **Porphyr** und **Trachyt** hellfarbig, grau, gelblich oder rötlich	Orthoklas-P Keratophyr (m. Albit) Biotit-Tr. Augit-Tr. Hornblende-Tr.	Orthoklas, Plagioklas, Biotit, Amphibol, Pyroxen	Apatit, Eisenerz, Zirkon, Titanit
9. **Phonolith**	Nephelin-Ph. Leucit-Ph.	Sanidin, Ägirin, Nephelin bzw. Leucit	Titanit, Hauyn, Apatit
10. **Porphyrit**	Pyroxen-P. Biotit-P. Hornblende-P.	Quarz, Plagioklas, Biotit, Hornblende, Pyroxen	Apatit,Eisenerz
11. **Andesit**	Pyroxen-A. u. -P. Biotit-A. u. -P. Hornblende A. u. -P.	Plagioklas, Biotit, Hornblende, Pyroxen	Apatit, Eisenerz
12. **Basalt** und **Melaphyr** dunkelgrün bis schwarz, grünlich	Mit Olivin: Feldspat-B. Nephelin-B. Leucit-B. Melilith-B. Melaphyr Limburgit Nephelinbasanit Leucitbasanit	Augit, Plagioklas bzw. Nephelin, Leucit, Melilith, Glas, Olivin	Magnetit, Hauyn, Biotit, Apatit, Hornblende Perowskit, Zeolith

Gefüge	Eigenschaften spez. Gewicht Druckfestigkeit kg/cm²	Verwendung (bautechnisch)	Vorkommen nur Europa! (nicht Übersee!)
sehr fein- bis kleinkörnig grob- bis riesenkörnig	Bewertung sehr schwankend. Wechsel auf kurze Erstreckung.	Ähnlich dem Muttergestein s. u. Granit, Syenit u. a. m. (vorwiegend als Schotter).	In allen Tiefengesteinen und deren Nebengesteinen vorkommend
sehr fein- bis kleinkörnig, selt. porphyrisch	Bewertung sehr schwankend. Wechsel auf kurze Erstreckung.	Ähnlich dem Muttergestein s. u. Granit, Syenit u. a. m. (meist als Schotter).	
porphyrisch (feinkörnig, dicht, auch glasig)	Bedeutende Härte, dauerhaft, druckfest u. gut polierbar, wetterfest. Spez. Gew. = 2,5–2,6. Druckfestigkeit: 1500–3000 kg/cm².	Zu Grund- u. Sockelmauern, Gesimsen, Säulen, Treppenstufen, Denkmälern, Innenausbau, Monumentalbauten, Pflastersteinen, Eisenbahnschotter.	a) Südtirol, Sachsen (Chemnitz, Meißen, Halle), Nahetal, Thür. Wald, Waldenburger Land, Harz, Odenwald, Schwarzwald. b) Ungarn, Siebenbürgen, Island.
porig-erdig, matt, dicht	Weniger wetterbeständig, weil nicht sehr fest, sehr rauh u. porig, nicht polierfähig! Spez. Gew. = 2,5–2,8. Druckfestigkeit: nur 500–700 kg/cm²!	Bau- und Werksteine, Treppenstufen, Säulen, Schotter für Straßen, Trachytstoffe für hydraulische Mörtel, Eisenbahnschotter.	a) Siebengebirge, Westerwald, Rheinland (Eifel), Thüringen, Saar-Nahe-Gebiet. b) Siebenbürgen, Ungarn, Auvergne.
porphyrisch	Spez. Gew. = 2,5–2,64. Druckfestigkeit: 1700–2500 kg/cm².	Örtlich wichtiges Baugestein.	Lausitz; Böhmisches Mittelgeb., Rhön, Hegau; Kaiserstuhl, Zentral-Frankreich; Azoren.
porphyrisch	Spez. Gew. = 2,56–2,85. Druckfestigkeit: 1200–2400 kg/cm².	Nur örtliche Bedeutung.	Bober-Katzbach; Harz, Nassau; Saar-Nahe-Gebiet. England, Schweden.
porphyrisch	—	Lokale Bedeutung in Europa. In Übersee besonders wichtig.	Harz; Thüringen; Saar-Nahe-Gebiet; Südalpen; Siebengebirge, Ungarn, Auvergne.
porphyrisch, sehr dicht, feinkörnig, säulenartig	Sehr hart, zäh, druckfest, frost- und wetterbeständig, sehr schwer zu bearbeiten, polierfähig. Spez. Gew. = 2,8–3,3. Druckfestigkeit: 2500–4000 kg/cm².	Bester Pflasterstein, Straßen- u. Wasserbau, Schotter, Splitt, vorzüglicher Zuschlagstoff für Beton! Schmelzbasalt (Abarten mit geeigneter Zusammensetzung)	Siebengebirge, Erzgebirge, Rhön, Eifel, Lausitz, Vogelsberg, Solling, Böhmisches Mittelgebirge, Italien, Frankreich; Kanarische Ins., Azoren.

Gesteinsname Farbe	Abarten	Gemengteile wesentliche	akzessorische
—	Olivinfrei: Nephelinit Leucitit Augitit Nephelintephrit Leucittephrit	—	—
13. **Diabas** grünlich	Diabas Diabasporphyrit Labradorporphyrit Hornblende-Diabas Olivin-Diabas Quarz-Diabas	Plagioklas, Augit, z. T. Olivin	Apatit, Titaneisen, z. T. Hornblende, Quarz

D. Sedimentgesteine (vgl. Tafel XV, S. 175)

14. a) **Kieselgesteine** b) **Sandsteine** c) **Grauwacken** hellgrau bis gelblich, rötlich, bräunlich, grau	Quarzsandstein, Arkose, Quarzit, Kieselschiefer, Polierschiefer	Quarz, Chalcedon, z. T. Opal	Muskovit, Feldspat, Zirkon u. a.
15. **Kalksteine** braun, schwarz, weiß, grau, hellgelb, rötlich, geadert, geflammt	Dichter Kalkstein Poriger Kalkstein, Travertin, Muschelkalk, Kreide, Mergel, Dolomit	Kalkspat u. Dolomit	Tonminerale, Quarz, Eisenoxyd, bituminöse Stoffe
16. **Tongesteine** **Tonschiefer** (Schieferton) grau, blaugrau, rötlich bzw. schwarz	Kaolin, Ton, Lehm, Schieferton, Alaunschiefer, Brandschiefer	Kaolin u. andere Tonminerale, Quarz, Serizit	Bitumen, Muskovit, Zirkon, Rutil, Kalzit

Gefüge	Eigenschaften spez. Gewicht Druckfestigkeit kg/cm²	Verwendung (bautechnisch)	Vorkommen nur Europa! (nicht Übersee!)
—	Basaltlava: Schlackig, porös, blasig, hart, rauh, griffig und wetterbeständig, kann nur grob profiliert werden, wenig druckfest. Spez. Gew. = 2,0–2,8. Druckfestigkeit: bis 800 kg/cm².	Treppenstufen, Plattenbeläge, Werk- u. Pflastersteine, Mühlsteine.	Hauptsächlich: Eifel, Breisgau, Böhmen, Rhön, Vogelsberg; Kanarische Inseln; Italien.
sehr fein- bis kleinkörnig, auch porphyrisch	Dem Diorit sehr ähnlich.	Zu Pflaster- und Schottermaterial.	Harz, Nassau; Bober Katzbach-Gebiet, Vogtland, Saar-Nahe-Gebiet; England, Schweden.
klastisch grob-, mittel- u. feinkörnig, z. T. ungleich gekörnt	Sandstein: Härte verschieden je nach Bindemittel, entsprechend auch der Verwitterungsgrad, in Quadern zu brechen, nicht polierbar. Spez. Gew. = 2–2,8. Druckfestigkeit: 150–2000 kg/cm².	Wichtigster und vielseitigster Baustein, Mauerwerk, Verblendung, Stufen, Sockelteile, Profile, Belagplatten.	a) u. b) Kudowa, Thüringen, Franken, Pfalz, Schwaben, Alpen, Elbsandsteingebirge, Teutoburger Wald, Deister usw.
	Grauwacke: oft sehr hart und spröde, deshalb schwer zu bearbeiten. Spez. Gew. = 2,6. Druckfestigkeit: 2200–2800 kg/cm²	Reihen- und Kleinpflaster, Schotter, Bruchsteinmauerwerk.	c) Harz, Fichtelgebirge, Schwarzwald, Westfalen, Thüringen.
kristallinisch, dicht oder porig	Verschieden hart, gut zu bearbeiten, meist wetterfest. Spez. Gew. = 2,6–2,8. Druckfestigkeit: 200–1800 kg/cm². Muschelkalk. Poriger Kalkstein: Travertin.	Bruch-, Werksteine, Schotter, Treppen, Abdeckungen, Bekleidungen, gebrannt für Mörtel, Zement, Eisenherstellung. „Solnhofener Schiefer"	Stark verbreitet, u. a. Weimar, Göttingen. Muschelkalk: Rüdersdorf (Berlin), Mainfranken, Schwäb. u. Fränk. Jura, Thür. Wald. Travertin: Langensalza, Cannstatt, Dittmar.
klastisch, erhärteter Ton dicht bis feinkörnig, geschichtet bzw. geschiefert	Härte weniger bedeutend, gut spaltbar, feuerbest., wasserundurchlässig u. wetterfest, nicht polierbar. Glimmerhaltiger Sch. verwittert leichter. Guter Schiefer soll hell klingen, ebenflächig spalten. Spez. Gew. = 2,8. Druckfestigkeit: 500–1000 kg/cm².	Dachdeckung, Wandplatten, Fußböden, Bekleidungen, Griffel- u. Wetzschiefer, Schreibtafeln.	Sehr verbreitet. Rhein. Schiefergebirge, Moselgegend, Harz, Thüringen, Westfalen, Böhmen.

Gesteinsname Farbe	Abarten	Gemengteile wesentliche	akzessorische
17. **Vulk. Tuffe** grau, hellgelb, rötlich	Liparit-Tuff, Porphyr-Tuff, Trachyt-Tuff usw.	Glassplitter, Mineralien und Gesteinsbröckchen der betr. Ergußgesteine	Kalkspat, Zeolith, Trümmer des durchbrochenen Untergrundes

E. Umwandlungsgesteine (Metamorphite) (vgl. Tafel XVI, S. 176)

Gesteinsname Farbe	Abarten	wesentliche	akzessorische
18. **Gneis**	Zweiglimmer-Gn., Biotit-Gn., Muskovit-Gn., Hornblende-Gn., Pyroxen-Gn., Granat-Gn., Cordierit-Gn., Epidot-Gn., Graphit-Gn.	Quarz, Orthoklas, Plagioklas, Biotit, Muskovit, Hornblende, Pyroxen	Apatit, Zirkon, Rutil, Titanit, Eisenerz, Granat, Graphit, Cordierit, Epidot
19. **Granulit**	Granulit, Cyanit-Gr., Biotit-Gr. Pyroxen-Gr.	Quarz, Orthoklas, Plagioklas, Granat, Pyroxen	Apatit, Zirkon, Rutil, Cyanit, Herzynit, Biotit
20. **Glimmerschiefer** hell	Muskovit-Sch. Biotit-Sch. Feldspat-Sch., Granat-Sch., Staurolith-Sch., Kalk-Sch., Graphit-Sch., Serizit-Sch., Paragonit-Sch.,	Quarz, Muskovit, Biotit, Paragonit	Granat, Albit, Rutil, Staurolith, Epidot, Turmalin, Graphit Disthen
21. **Phyllit**	Phyllit, Albit-Ph., Ottrelith-Ph., Magnetit-Ph., Kalk-Ph., Serizitschiefer	Quarz, Serizit,	Rutil, Turmalin, Magnetit, Albit, Ottrelith
22. **Amphibolfels = Amphibolite**	Amphibolit, Feldspat-Am., Granat-Am., Zoisit-Am. Hornblendeschiefer, Strahlsteinschiefer, Glaukophanschiefer, Nephrit	Hornblende bzw. Strahlstein oder Glaukophan, Plagioklas	Albit, Quarz, Granat, Apatit, Eisenerz, Titanit, Rutil, Epidot, Zoisit, Chlorit
23. **Serpentingestein** schwarz-grün, oft rot gesprenkelt	Chrysotil-Serp., Antigorit-Serp., Granat-Serp., Bronzit-Serp.	Olivin, Serpentin	Granat, Bronzit, Chromit, Hornblende, Magnetit, Talk
24. **Marmor** weiß bis gelblich, bläulich, grün, schwarz, fleischfarben, rot mit weiß	Dolomit-Marm. Kalzit-Marm. Ophikalzit	Kalzit bzw. Dolomit	Quarz, Glimmer, Talk, Strahlstein, Serpentin

Gefüge	Eigenschaften spez. Gewicht Druckfestigkeit kg/cm²	Verwendung (bautechnisch)	Vorkommen nur Europa! (nicht Übersee!)
fein- bis grobkörnig, geschichtet	Weich, porig, oft wetterbeständig, fest, bruchfeucht, gut zu bearbeiten, Härte an der Luft zunehmend, dämmfähig gegen Wärme u. Schall. Spez. Gew. = 0,8–2,0. Druckfestigkeit: 1000–1500 kg/cm².	Bausteine, Gewölbebau, Schwemmsteine.	Porphyr-T.: Rochlitz Leucit-T.: Weibern Trachyt-T.: Brohltal Bimsstein-T.: Neuwieder Becken, Eifel
flaserig, schiefrig oder massig	Gleiche mineralogische Zusammensetzung wie der Granit, zeigt jedoch Schieferung u. sondert oft in Platten ab. Spez. Gew. = 2,65–3,0. Druckfestigkeit: 1600–1800 kg/cm².	Bruchsteine, Treppenstufen, Pflasterung.	Vork. meist als Begleiter des Granit. Highlands, Hebriden, Anglesey
ähnl. Gneis	Ähnlich Gneis.	Z. T. wie Gneis.	Highlands
ähnl. Gneis	Schiefriges Gestein.	Als Baustein ohne Bedeutung, evtl. wie Gneis zu Fußbodenplatten.	Vork. oft in Gemeinschaft mit Gneis, Schottland
schiefrig, flaserig, massig	Geringe techn. Verwendung. Nur lokale Bedeutung.	—	Highlands, Cornwall, Irland.
schiefrig, flaserig, massig	Lokal als Baustein! Z. T. recht fest.	—	Schottland, Cornwall, Anglesey, Irland.
schiefrig, flaserig, massig	Nicht wetterbeständig! Schließt stets den Asbest ein, faserig, feuerbeständig! Spez. Gew. = 2,6–2,75. Druckfestigkeit: 1400–2500 kg/cm².	Innerer Ausbau, Kamine, kl. Luxusgegenstände. Asbest: Als feuerfestes Material für verschiedenste Zwecke (Asbestschiefer, -zement).	Zöblitz, Cornwall
flaserig, massig körnig	Körniger Kalkstein, vorzüglich zu bearbeiten u. zu polieren, bedingt wetterbeständig. Spez. Gew. = 2,65–2,85. Druckfestigkeit: 800–1800 kg/cm².	Statuen, Denkmäler, Ornamente, Innenausschmückung, Wandbekleidungen, Säulen, Monumentalbauten usw.	Griechenland (Paros), Italien (Carrara), Tirol, Schlesien, Harz, Limburg, Saalburg, Frankreich, Belgien, Norwegen.

Alphabetisches Gesteinsregister

(Ziffer 1a–f, 2a–c und 3a+b = vgl. S. 150, Systematik der Gesteine)

Ablagerungsgesteine: = Absatzgesteine, Sedimentgesteine oder Schichtgesteine **(2).** Man unterscheidet

(2a) Mechanische Sedimente = Klastische oder Trümmergesteine (griech. klastos = zerbrochen):

1. Psephite (griech. psephos = kleiner Stein) grobkörnig, Korndurchmesser größer als 2 mm (Geröll, Kies, Schutt, abgerollt u. verfestigt = Konglomerat und eckig = Brekzie.
2. Psammite (griech. psammos = Sand) = mittelkörnige – Korndurchmesser von 2 bis 0,02 mm – Gesteinstrümmer: als Sande, Sandsteine, Quarzit, Arkose und Grauwacke.
3. Pelite (griech. pelos = Schlamm) = feinstkörnig, Korndurchmesser kleiner als 0,02 mm, Schlamm, Schlick, Lehm, Löß, Ton, Letten, Schieferton, Tonschiefer und Mergel.

(2b) Chemische Sedimente = Rückstands-, Ausfällungs- oder Eindampfungsgesteine

1. Anorganogene Sedimente: Gips, Anhydrit, Salz (Steinsalz und Kalisalze).
2. Organogene oder biogene Sedimente: Kalke und Dolomite als Reste von Tieren wie Algen, Korallen, Foraminiferen, Radiolarien und Diatomeen. Ferner die Kaustobiolithe (aus Kohlenstoff) wie Lignit, Braunkohle, Steinkohle und Anthrazit, Erdöl, Bitumen und Asphalt und Harze wie Bernstein, ferner Guano.

Absatzgesteine: siehe unter Ablagerungsgesteine

Akzessorien: gelegentliche Begleitmineralien in Gesteinen

Andesit: junges Ergußgestein der Familie der Porphyrite angehörend. Ergußform des Diorits. Ähnlich Trachyt, enthält als Feldspat den Plagioklas (Trachyt hat Orthoklas). Je nach dem Anteil der dunklen Gemengteile sind 3 Typen von Andesiten unterscheidbar: a) Augit-Andesit oder Hypersthen-And., b) Biotit-And. und c) Hornblende-And. — ähnlich Feldspatbasalt. b) und c) ähnlich Trachyt. Ausbildung: kugelige bis rundliche Kuppen, auch Ströme in Form von Decken und Gängen. Sonderfälle: Andesite mit starkem Quarzgehalt als Dazite (Quarzandesite) bezeichnet (Taf. XIV, 8, S. 158).

Anhydrit: chemisches Sediment und Mineral, $CaSO_4$, besonders verbreitet im Zechstein **(2b)**

Aplit: Ganggestein der Granitfamilie, Mineralbestand meist nur Feldspat (Orthoklas, seltener Albit bis Oligoklas) und Quarz; im Unterschied zum Pegmatit ist der Aplit scharf vom Granit getrennt und jünger als das Nachbargestein, da Aplit den Granit oder dessen Nebengestein durchsetzt. Pegmatit oft mit Übergang zu Granit, daher Altersfolge nicht immer klar erkennbar. Aplit ist ein typisch leukokrates Ganggestein **(1—c)**

Basalt: Junges, basisches Eruptivgestein, dichtes Gefüge der Gemengteile. In sehr feinkörniger Grundmasse selten kleinere grüne Einsprenglinge von olivgrünem Olivin oder schwarzem Augit, seltener von helleren bis farblosen, feinlamellaren Feldspatteilen (fast nur Plagioklas). Farbe: schwarz. Gefügebau: dicht, fest, sehr schwer zu ver-

---

Tafel XV: Sedimentgesteine

1. Breccie (mit Diabas); 2. Konglomerat (verbackener Schotter)
3. Roter Sandstein; 4. Kalkstein mit Schalenresten
5. Tonschiefer; 6. Steinsalz

1
2
3
4
5
6

1
2
4
3
6
5

arbeiten, jedoch nicht zu spröde, so daß er zu behauenen Steinen für Mauerwerk in Hoch- und Tief- bzw. Wasser- und Straßenbau gut verwendbar ist, neuerdings zu Glaswolle verarbeitet. Die vieleckige Säulenform, senkrecht zur Abkühlungsfläche gebildet — wird oft als Meilenstein für Landstraßen benutzt. Typische Meilerstellung der Basaltsäulen. Sie sind mehrere Dezimeter dick und können im Höchstfalle bis mehrere Meter dick sein (Beispiel: Hebrideninsel Staffa). Zwei grundsätzlich verschiedene Ausbildungsformen kommen vor: 1. eine ganz dichte, vollkommen kompakte Ausbildung, welche sich für den technischen Bedarf besonders gut eignet und 2. eine gröberkörnige, Gänge ausfüllende Art, die als Dolerit bezeichnet wird. Folgende Hauptgruppen werden unterschieden: a) Feldspatbasalt mit bes. Plagioklas und Augit, Olivin; b) Alkalibasalt, als 1. Tephrit = Alkalibasalt mit Feldspatvertretern (Leucit, Nephelin usw.) (Tephrit mit Olivin = Basanit!), 2. Trachydolerit: mit Orthoklas, 3. typ. Nephelinbasalt mit bes. Nephelin statt Plagioklas, Olivin, z. T. mehr Leucit und Melilith (Feldspatvertreter), dann 4. Melilith-Basalt (Hegau) und Leucit-Basalt (Eifel), Nephelin-Basalt (Vogelsberg, Rhön und Kaiserstuhl), 5. olivinfreie Nephelinbasalte = Nephelinite mit desgl. statt Feldspatleucite als olivinfrei = Leucitite (Leucitbasalt = Kaiserstuhl, Habichtswald, Eifel), 6. Limburgit = basische, dunkle Basalte mit glasiger Ausbildung. (Wenn nur Augit, dann Augitite!) (Vgl. Taf. XIV, 7, S. 158).

Bautechnische Eigenschaften der Gesteine:

Es muß — der Entstehung entsprechend — zwischen a) magmatischen Gesteinen und b) sedimentären Gesteinen unterschieden werden. Die Gruppe der c) metamorphen Gesteine hat meist nur lokale Bedeutung in der Verwendung als Natursteine. Im einzelnen sind folgende Kennzeichen zu beachten:

A. **Magmatische Gesteine:** Kennzeichnend für sie ist die durch die Entstehung bedingte geringe Wasseraufnahmefähigkeit, wodurch sie fast durchweg sehr frostbeständig sind. Durch die geringe Porosität dieser Gesteine ist eine große Korrosionsbeständigkeit gewährleistet. Stofflich bedingte Ausnahmen sind: der Sonnenbrenner des Basalts oder kalkhaltige Diabase.

Bearbeitungsmöglichkeit: Alle diese Hartgesteine lassen sich sehr gut mechanisch bearbeiten (stocken, spitzen, scharrieren, bossieren). Sogar die relativ lockeren, porösen Materialien wie Porphyre, Trachyte, Basaltlava lassen sich ebenfalls mechanisch gut bearbeiten und auch z. T. schleifen oder polieren.

Zur Beschotterung eignen sich alle vulkanischen Gesteine. Desgleichen auch als Zuschläge für Beton. Entsprechend ihrer Entstehung sind sie mehr oder weniger feuerbeständig, ein plötzliches Abschrecken mit Wasser wird meist nur die Oberfläche beeinflussen.

Die vulkanischen Tuffe nehmen eine Zwischenstellung zu den Sedimentgesteinen ein und können teilweise, wenn sie verfestigt wurden, nach mechanischer Bearbeitung auch in der Industrie als besonders wechselvoll gefärbte Bausteine Verwendung finden. Jedoch sind dies Ausnahmen. Die meisten Tuffe werden als mechanisch zerkleinerte Zuschlagstoffe etwa als Traß in der Bautechnik verwendet. Sind die Materialien besonders porös und locker, so werden sie unter Verwendung kalkhaltiger Bindemittel zu Schwemmsteinen verarbeitet.

Tafel XVI: Metamorphe (Umwandlungs-)Gesteine
1. Phyllit; 2. Bunter alpiner Marmor
3. Gneis; 4. Glimmerschiefer (mit Granaten)
5. Weißer Carrara-Marmor; 6. Bunter Serizitschiefer

B. **Die Sedimentgesteine** bestehen aus den mechanischen und chemischen Zersetzungsprodukten älterer, verwitterter Gesteine. Die mechanischen Sedimente (s. Absatzgesteine) werden entsprechend ihrer Korngröße untergliedert in Kiese (Grob-, Mittel- und Feinkies), Sande (Grob-, Mittel- und Feinsand) und Tone.

Die **Tone** sind als Endprodukte der Verwitterung der Feldspäte recht unterschiedlich zu bewerten. Die im erdbautechnischen Gebiet der Bodenmechanik übliche Untergliederung in Ton-, Lehm- und Mergelgesteine beruht auf der Korngrößenkennzeichnung; für Ton weniger als 2 μ, über 2 mm ist als Sand, weniger als 2 mm bis zu mindestens 2 μ (also 0,002 mm) als Lehm zu bezeichnen. Lehm besteht besonders aus den Korngrößen 600 μ bis 20 μ (als Mo bezeichnet), Schluff hat die Korngröße 20 μ bis 2 μ.

Mergel ist ein Ton mit sehr fein verteilter Kalkkomponente, wobei je nach dem Grad des Kalkgehaltes ein Übergang von Tonmergel (mit wenig Kalk) über Mergelton zu Kalkmergel und Mergelkalk (besonders viel Kalkgehalt) möglich ist. Mit höherem Kalkgehalt steigert sich auch der Grad der Verfestigung, so daß schon Mergelkalke ganz brauchbare und widerstandsfähige Baustoffe darstellen.

Bei **Tongesteinen** kann man Schiefertone und Tonschiefer unterscheiden, wobei der erstere ein schieferiges Tongestein und der letztere ein stärker verfestigtes tonhaltiges Schiefergestein darstellt. Die Erfahrung lehrt, daß die helleren Schiefer oft wesentlich dauerhafter und widerstandsfähiger sind, jedoch dürfen in den feinsten Zwischenlagen der Tone keine schwefelhaltigen Verbindungen eingelagert sein, da sie die chemische Verwitterung fördern.

Die **Sandsteine** haben 4 verschiedenartige Bindemittel:

a) Ton als Bindemittel: Tonsandstein (zu weich, kein Baustein),

b) Kalk „ „ Kalksandstein (etwas fester, nicht immer verwitterungsfest, Kalk unterliegt chem. Verwitt. in Städten von Industriegegenden),

c) Mergel „ „ Mergelsandstein, etwas besser als b), wenn nicht zu viel Tonkomponente,

d) Kieselsäure „ „ Verkieselte Sandsteine, sehr unterschiedliche Widerstandsfähigkeit. Wenn wenig Ton- und Kalkgehalt sehr dauerhaft, da keine chem. Verwitterung möglich.

Die **Kalkgesteine** gliedern sich in zwei Hauptgruppen:

a) die Massenkalke, die u. a. aus organischen Schalenresten bestehen, sind bei weitem die häufigsten Kalksteine. Sie sind fest, recht verwitterungsbeständig und sogar für Straßenbeschotterung gut geeignet, wogegen sie — infolge geringer Härte — nicht für mechanisch stark beanspruchte Zwecke (Bahnschotter usw.) verwendet werden;

b) die dünn-, mittel- bis dickbankigen Plattenkalke sind für Innenausbau besonders gut geeignet. Bei starker Tonkomponente sind sie nicht universell verwendbar. Besonders beliebt sind die fälschlich als Solnhofener Schiefer bezeichneten bankigen Kreidekalke. Ebenso sind die Rüdersdorfer Kalke beliebt und vielseitig verwendbar.

Die im Stoffaustausch von kohlensaurem Kalk gegen kohlensaures Magnesium umgewandelten ehemaligen Kalke heißen Dolomite, die auch als Baustein benutzt werden können, jedoch vorher einer genauen Überprüfung des Verwitterungsgrades unterworfen werden sollten. Auch in der chem. Industrie verwendbar (Mg!). Der durch Umwandlung unter Druck und Hitze aus Kalk entstandene **Marmor** stellt einen besonders wertvollen Baustoff für den Innenausbau dar. Die besonders vielseitigen Farbennuancen (gestreift, geflammt oder gemasert) machen dieses Material in seiner besonders vielseitigen Anwendung zu einem äußerst wertvollen Baustoff. Im Falle völliger Reinheit ist der feinkörnige weiße Marmor (Paros in Griechenland und Carrara in Italien) von unersetzlichem Wert wegen seiner Verwendung in der Bildhauerei.

Die Prüfverfahren der Baugesteine s. u. Gesteinsprüfung S. 182/183

Im Tiefbau für Grund-, Fundament- und Kellermauerwerk werden entsprechend den physikalischen Werten und dem Gefüge dichte, feste Bausteine verwendet, zur Hauptsache die Gesteinsarten Granit, Syenit, Diorit, Basalt, Quarzit u. a. **Für aufgehendes Mauerwerk** aus Bruchsteinen kann man schon eher lockere, poröse, jedoch verwitterungsfeste Gesteine verwenden, von denen wir als Beispiel nur die Kalk-, Sand- und festen Tongesteine nennen wollen. Auch feste Tuffe eignen sich dafür ausgezeichnet. Trachyte, Porphyre und Phonolithe, sowie Grauwacke, Nagelfluh u. a. m. sind ebenfalls gut verwendbar. Für **Treppenstufen** lassen sich alle Gesteine mit festem Verband verwenden. Vor allem aber Granite, Gneise, Porphyre und Trachyte sowie Basaltlaven. Von den sedimentären Gesteinen kommen alle verbandsfesten Gesteine wie Sandsteine, feste, dichte Kalksteine (Blaukalke), auch Marmor und fester Travertin in Frage. Selbst feste Schieferplatten sind verwendbar. Für **Innenausbau** als **Wand- und Fußbodenplatten** lassen sich besonders gut Kalksteine verwenden, sofern sie nicht angewittert sind. Ebenso echte Marmore, Kalk- und Kalksintertypen, gute metamorphe Schiefer und gelegentlich auch Phyllit. Für **Dachbedeckungen** kommen in Frage: Tonschiefer, seltener Phyllit und Plattenkalke bei guten Festigkeitseigenschaften. Für **den Wasserbau** (Sektor Tiefbau) können nur ganz verwitterungsbeständige Materialien wie Granit, Syenit, Diorit (nicht Gabbro), Diabase und Basalte, Grauwacke, Quarzit, Kieselkonglomerat (wie Nagelfluh), Quarzsandstein und hochwertigster Gneis und Porphyr verwendet werden. Eine gewisse Sonderstellung nehmen für Meer- und Uferbefestigungsarbeiten die Basalte ein. Ihre typische Säulenform (meist 5-seitig) machen sie zu fast unentbehrlichem Baumaterial für den Bau von Hafen-, Damm-, Ufer- und Kanalbefestigungen. Ähnliches gilt auch für Brückenbauten. Als **Pflastersteine** sollte man vor allen Dingen möglichst abnutzungsfeste und wetterbeständige Materialien wählen (vgl. Tab. S. 166/167). Feinkörnigkeit ist ein Nachteil, der bald zu glattpolierter Oberfläche führt, ein mittleres Korn ist das beste. Hier sind zu empfehlen: Granit, Syenit, Diorit, Gabbro, Porphyr, Diabas, Melaphyr, Basaltlava, sowie fester Sandstein, Grauwacke u. a. m. (Basalt ist zu feinkörnig, daher nur als Kleinpflaster zu verwenden). Bordsteine sollen möglichst sehr feste, dichte Hartgesteine sein, wie Granit, Grauwacke, Basaltlava oder auch quarzitische Sandsteine. Zu **Straßenschotter** eignen sich alle harten Gesteine, sofern sie nicht durch atmosphärische Einflüsse zersetzt werden. Bahnschotter dürfen kein Wasser aufnehmen und müssen starker mechan. Beanspruchung widerstehen können. Geeignet sind besonders Syenit und Diorit, Basalt, Quarzit, Quarzporphyr und feinere Grauwacke.

Bimsstein: blasiges, spez. sehr leichtes, auf dem Wasser schwimmendes Gestein jungvulkan. Natur. Glasige Ausbildungsform des Liparits (1—e)

Bindemittel: Kalk, Kieselsäure oder Eisenoxyde, welche Lockergesteinskörner zu festem Gesteinsverband verkitten (Sandsteine).

Biogene Sedimente: siehe unter Ablagerungsgesteine **(2c)**

Brekzie: auch Breccie, aus groben, eckigen Stückchen bestehendes, durch Bindemittel verkittetes Gestein **(2a)** (Vgl. Taf. XV, 1, S. 175).

Chemische Sedimente: siehe unter Ablagerungsgesteine

Dachschiefer: siehe unter Tonschiefer **(2a)**

Dazit = junges Ergußgestein, Oberflächengestein zum Quarzdiorit, dem Andesit ähnlich, hell **(1e)**

Diabas: ein dem Gabbro entsprechendes, meist klein- bis mittelkörniges Ergußgestein, von mehr oder weniger grüner Farbe. Der Name stammt vom griech. „diabasis" = Übergang, nämlich aus unverwittertem zu grünlich angewittertem Gestein **(1f)**.

Diagenese: vom griech. „dia" = nach, und „genesis" = Entstehung, ist die Veränderung von Sedimenten nach ihrer Ablagerung. Im Gegensatz zur Metamorphose erfolgt die diagenetische Verfestigung der Absatzgesteine in Erdoberflächennähe. Eine scharfe Grenzziehung zwischen Diagenese und Metamorphose ist nicht möglich.

Diorit: ein Tiefengestein von mittelkörnigem Gefüge; er besteht in normaler Ausbildung vorwiegend (75%) aus Feldspäten (Plagioklas). Geringeren Anteil haben die dunklen Gemengteile, wie Hornblende, Biotit und Augit, sehr wenig Quarz oder gar quarzfrei (mit höherem Quarzgehalt als Quarzdiorit, mit Quarz- und Orthoklasgehalt — Übergang zum Granit! — als Granodiorit bezeichnet): 1. Biotitgranodiorit oder Trondhjemit in Norwegen, 2. als Hornblende-Quarz-Diorit oder Tonalit des Adamello in Südtirol oder 3. als Quarzdiorit im Banat-Banatit, 4. die Andendiorite als echte oder quarzfreie Diorite, 5. die Ganggesteine der Diorite = Lamprophyre (Kersantit, Malchit u. a. m.) und als ungespaltenes Ganggestein Dioritporphyr (Vgl. Taf. XIV, 4, S. 158).

Dolerit: ein dem Basalt verwandtes Gestein, siehe u. Basalt, S. 174–177.

Dolomit: ein Kalk-Magnesium-Karbonat, das auch gesteinsbildend auftritt. $CaCO_3 \cdot MgCO_3$ (Gebirgsbildend: vgl. Dolomiten!)

Durchbruchgesteine: siehe u. Ergußgesteine

Erbsenstein: aus heißen, wäßrigen Lösungen ausgeschiedener Kalk, rundliche Aggregate

Ergußgesteine: an der Erdoberfläche entstandene alt- oder jungvulkanische Magmagesteine, meist sehr feinkörnig oder auch glasig, z. T. Fließtextur. Der Granitfamilie entsprechen als alte Ergußgesteine die Quarzporphyre und als junge Äquivalente die Liparite, den Syeniten entsprechen als alte Ergußgesteine die Porphyre und als junge die Trachyte. Dem Diorit entspricht als Ergußgestein: alt = Porphyrit, und jung = Andesit, und endlich dem Gabbro entspricht: alt = Diabas und Melaphyr; als junge Ergußgesteine: die Feldspatbasalte. Schema: Gruppe **(1b)**

Erstarrungsgesteine: sind aus Gesteinsschmelze (Magma) durch Abkühlung und Kristallisation gebildete Gesteine. Untergliederung in: Tiefen-, Erguß- und Ganggesteine. Gruppe **(1)**

Gabbro: ein basisches, körniges Tiefengestein (Name von italien. Vorkommen abgeleitet). Mineralbestandteile: Plagioklas (meist Labrador, auch Anorthit), Augit, seltener Hornblende; mit rhombischem Augit als Norit bezeichnet (wichtiges Muttergestein der Ni-Erzlagerstätten Sudbury-Field in Kanada, desgl. Erteli-Feld in Norwegen oder Petsamo in Nord-Karelien). Akzessorische Bestandteile: Magnetit, Ilmenit, Apatit, Titanit, Pyrit, Granat. Zwei Typen der Gabbrogesteine möglich: a) helle: Anorthosit, Labradorfels (mit blauschillerndem Plagioklas), Pyroxen-Anorthosit oder olivinreicher Ossipit); b) dunkle: normaler (Diallag-)Gabbro, Hornblende-Gabbro, Biotitgabbro und Norit (mit Orthaugiten). Gruppe **(1a)** (Vgl. Taf. XIV, 3, S. 158).

Ganggesteine: in ihrer räumlichen Anordnung zwischen den Tiefen- und Ergußgesteinen stehende Bildungen. Meist im Zusammenhang mit Tiefengesteinen (als Abzweigungen), bisweilen auch selbständig auftretend.

Hauptgruppen: a) unabgespaltene (aschiste) mit gleichem Stoffbestand wie das zugehörige Tiefengestein;

b) abgespaltene (diaschiste) mit einem anderen Stoffbestand als das Tiefengestein, von dem sie abzuleiten sind. Diese lassen sich in helle (aplitische) und dunkle (Lamprophyre) unterteilen.

Gesteinsprüfung: eine mechan. u. chemische Prüfung, nach DIN-Normen (DVM 2101 bis 2110) durchzuführen. Prüfung auf Wasseraufnahme, Wasserabgabe, Frostbeständigkeit, Druck-, Schlag- u. Zertrümmerungsfestigkeit, Hitze-, Biege- u. Säurebeständigkeit. Vgl. Tabelle 16, S. 182/183.

Gläser: Zu Gläsern erstarrte, schnell abgekühlte Gesteinslaven (Obsidian, Pechstein, Bimsstein u. a.).

Glimmerschiefer: durch Metamorphose — Druck und Hitzewirkung — aus verschiedenartigem Ausgangsmaterial entstandene Gesteine. Gruppe **(3)**. Vgl. Metamorphe Gesteine oder Kristalline Schiefer. (Vgl. Taf. XVI, 4, S. 176).

Gneis: ist ein granitähnliches metamorphes Gestein (aus Quarz, Feldspat und Glimmer, untergeordnet auch Hornblende, Augit usw. bestehend) von schiefrigem Gefüge. Man unterscheidet zwei Typen von Gneisen: a) die aus Granit abgeleiteten Orthogneise und b) die aus sedimentärem Material gebildeten Paragneise. (Vgl. Taf. XVI, 3, S. 176)

Nicht nur die mineralogische Zusammensetzung, sondern auch das Gefüge ist sehr unterschiedlich. Man kennt flaserige, schieferige, stengelige, schuppige oder knotige Gneise, die je nach dem Mineralbestand eine sehr verschiedenartige Ausbildung der Gemengteile aufweisen. Besondere Kennzeichen bilden die Glimmerarten, wonach wir in der Hauptgruppe der Glimmergneise Biotitgneis, Muskovitgneis, bei Führung von beiden Glimmern Zweiglimmergneis und Sericitgneis unterscheiden können.

Andere Abarten sind z. B. Augitgneis, Hornblendegneis und Cordieritgneis (wichtig der Cordieritgneis im Bayerischen Wald, Bodenmais: Magnetkies!). Die anderen Hauptgruppen der kristallinen Schiefer, wie Glimmerschiefer und Phyllite, werden unter „Kristalline Schiefer" besprochen (S. 185).

Granit: (Name von lat. „granum" = Korn, da körnig) wichtiges und häufigstes Tiefengestein. Weltweite Verbreitung in allen Kontinenten der Erde und fast in allen Formationen = Präkambrisch, paläozoisch in fast allen Mittelgebirgen (als eingerumpfte, sehr alte Gebirgsmassive), mesozoisch (Jura) im alpinen Raum, (Kreide) in den Pyrenäen, tertiäre Vorkommen speziell in den Anden. Je nach Höhenlage und klimatologischen Bedingungen andere Verwitterungsformen — wie Spitzen und Grate im Hochgebirge —, wogegen in den Mittelgebirgen meist große rundliche Rücken mit Blockmeeren und der für den Granit typischen Wollsackverwitterung auftreten. (Vgl. Taf. XIV, 2, S. 158).

Mineralbestand: Gemenge von Feldspat, Quarz und Glimmer, wobei als Feldspat Orthoklas oder Mikroklin (daneben untergeordnet ein saurer Plagieklas, d. h. Oligoklas als Ca-arme Komponente) auftritt. An Glimmer tritt meist der dunkle Mg-Glimmer, der Biotit, auf, teilweise auch K-Glimmer, der Muskovit. Treten beide gemeinsam auf, dann handelt es sich um den Zweiglimmergranit. An dunklen Gemengteilen treten noch neben dem Glimmer (Biotit) die dunkelgrüne Hornblende oder auch der dunkle Augit, jedoch nur in lokalen Varianten, auf.

Akzessorische Mineralien: Apatit, Magnetit, Ilmenit, Hämatit, Zirkon, Pyrit, Monazit, Orthit, Titanit. Seltener auch Turmalin, Fluorit, Topas, Granat, Cordierit und Li-Glimmer.

Textfortsetzung Seite 184

Tabelle 16 **Technische**

Eigenschaften der wichtigsten

Gesteins-obergruppe	Gesteins-typ	DIN DVN 52102 Raumgewicht (Rohgewicht) in γ = spez. Gew.	DIN 52103 Wasserauf-nahme in Gewichts-%	DIN 52104 Porosität in Raum-%	DIN 52106/105 Druckfestig-keit für trok-kenes Gestein in kg/cm²
Magmatische Gesteine	1. Granit Syenit	2,60—2,80	0,2—0,5	0,4—1,5	1600—2400
	2. Diorit Gabbro	2,80—3,00	0,2—0,4	0,5—1,2	1700—3000
	3. Quarz-Porphyr Porphyrit Keratophyr Andesit	2,55—2,80	0,2—0,7	0,4—1,8	1800—3000
	4. Basalt Melaphyr Basaltlava	2,95—3,00 2,20—2,35	0,1—0,3 4—10	0,2—0,8 9—24	2500—4000 800—1500
	5. Diabas	2,80—2,90	0,1—0,4	0,3—1,0	1800—2500
Sedimentäre Gesteine	1. Kieselige Gesteine: a) Quarzit, Grauwacke, Gangquarze	2,60—2,65	0,2—0,5	0,4—1,3	1500—3000
	b) quarzitische Sandsteine	2,60—2,65	0,2—0,5	0,4—1,3	1200—2000
	c) einfache Quarzsandsteine	2,00—2,65	0,2—9	0,5—24	300—1800
	2. Kalkige Gesteine: a) Feste, dichte Kalksteine, Dolomite (Marmore)	2,65—2,85	0,2—0,6	0,4—1,8	800—1800
	b) Lockere Kalksteine bzw. Kalkkonglomerate	1,70—2,60	0,2—10	0,5—25	200—900
	c) Kalksintergesteine (Travertin u. a.)	2,40—2,50	2—5	4—10	200—600
	3. Vulkanische Tuffe	1,80—2,00	6—15	12—30	200—300
Metamorphe Gesteine	Gneise u. Granulit	2,65—3,00	0,1—0,6	0,3—1,8	1600—1800
	Serpentin	2,60—2,75	0,1—0,7	0,3—1,8	1400—2500
	Schiefer	2,70—2,80	0,5—0,6	1,4—1,8	—

technisch verwendeten Gesteine

DIN 52112 Biegefestigkeit in kg/cm²	DIN 52107 Schlagfestigk. Anzahl Schläge bis Zerstörung	DIN 52108 Schleifabnutzg. Verlust auf 50 cm² in cm³	Elastizität Dehnungsmodul E in kg/cm²	Kalkgehalt in Gew.-% CaO (chem. Zersetzung)
100—200	10—12	5—8	(Granit:) 150—700.10³	Granit: 0—1 Syenit: 0—4
100—220	10—15	5—8		Diorit: 3—7 Gabbro: 8—10
150—200	11—13	5—8	Porphyr: 570—680.10³	
150—250 80—120	12—17 4—5	5—8,5 12—15	Basalt: 500—1000.10³	Basalt: 10—12 Basaltlava: 10—12
150—250	11—16	5—8	700—800.10³	Diabas: 8—11
130—250	10—15	7—8	Quarzit 650—800.10³ ↓ ↑ Sandstein 40—400.10³	Quarzite: 0 ± Spuren Grauwacke: gering
120—200	8—10	7—8	↑	~ 0 ± Spuren
30—150	5—10	10—14	40—400.10³	bis zu 20
60—150	8—10	15—40	Kalkstein: 250—700.10³	Kalkstein: 38—56 Dolomit: 20—36 Marmor: 56
50—80	entfällt	—	—	—
40—100	entfällt	—	—	—
20—60	entfällt	—	—	—
—	6—12	4—10	Gneis: 130—360.10³	—
—	6—15	8—18	—	—
500—800	entfällt	—	—	Schiefer: 2—3

Farbe: Durch die beherrschenden Komponenten (Feldspäte, Orthoklas und saurer Plagioklas) ist der Granit meist hell, weiß, grau, blaugrau, rötlich bis fleischrot oder auch leicht grünlich gefärbt.

Chemismus: SiO_2-Komponente zwischen 60 und 75%, Al_2O_3 15—18%, CaO und MgO 1—5%, K_2O und Na_2O 7—10% (meist mehr K als Na). Prozentualer Mineralbestand: Feldspäte bis 60%, Quarze zwischen 30—35%.

Vorkommen: allgemein verbreitet.

Als Abarten lassen sich unterscheiden:

a) Augitgranit: führt neben oder an Stelle der Hornblenden und des Biotits Augite (Pyroxene).

b) Alkaligranit: alkalische Hornblende und Augite (siehe Arfvedsonit), Akmit.

c) Biotitgranit (alte Bezeichn. Granitit): hat nur Biotit (keinen Muskovit oder Lithionit).

d) Greisen: ein pneumatolytisch — also durch Gase — veränderter Granit, so daß aus Feldspäten Quarze, aus Muskovit durch Umwandlung Lithionglimmer geworden sind. Wichtig als Zinnerzträger.

e) Granulit: aus Granit entstandene Abwandlung eines Gesteins, welches im wesentlichen nur aus Quarz und Feldspat besteht, oft mit Granat, Disthen oder Turmalin.

f) Hornblendegranit: enthält neben oder statt Biotit als dunklen Gemengteil noch Hornblende.

g) Muskovitgranit: ist biotitfreie, meist kontaktnahe Bildung eines normalen Granites.

h) Rapakiwigranit: ist ein Hornblende-Biotit-Granit mit relativ großen rötlich bis rötlichbraunen Orthoklasen, umgeben von einem grünen bis grauen Oligoklas, so daß besonders schöne Farbgegensätze auftreten. Heimat des Rapakiwigranits ist Finnland.

i) Zweiglimmergranit: hat neben dem Biotit auch noch Anteile von Muskovit.

Grauwacke: sandsteinähnliches Sediment mit Trümmern anderer Gesteine, Quarz, Feldspat, Glimmer und Chlorit. **(2a)**. Farbe graubraun. Im Alpenraum: grobe konglomeratische Ausbildung als Nagelfluh bezeichnet. Abarten: konglomeratische, körnige und schiefrige Grauwacken.

Kalkstein: ein aus Ca-Karbonat bestehendes chemisches, anorganisches oder organogenes Sedimentgestein, von oolithischer bis ganz dichter Ausbildung, alle Stufen möglich, teils mit Tierresten oder ganz aus Schalenresten bestehend. Alle Farbnuancen durch verschiedene Zusätze möglich, meist weiß bis grau, auch bunt. Dick- bis feinbankig, wichtiger Baustoff, sowohl für Mauerwerk, wenn fest und dickbankig, als Platten poliert für Innenausbau, in reiner Form chem. Verwendung, durch Druck und Hitze in Marmor übergehend, Vorkommen massenhaft, Verwendung sehr vielseitig, verschiedenartige Ausbildungen, als Kalktuffe, als Erbsen- u. Sprudelstein, kalkiger Rogenstein = Kalkoolith, mit Sand gemengt als Kalksandstein, Kalksinter als Travertin bekannt, als Korallenkalke verfestigte Reste kalkhaltiger Schalentiere. Als Mineral = Kalkspat (wasserklare Kristalle = Doppelspat). Gruppe **(2)** (Vgl. Tafel XV, 4, S. 175.)

Kaolin: ein aus feldspathaltigem Magmagestein entstandenes Verwitterungsprodukt, seltener metamorph-hydrothermal gebildet, Rohstoff für Porzellanherstellung, weißlich bis grau.

Keratophyr: grünlichgraues, altes Ergußgestein, Oberflächenausbildung des Alkalisyenits, quarzreiche Ausbildung als Quarzkeratophyr. **(1f)**

Kieselgesteine: bestehen vorwiegend: 1. aus Quarz selbst, wie Quarzite, Quarzsandsteine u. Kieselschiefer, also feste Ausbildung, und 2. als lockere Ausbildung, wie Kieselgur, Kieseloolith, Kieselsinter.

Klingstein: siehe unter Phonolith.

Konglomerat: (lat. conglomerare = zusammenbacken): grobkörniges, klastisches Gestein, durch Kieselsäure oder Kalk verkittete Trümmer, mehr oder weniger abgerollt; Gegensatz dazu die eckigen Gesteinstrümmer, verfestigt als Brekzie (oder Breccie) bezeichnet. (Vgl. Tafel XV, 2, S. 175.)

Kontaktmetamorphose: Gesteins- und Mineralumwandlung durch Einwirkung von Druck und Hitze in der Umgebung erstarrender Gesteinsschmelzen.

Kristalline Schiefer: versteinerungsfreie, sedimentähnliche kristalline Gesteine, durch Metamorphose entstanden, Unterscheidung in 3 Typen: a) Gneise (siehe S. 181), b) Glimmerschiefer (siehe S. 181) = schiefrige Gemenge von Quarz und Glimmer, c) Phyllite (Tongesteine mit Blätterstruktur). Alle drei genetisch sowohl aus magmatischem wie sedimentärem Material gebildet. Struktur durchweg schiefrig, also eine parallel gerichtete Struktur, bei lokaler Mineralanhäufung ist die Struktur auch flaserig und knotig (Knotenschiefer).

a) Gneise (vgl. bei Granit, S. 181): Meso- bis Katazone.

b) Glimmerschiefer: Paragesteine, gegenüber Gneisen wenig oder kein Feldspat. Hauptbestandteile Glimmer und Quarz, stärker umgewandelte Phyllite: Mesozone.

Abarten: Biotit-, Muskowit-, Paragonitglimmerschiefer; Granatglimmerschiefer, Staurolithglimmerschiefer, Disthenglimmerschiefer, Hornblendeglimmerschiefer, Epidot- und Chloritglimmerschiefer.

c) Phyllite: in der Epizone aus tonigen Sedimentgesteinen gebildet, sehr feinkörnig, Sericit, Quarz, Chlorit als wichtigste Mineralien, seidigglänzend, sehr häufig.

Mineralbestand: 1. Tiefste Zone = Kata-Zone: Feldspat, Olivin, Diopsid, Wollastonit, Jadeit, Vesuvian, Korund, Cordierit, Sillimanit, Graphit. 2. Zwischenzone: von Meso- bis Kata-Zone: Augit, Biotit, Plagioklas, Anorthoklas, Orthoklas, Skapolit. 3. Mittlere Zone (Meso-Zone): Muskovit, Na-Augit, Na-Hornblende, Tremolit. 4. Zwischenzone (von Meso- bis Epi-Zone:) Feldspat (Albit), Glimmer, Sprödglimmer und Margarit, Aktinolith, Staurolith, Epidot, Zoisit. 5. Epi-Zone = Obere Zone: Serizit und Talk, Serpentin, Chlorit, Hornblende (Glaukophan und Anthophyllit). 6. In allen Zonen: Quarz, Granat, Kalkspat, Dolomit, Feldspat (Albit und Oligoklas), Hornblende, Magnetit.

Beispiele für die Gesteinsumwandlung

Ausgangsgesteine	Metamorphite
1. Granite, Diorite, Syenite	1. Granit-, Diorit-, Syenitgneise
2. Gabbros, Basalte	2. Eklogite, Amphibolite, Grünschiefer
3. Peridotite, Pikrite	3. Olivinfelse, Talkschiefer, Serpentinfelse
4. Konglomerate	4. Geröllgneise, Geröllphyllite u. a.
5. Sandsteine und Kieselgesteine	5. Quarzite, Quarzphyllite
6. Kalksteine	6. Marmore
7. Kalkmergel	7. Granatamphibolite

Lakkolith: meist kuppelförmig aufgewölbte Magmastöcke, bei denen die Intrusivmassen seitlich in die Schichtpakete eindringen. Sie haben meist einen stielartigen Zufuhrkanal, so daß das Gesamtbild pinienartig ist. Gegensatz dazu ist der Batholith, der keinen Zufuhrkanal erkennen läßt.

Lava: (lat. „lavare“ = waschen bzw. überschwemmen) die mehr oder weniger zähe bis dünnflüssige Gesteinsmasse des Magmas, welche an rezenten Vulkanen auf die Erdoberfläche austritt.

Lehm: durch Eisenverbindungen, gelb bis braun gefärbtes Tonsediment mit sandigen Beimengungen, für Ziegel und auch für die Töpferei direkt verarbeitbar. Vgl. Ton, S. 190.

Liparit: (Name stammt von der ital. Inselgruppe und bedeutet griech. „liparos“ = glänzend, da das Gestein wegen seiner Farbe hell erscheint): das Material unterscheidet sich vom Quarzporphyr durch das jüngere geologische Alter (Tertiär und jünger). Eine andere Bezeichnung ist Rhyolithe. Ergußform der Granite.

Mineralbestand wie Quarzporphyr:

a) Liparite (oder Rhyolithe) führen Kalifeldspat, Quarz, Plagioklase (Oligoklas) und wenig Biotit als Einsprenglinge in einer sehr feinkörnigen bis glasigen, weißen, grauen, blaßrötlichen Grundmasse.

b) Als vulkanische Gläser (bei sehr rascher Erkaltung) treten auf Obsidian, Pechstein und Bimsstein. Obsidian = kompakte Gläser, Bimsstein = schaumige Gläser.

Vorkommen: Ostalpen (Graz), Siebenbürgen, Ungarn, Italien (Liparische Inseln), Nordamerika (Nordwesten).

Löß: durch Wind abgelagertes, feinkörniges, kalkreiches und daher sehr fruchtbares gelbliches Sediment. **(2a)**

Magma: Gesteinsschmelze (rezent als Lava in Schildvulkanen von Hawaii).

Magmatische Gesteine: siehe Erstarrungsgesteine.

Mandelstein: Texturbezeichnung für poröse bis blasige Ergußgesteine, Hohlräume oft durch Achat u. a. Mineralien ausgefüllt. **(1f)**

Melaphyr: (griech. „phyrein“ = besprengen, und „melas“ = schwarz, dunkel) altes Eruptivgestein, dunkel, basisch, zur Basaltfamilie gehörig (den Olivindiabasen entsprechend). Farbe: schwärzlich bis rötlich dunkel, Struktur: dichtes, massiges Gestein, bräunliche Glasmasse.

Mineralbestand: Plagioklas, Augit, Olivin, Erzminerale.

Ausbildung: Gänge, Decken und Stöcke mit den Zufuhrkanälen, z. T. blasenreich, Hohlraumausfüllung als Melaphyr-Mandelstein. **(1f)**

Mergel: tonig-kalkiges Sediment, oft locker; man unterscheidet Tonmergel, Kalkmergel, Mergelschiefer.

Metamorphose: siehe Kontaktmetamorphose. **(2a)**

Metamorphe Gesteine: auch Metamorphite genannt, durch Hitze und Druck umgewandelte Gesteine verschiedenster Herkunft. **(3)**

Muschelkalk: mittlere Abteilung der germanischen Trias, Kalksedimentfolge, mit Meeresfauna, sehr verbreitet in Mittel- und Westeuropa (Thüringen, Franken, Lothringen, Schwarzwald und Schwaben).

Natron-reiche Gesteine = durch Na-Reichtum gekennzeichnete Gesteine (auch „atlant.“ Sippe genannt). Häufig Nephelin, Na-Augit (Ägirinaugit, Ägirin), Na-Hornblende (z. B. Arfvedsonit, Riebeckit u. a.) führend.

Nephelin-Syenit: = das Mineral Nephelin enthaltendes Tiefengestein, Na-reich. **(1a)**

Nephrit = dichte, filzige Abart des Aktinolithes, äußerst zäh (Steinbeile), nierig, grünlich, gefleckt. Vorkommen u. a. Radautal im Harz.

Obsidian: Gesteinsglas, bzw. feinkristalline Entglasungsprodukte, dunkel, oft in Verbindung mit Liparit anzutreffen. Bruch muschelig, z. T. als polierfähiges Material zu schwarzem Schmuck verarbeitet.

Oolithische Gesteine = siehe Erbsenstein; Rogenstein. Ausbildungsweise bedeutender Erzträger (Minette, Chamosit, Thuringit). **(2)**

Organogene Sedimente = siehe Ablagerungsgesteine.

Ortho-Gesteine = kristall. Schiefer, die aus magmatischen Gesteinen durch Metamorphose entstanden (z. B. Ortho-Gneis aus Granit). **(3a)** Siehe auch Para-Gesteine.

Para-Gesteine = kristall. Schiefer, die aus Sediment durch Metamorphose aus Tonschiefer entstanden (z. B. Para-Gneis). **(3b)**

Pechstein = saures Gesteinsglas mit feinkörnigen Einschlüssen

Pegmatit = zu deutsch Riesenkorngestein, Ganggestein, z. B. in Graniten, oft mit schönen Mineralien angefüllt (Feldspat, Turmalin, Apatit, Topas, Beryll usw.). Spaltungsprodukt. **(1c)**

Pelit, Psammite und **Psephite:** Gliederung der mechanischen Sedimente nach der Korngrößenzusammensetzung: siehe unter Ablagerungsgesteine, S. 174

Peridotit = ultrabasisches Tiefengestein, dunkel, schwer, häufig bedeutsamer Erzträger (Chrom, Platin), aus Eisen-Magnesia-Silikaten aufgebaut. **(1a)**

Phonolith = Klingstein: Ausbruchsgestein der alkalisyenitischen Magmen (Nephelin-Leucit-Syenite!). Name von griech. „phoné" = Laut, Klang, „lithos" = Stein, daraus „Klingstein". Farbe: grau bis grünlich, auch bräunlich.

Mineralbestand: Orthoklas-Feldspat (Sanidine!) und Nephelin. Ferner Leucit und als dunkle Komponente Na-Augit. Grundmasse sehr dicht, grünlich-grau, typisch als fettglänzend zu bezeichnen (besonders charakteristisches Merkmal).

Nebenbestandteile: Apatit, Titanit, Granat (Melanit), Zirkon u. a. m. An Stelle von Nephelin tritt öfter Hauyn, Nosean oder auch Sodalith. Eine weitere aus dem Mineralbestand herrührende charakteristische Eigenschaft des Phonoliths ist die Tatsache, daß bei Behandlung mit HCl (auch schon verdünnt) durch Einwirkung auf den Nephelin eine gallertartige Masse entsteht. Als weiteres Kennzeichen ist zu nennen, daß bei angewittertem Gestein die Außenrinde weißlich (wie schimmlig) grau überzogen erscheint (z. T. auch sekundäre Zeolithbildung vorhanden).

Phyllit: (von griech. „phyllon" = Blatt): ein durch Metamorphose aus Tonschiefer entstandenes, feingewelltes, blätterartig gefaltetes Gestein. Materialkomponente für Seidenglanz: Sericit-Schüppchen, die fein gefaltet erscheinen. In der Epizone gebildet. Vgl. Kristall. Schiefer. **(3)** (Vgl. Tafel XVI, 1, S. 176).

Plutonite: andere Bezeichnung für die Tiefengesteine, die man in folgende Hauptfamilien untergliedern kann: Granit und Quarzdiorit, Syenit, Diorit, Gabbro. Vgl. dieselben, S. 152/54.

Porphyr: (Name von griech. „porphyreos" = purpurfarbig, hergeleitet von der Farbgebung des in Ägypten auftretenden Porphyrits): geologisch älteres (vortertiäres) Ausbruchsgestein, zur Familie der Syenite gehörend, sauer, hell, bis 70% Kieselsäure.

Porphyrisch heißt ein Gesteinsgefüge, wenn in einer dichten, kleinkörnigen bis mikrokristallinen Grundmasse einzelne Einsprenglinge liegen. Die dem Syenit entsprechenden Porphyre bezeichnen wir als Porphyr im engeren Sinne, während die vom Diorit abgeleiteten Porphyre als Porphyrit (Ergußgestein) oder als Dioritporphyr (aschistes Ganggestein) bezeichnet werden.

Farben: verschiedenfarbig, meist rot bis gelbrot.

Mineralbestand: Feldspat, Quarz, Glimmer. An Feldspat Plagioklas oder Orthoklas. Ein dunkler Gemengteil ist stets vorhanden, entweder Hornblende oder Biotit oder Augit.

Varietäten: Vom Quarzdiorit abgeleitete Porphyre und Porphyrite sind unter anderem:

1. ältere Gesteine: Quarzporphyrite, Albitophyre, Porphyrite, Labradorporphyrit, Augitporphyrit.
2. Vom Alkalisyenit abgeleitete Porphyre sind: Keratophyr (Oberflächengestein) und Rhombenporphyr (Ganggestein).

Vorkommen: Südlicher Harz (Porphyrit), Nahe-Saar-Gebiet, Thüringer Wald, bei Dresden (Hornblende- bzw. Glimmerporphyrit), Bozen, u. a. m.

Bemerkenswert ist der berühmte „Schwarze Porphyr" des Altertums vom Roten Meer, mit dunkelroter Grundmasse und schwarzen Einsprenglingen der Hornblende (Porfido rosso antico).

Porphyrit = siehe Porphyr

Porzellanerde = siehe Kaolin

Prüfung der Gesteine = siehe Gesteinsprüfung

Quarz = weitverbreitetes, gesteinsbildendes Mineral in vielfältigen Variationen

Quarzit = Bezeichnung für a) metamorphen Quarzsandstein oder
b) durch Quarzzement verkitteten Sand (z. B. Braunkohlenquarzit = Rohstoff für Silikatsteine). **(2a)**

Quarzporphyr als altes Ergußgestein der Granitfamilie ist sowohl chemisch als auch bezüglich des Mineralgehalts dem Granit ähnlich. Struktur ist porphyrisch. Mineralbestand: Orthoklas (rot), Plagioklas (weiß) und Quarz. Biotit (auch als Einsprenglinge), Hornblende (auch Enstatit). Einsprenglingsfrei = Felsitfelse. Vorkommen: Odenwald (Gr. Umstadt), Thüringen, Sächs. Erzgebirge, Harz, Schwarzwald, Vogesen, Nahegebiet (Münster am Stein), Südtirol (Bozen), ital. Schweiz (Lugano). (Vgl. Taf. XIV, 6, S. 158).

Rhyolith = sehr kieselsäurereiches jungvulkan. Gestein, der Porphyrgruppe verwandt, oft glasig. **(1e)**

Rogenstein = siehe Erbsenstein, Kalktuff.

Sandstein = aus feinen bis groben Sandkörnchen bestehende, durch Bindemittel wie Quarz, Kalk, Ton, Eisenoxyd verfestigte Sedimente. Baustein, farbenreich. **(2a)** (Vgl. Taf. XV, 3, S. 175).

Saure Gesteine = Erstarrungsgesteine, die sich durch hohen Kieselsäuregehalt auszeichnen, wie Granit, Quarzporphyr, Liparit.

Sedimentgesteine = siehe Ablagerungsgesteine.

Schiefer = nach einer oder mehreren Ebenen (Griffelschiefer!) gut spaltbare, metamorphe Gesteine, Sammelbegriff.

Schieferton = aus feinstem Korn bestehende, meist dunkle Gesteine, schiefrig, zu den Sedimentgesteinen zu zählen; bei größerer Festigkeit Tonschiefer genannt (Schiefertafel, Dachschiefer). **(2a)**

Serpentin = Mineral, auch gesteinsbildend, oft faserig, zu Asbest zerfallend.

Sonnenbrenner: Basalt, der durch Gehalt an fleckig verteiltem Nephelin, der zu Analcim verwittert, zur Zersetzung neigt.

Spaltungsgestein = auch Ganggestein genannt, in Gängen meist Tiefengesteine durchsetzend, feinkörnig, chem. mit ihnen ähnlich; wenn nicht, dann Pegmatite oder Aplite usw. (chemisch abgespalten). **(1c)**

Sprudelstein = siehe Erbsenstein, Kalktuff.

Syenit = die zweite Hauptfamilie der hellen, sauren Tiefengesteine. Körniges Gestein, meist mit Feldspat (Orthoklas) und Hornblende. Quarz ganz wenig oder gar nicht. An Stelle von Hornblende kann auch Augit oder Biotit auftreten. Daher die Modifikation als

a) Hornblendesyenit
b) Augitsyenit
c) Biotitsyenit
d) Alkalisyenite (haben höheren Na-Gehalt und sind nur an Augit und Hornblende gebunden)
e) Eläolithsyenite (e und f sehr alkalireich, Tiefengesteinsfazies der Phonolithe)
f) Leucitsyenite. (Vgl. Taf. XIV, 1, S. 158).

Die chemische Unterscheidung kennzeichnet die Gruppen I, II u. III als Kalisyenitische Familie und Gruppe IV als Natronsyenitische Familie (oder Foyaitisches Magma).

I. Als Tiefengesteine: a) ohne Feldspatvertreter: Gewöhnl. Syenit (m. Hornblende u. Augit), Monzonit-Syenit (Plagioklas u. Augit), Biotitsyenit (nur dunkel), Nordamerika (wie normal. Syenit u. Ägirin); b) mit Feldspatvertreter: Leucitsyenit, Orthoklas-Nephelin-Syenit, Biotit-Nephelin-Syenit.

II. Als Ganggestein: Syenitporphyre u. Leucitporphyre (als Syenitaplite bzw. Lamprophyre bes. der Vogesit u. die Minette.

III. Als Ausbruchgestein: Vulkan. Gläser, Trachyte (ohne Feldspatvertreter), Leucit-Trachyt u. Leucit-Phonolithe bes. Leucite!), Sanidinite (nur mit Sanidin u. Kalifeldspat), Trachyandesite (Plagioklas), Leucitite (fast feldspatfrei), Porphyre i. e. S.) = Leucit-Rhombenporphyre.

IV. Natronsyenitische Gesteine: 1. Als Tiefengesteine: ohne Feldspatvertreter: Na-Syenit m. Alkali-Feldspäten, Pulaskit (helles Gestein), Laurvikit (Alkalifeldspat u. Augit), Albitsyenit (bes. Albit); b) Mit Feldspatvertreter: allgemeine Foyaite, Nephelin-Syenite (Nephelin), Ijolithe (m. Nephelin, Ägirin u. Augit). 2. Als Ganggesteine: Alkali-Aplite u. Alkali-Lamprophyre, Na-Syenite od. Nephelin-Syenit-Porphyre. 3. Als Ausbruchsgesteine: Vulkan. Gläser (wie bei Kalisyenit, selten), Phonolithe (m. Feldspatvertreter) Na-Trachyte (als Augit Ägirin), Nephelinite (feldspatfreie Gesteine), Olivin-Syenite (wie Nephelinite) = ältere Keratophyre, aus Syenit-Magma stammend.

Vorkommen:

1. Alkalisyenite: häufig in Norwegen, daher auch Lokalnamen wie Pulaskit, Nordmarkit und Laurvikit
2. Augitsyenit (Monzonit): Südtirol (Monzoni)
3. Hornblendesyenit: Sachsen (Plauenscher Grund), Norwegen (Bereich Oslo), Italien (Piemont)
4. Orthoklasporphyre (auch Orthophyr genannt): Thüringen, Vogesen
5. Trachyt: Rheinland (Siebengebirge, Laacher See), Odenwald, Westerwald, Österreich (Steiermark), Auvergne (Puy de Dôme), Italien (Capri, phlegräische Felder), Hawaii (Trachytgläser)
6. Keratophyre: Fichtelgebirge, Harz, Lahn-Dill-Gebiet
7. Eläolith-Syenite = Foyaite (Eläolith-Nephelin)
8. Phonolithe: Hegau, Eifel, Kaiserstuhl, Böhmen, Lausitz, Colorado/USA

Talk = gesteinsbildendes Mineral, dicht als Speckstein, im Talkschiefer, technisch verwertbar.

Tiefengestein = magmatisches Gestein, das langsam unter einer deckenden Schicht (etwa Sedimenten) erstarrte; auch Plutonit genannt. **(1a)**

Ton = Sediment, feinkörnig, verformbar, zu harten Kunststeinen brennbar. Mineralbestand: Tonminerale wie Kaolinit, Montmorrillonit, Halloysit usw., Quarz, und hellen Glimmer als Verwitterungsrückstände. Reiner, weißer Ton = Kaolin.

Tonschiefer: ist ein durch Druckwirkung geschieferter Ton, meist gut spaltbar und oft kohlenstoffhaltig, daher schwarz. Vorkommen im Erzgebirge, Thüringer Wald, Harz, Rhein, Schiefergebirge, auch Sachsen (Vogtland) u. a. m. (Vgl. Taf. XV, 5, S. 175).

Trachyt: (von griech. „trachys" = rauh), junges Ergußgestein, Ergußform des Tiefengesteins Syenit. Starke Porosität, daher auch rauh (Namengebung). Farbe: helles Grau bis rötlich-grau. Chemismus: wie bei Syenit.

Vorkommen: sehr verbreitet, Niederrhein-Gebiet (Siebengebirge, Laacher See), Odenwald, Westerwald, Österreich (Steiermark), Frankreich (Auvergne, Puy de Dôme), Italien (Ischia, phlegräische Felder), Hawaii (Lavagläser von Trachytmaterial). **(1e)** (Vgl. Taf. XIV, 5. S. 158).

Bautechnische Verwendung siehe S. 182/183.

Trapp: junges Eruptivgestein, Farbe braunschwarz, Mineralbestand: Augit, Hornblende, Plagioklas, Olivin z. T. Erze.

Traß: (von ital. „terrazzo" = Terrasse): lagerartig auftretendes vulkanisches Trümmersediment (Asche). Gelb, grau oder braungefärbter Bimssteintuff. Vorkommen: Rheintal (Brohl, Andernach u. a. m.).

Travertin: Kalksintergestein. Schöner Baustoff für Dekorationsplatten, jedoch in feuchten Klimaten oft nicht witterungsbeständig! (In älterer Literatur auch als „Kalktuff" bezeichnet.)

Tuff: Absatzgesteine vulkanischer Herkunft, aus vulkan. Aschenbestandteilen, Bomben, Lapilli u. a. Lockerprodukten entstanden (z. B. Diabastuffe, Porphyrtuffe, Traß als Bimssteintuff).

Tuffite = metamorphe Tuffe oder mit nichtvulkanischem Material vermengte Tuffe. **(1d—f)**

Ultrabasische Gesteine = schwere, dunkle Erstarrungsgesteine, deren SiO_2-Gehalt nur noch an Magnesium-Eisensilikate gebunden ist (Peridotite, z. B. Dunit, Harzburgit, Lherzolith, Wehrlit, Kimberlit, Pikrit).

Urgesteine = nicht mehr üblicher Ausdruck für „älteste" Gesteine. Heute spricht man von Gesteinen des Grundgebirges.

Vulkanite = siehe Ergußgesteine.

Zellenkalke = Absatzgesteine, die sich durch ihr poröses Gefüge auszeichnen (Auslaugung), auch Z.-Dolomite.

Schrifttumverzeichnis

Stand 1960–1965
(Geordnet nach 4 Fachbereichen: a) **Geologie**, b) **Mineralogie**, c) **Petrographie**, d) **Edelsteinkunde**)

a) Geologie

1. Anderson, E.: Sedimentation, Prentice-Hall, New York 1950
2. Anderson, E.: The Dynamics of Faulting, Oliver & Boyd, Edinburgh 1951
3. Ashgirei, G. D.: Strukturgeologie, 1964
4. Bentz, A.: Lehrbuch d. angew. Geologie (Sammelwerk), Enke, Stuttgart 1961
5. Billings, M. P.: Structural Geology, Prentice-Hall, New York 1950
6. Compton, R. R.: Manual of Field Geology, New York 1962
7. Daly, R. A.: Strength and Structure of the Earth, Prentice-Hall, New York 1940
8. Dapples, E. C.: Basic Geology for Science and Engineering, 1959
9. Faul, H.: Nuclear-Geology, Wiley & Sons, New York 1954
10. Forrester, J. D.: Principles of Field and Mining Geology, Wiley & Sons, New York 1946
11. Friedensburg, F.: Die Bergwirtschaft d. Erde, Enke, Stuttgart 1956
12. Geikie, J.–Campball, R.: Structural and Field Geology, Oliver & Boyd, Edinburgh 1953
13. Huebner, W.: Geology and Allied Science, Geol. Dictionary, 1939
14. Kayser, E.–Brinkmann, R.: Abriß der Geologie, 1965/66. Bd. 1. Allgem. Geologie, Enke, Stuttgart.
15. Keil, K.: Ingenieurgeologie und Geotechnik, 3. Aufl. 1959.
16. King, L. C.: The Morphology of the Earth, Oliver & Boyd, Edinburgh 1961
17. Kober, L.: Der Bau d. Erde, Bornträger, Berlin 1928
18. Lahee, F. H.: Field Geology, McGraw Hill, New York 1941, 1952
19. Lindgren, W.: Mineral Deposits, McGraw Hill, New York 1933
20. Longwell, C. R.–Knopf, A.–Flint, R. F.: Physical Geology, Wiley & Sons, New York 1948
21. Longwell, C. R.–Flint, R. F.: Introduction to the Physical Geology, Wiley & Sons, New York 1955
22. Lotze, F.: Stein- und Kalisalze, Bornträger, Berlin 1957
23. Mason, B.: Principles of Geochemistry, Wiley & Sons, New York 1952
24. Mc-Kinstry, E. H.: Mining Geology, 1948
25. Meisner, M.: Weltmontanstatistik bis 1939, Enke, Stuttgart
26. Mohr, F.: Gebirgsmechanik, 1963
27. Moore, C. A.: Handbook of Subsurface Geology, New York 1963
28. Petrascheck, W.–Petrascheck, W. E.: Lagerstättenlehre, Springer, Wien 1950
29. Rankama, K.–Sahama, G.: Geochemistry, University-Press, Chicago 1950
30. Rankama, K.: Progress in Isotope Geology, New York 1963
31. Read–Watson: An Introduction to Geology, 1962
32. Ries, H.: Economic Geology, Wiley & Sons, New York 1950
33. Ries, H.: Elements of Economic Geology, Wiley & Sons, New York 1950
34. Ries, H.–Watson, T. L.: Engineering Geology, Wiley & Sons, New York 1950
35. Ries, H.–Watson, T. L.: Elements of Engineering Geology, Wiley & Sons, New York 1950
36. Ritchie, A. S.: Chromatography in Geology, 1964
37. Ruschin (Schüller): Grundzüge d. Lithologie, Akad. Verlags-Anstalt, Berlin 1958
38. Särchinger, H.: Geologie u. Gesteinskunde, Berlin 1958
39. Sammelwerk: Taschenbuch d. Geologie, Entwicklungsgesch. d. Erde, Hanau 1962
40. Scheffer, F.: Bodenkunde, Enke, Stuttgart 1952
41. Scheidegger, A. E.: Theoretical Geomorphology, 1961
42. Schultz, J. R.–Cleaves, A. B.–Yoder, E. J.: Geology in Engineering, New York 1955
43. Schumann, H.: Grundlagen des geologischen Wissens für Techniker, 1962
44. Schumann, W.: Steine und Mineralien, München 1972
45. de Sitter, L. U.: Structural Geology, London-New York 1956
46. Twenhoefel, W. H.: Principles of Sedimentation, 1950
47. Wagner, G.: Erd- u. Landschaftsgeschichte, Verlag F. Rau, Öhringen 1960
48. Washington, H. S.: Chemical Analysis of Igneous Rocks, Washington 1917
49. Washington, H. S.–Clarke, F. W.: The Composition of the Earth, Washington 1924
50. Winkler–Hermaden, A.: Geologisches Kräftespiel u. Landformung, Wien 1957

b) Mineralogie

51. Correns, C. W.: Einführung in die Mineralogie, Kristallographie und Petrologie, Springer, Berlin 1968
52. Clarke, F. W.: Data of Geochemistry, Washington, U. S. Govt. Office. 1924
53. Dana's System of Mineralogy, by Palache, C., Berman, H. and Frondel, Cl.: New York 1944/1951
54. Dana–Hurlbut, S.: Manuel of Mineralogy, Wiley & Sons, New York 1952
55. Dana–Hurlbut, S.: Minerals and how to study them. Wiley & Sons, New York 1949
56. Deer, W. A.–Howie, R. A. and Zussman, J.: Rock-Forming-Minerals, 5 Bde., 1962–64
57. De Mille, J. B.: Strategic-Minerals, 1947
58. Dolbaer, S. H. (Chairman): Editorial-Board: Industrial Minerals and Rocks 1949
59. Ford, W. E.: Dana's Textbook of Mineralogy, Wiley & Sons, New York 1951
60. Hawkes, H., and Webb, J.: Geochemistry in Mineral Exploration, New York 1962
61. Hey, M. H.: An Index of Mineral Species and Varieties, arranged Chemically, 1950
62. Hiller, L. E.: Die Mineralischen Rohstoffe, Schweizerbarth, Stuttgart 1962
63. Jung, H.: Grundriß der Mineralogie u. Petrographie, 3. Aufl. 1960
64. Killian, J.: Der Kristall, Verlag K. H. Bischoff, Wien 1937
65. Kleber, W.: Tabellen zum Bestimmen von Mineralien, Bouvier, Bonn 1948
66. Klockmann–Ramdohr: Lehrb. d. Mineralogie, Enke, Stuttgart 1966
67. Kraus, E. H., Hunt, W. F., u. Ramsdel, L. S.: Mineralogy, 1951

68. Ladoo, R. B. and Myers, W. F.: Non-Metallic Minerals, 1951
69. Lieber, W.: Der Mineraliensammler, Thun-Schweiz 1966
70. Lindgren, W.: Mineral deposits, McGraw Hill, New York 1933
71. Lovering, T. S.: Minerals in World Affairs, Prentice-Hall, New York 1944
72. Leutwein, F.: Allgemeine Mineralogie, Freiberg/Sachsen 1960
73. Machatschki, F.: Grundlagen d. allgem. Mineralogie u. Kristallchemie, Springer, Wien 1946
74. Mason, B.: Meteorites, New York 1962
75. Maucher, A.: Die Lagerstätten des Uran, 1962
76. Phillipsborn, H.: Erzkunde, Stuttgart 1964
77. Pough, F. H. A.: A Field Guide to Rocks and Minerals, Cambridge 1954
78. Ramdohr, P.: Die Erzmineralien und ihre Verwachsungen, 1950
79. Ronner, F.: Systematische Klassifikation der Massengesteine, Berlin 1963
80. Rösch: Petrograph. Aufbau der Erdkruste, Berlin 1933
81. Simpson, E. S.: A Key to mineral groups, species and varieties, Chapman & Hall, London 1932
82. Schneiderhöhn, H.: Lehrb. d. Erzlagerstättenkunde, Stuttgart 1962
83. Schumann, H.: Einführung in die Gesteinswelt, 3. Aufl., 1961
84. Struntz, H.: Mineralogische Tabellen, Leipzig 1966
85. Stutzer, O.: Die wichtigsten Lagerstätten der Nichterze, Bornträger, Berlin 1923-1935
86. Taggert, F. A.: Handbook of Mineral Dressing, McGraw Hill, New York 1947
87. Wahlstrom, E. E.: Petrographic Mineralogy, Wiley & Sons, New York 1955
88. Wooster, W. A.: A Textbook on cristal physics, Cambridge 1938
89. Weinschenk, E.: Petrograph. Vademecum, Herder, Freiburg 1924

c) Petrographie

90. Barth, T. F. W.: Theoretical Geology, Wiley & Sons, New York 1952
91. Barth, T. F. W., Correns, C. W.—Eskola, P.: Die Entstehung d. Gesteine, Springer, Berlin 1939
92. Bateman, A. M.: The Formation of Mineral Deposits, Wiley & Sons, New York 1950
93. Bateman, A. M.: Economics Mineral Deposits, Wiley & Sons, New York 1950
94. Bauer, J.: Der Kosmos-Mineralienführer, Stuttgart 1972
95. Boecke, H. E.—Eitel, W.: Grundlagen d. phys.-chem. Petrographie, Springer, Berlin 1923
96. Beyschlag, F.—Krusch, P.—Vogt, J. H. L.: Die Lagerstätten d. nutzb. Mineralien u. Gesteine bis 1938, Enke, Stuttgart
97. Börner, R.: Taschenbuch der Werksteinkunde, Verlag W. Schmitz, Gießen, 1955/56
98. Börner, R.: Minerals, Rocks and Gemstones (erweit. engl. Ausgabe), Oliver & Boyd, Edingburgh 1962
99. Börner, R.: Wat is dat voor een steen? W. J. Thieme & Cie, Zutphen-Holland
100. Buddington, A. F.: Petrologic Studies, New York, Geol. Soc., 1962
101. Carozzi, A. V.: Microscopic sedimentary petrography, 1960
102. Dammer, B.—Tietze, O.: Die nutzbaren Mineralien, Enke, Stuttgart 1927/28
103. Dienemann, W.—Burre, O.: Die nutzbaren Gesteine Deutschlands und ihre Lagerstätten, Enke, Stuttgart 1928/29
104. Dragunas, A.: Creating Jewelry, Harper & Brothers, New York 1947
105. Evans, E. K.: The Adventure Book of Rocks, Capitol-Publish Co., New York 1947
106. Eskola, P.: Kristalle und Gesteine, Springer, Wien 1946
107. Fiedler, H. J.: Lehrbuch der Bodenkunde, 1964
108. Fischer, W.: Gestein- und Lagerstättenbildung, Schweizerbarth, Stuttgart 1961
109. Goldschmidt, V. M.: Geochemische Verteilungsgesetze, Oslo 1923/38
110. Grubenmann, U.—Niggli, P.: Die Gesteinsmetamorphose, Bornträger, Berlin 1924
111. Harker, A.: Metamorphism, Methuen, London 1950
112. Harker, A.: Petrology for students, Univ.-Press., Cambridge 1954
113. Hatch, F. H.—Wells, A. K.—Wells, M. K.: Textbook of Petrology of the Igneous Rocks, Vol. 1: 1950, Vol. 2: 1950, MacMillan, New York
114. Herbig, A.: Der Marmor, Callwey, München 1953
115. Huang, W. T.: Petrology, London 1962
116. Johannsen, A.: A descriptive Petrology of the Igneous Rocks, 1931-1938
117. Kleber, W.: Einführung in die Kristallographie, 7. Aufl. Berlin 1965
118. Köster, E.: Mechanische Gesteins- u. Bodenanalyse, 1960
119. Krumbein and Pettijohn: Manuel of Sedimentary Petrography, 1939
120. Leitmeier, H.: Einführung in die Gesteinskunde, 1950
121. Loomis, F. B.: Field Book of Common Rocks and Minerals, London 1923? G. P. Putnam's Sons, New York
122. Mason, B.: Principles of Geochemistry, 2. Aufl. 1958
123. Milner, H. B.: Sedimentary Petrography, London 1940
124. Pettijohn, F. J.: Sedimentary Rocks, Harper-Brothers, New York 1957
125. Pirson, L. V. and Knopf, A.: Rocks and Rock minerals, 1947
126. Quervain, F. de—Moos, A.: Technische Gesteinskunde, Birkhäuser, Basel 1948
127. Quervain, F. de—Geschwind: Die nutzbaren Gesteine d. Schweiz, Birkhäuser, Basel 1949
128. Sander, B.: Gefügekunde d. Gesteine, Springer, Wien 1950
129. Shand, S. J.: Eruptive Rocks, Murby, London 1949
130. Shand, S. J.: The Study of Rocks, Murby (Allen & Unwin), London 1951
131. Scheumann, K. H.: Petrography, 2 Bde, Fiat Review of German Science, 1939—46, Dietrich'sche Verlags-Anstalt W. Klemm, Wiesbaden 1948
132. Smales, A. A., and Wager, L. R.: Methods on Geochemistry, New York 1960
133. Turner, G. J. and Verhoogen, V.: Igneous and Metamorphic Petrology, McGraw Hill, New York-London 1951
134. Tyrell, G. W.: The Principles of Petrology, Methuen, London 1950
135. Wilke, K.: Methoden der Kristallzüchtung, Berlin 1963

136. Wolff, F. v.: Gesteinskunde — Die Eruptivgesteine, Verlag A. Lang, Pößneck/Thür. 1951
137. Wyckoff, W. G.: Crystal Structures, Vol.: 1, 2. Edit. New York 1963

d) Edelsteinkunde

138. Anderson, B. W.: Gem Testing, Heywood, London 1964
139. Ball, Sidney, H.: A Roman Book on Precious Stones, Los Angeles, 1950
140. Baxter, W. T. and Dake, H. C.: Jewelry Gem Cutting and Metalcraft 1942/43, New York-London, Whittlesey House, Division of McGraw Hill, New York
141. Beard, A.: 5000-Years of Gems and Jewelry, J. B. Lippincott, New York 1947
142. Bolmann, J.: Welcher Edel- oder Schmuckstein ist das? Brill, Leiden 1942
143. Chuboda, K. F.—Gübelin, E. G.: Echt oder Synthetisch, Rühle-Diebener, Stuttgart 1966
144. Dragunas, A.: Creating Jewelry, for Fun and Profit, Harper-Brothers, New York-London 1947
145. Martin, C. J. (Victor Damico): How to make modern Jewelry, The Museum of Modern Arts, New York 1949
146. Mac Fall, R. P.: Gem Hunters Guide, 1951
147. Pearl, R. M.: Mineral Collectors Handbook, 1947
148. Pearl, R. M.: Popular Gemmology, Wiley & Sons, New York 1948
149. Quick, L.: The book of agates and other quartz gems, London 1963
150. Rogers, F. and Beard, A.: 5000-Years of Gems and Jewelry, J. B. Lippincott Co., New York-Philadelphia 1940
151. Schlossmacher, K.: Edelsteine und Perlen, Stuttgart 1969
152. Schwahn: Praktische Edelsteinkunde, erschienen im Marhold-Verlag, Berlin 1963
153. Schwahn, C.: Die praktische Edelsteinkunde, Marhold, Leipzig 1949
154. Shipley, R. M.: Dictionary of Gems and Gemmology, 1951
155. Smith, G. F. H.: Gem Stones, Methuen, London 1962
156. Stutzer, O.—Eppler, W.: Die Lagerstätten der Edelsteine und Schmucksteine, Bornträger, Berlin 1935
157. Webster, R.: Practical Gemmology, N.A.G.-Press, London 1970
158. Wild, G. O.: Praktikum der Edelsteinkunde, Franckh, Stuttgart 1937
159. Wild, G. O.—Biegel, K. H.: Kleiner Wegweiser zum Bestimmen von Edelsteinen, Franckh, Stuttgart 1950
160. Wilkens, Manja: Das Schmuckbrevier, Broschek-Verlag, Hamburg 1961

Anhang

Es muß leider betont werden, daß in den Jahren seit 1935 bis heute von guter fachlicher Literatur nur sehr wenig in deutscher Sprache erschienen ist, so daß heute, in einer rein mengenmäßigen statistischen Übersicht (unter Vernachlässigung der alten Literaturangaben vor 1930!), die englisch-amerikanische Literatur tatsächlich überwiegt. Von den insgesamt 160 Titeln sind rein deutschsprachig (d.h. einschließlich derjenigen von Österreich, Schweiz und Holland) 65 Titel, wogegen 95 Titel auf englische bzw. amerikanische Publikationen kommen. Unsere rein deutsche Fachliteratur ist leider in der Mehrzahl vor 1925 erschienen, also weitestgehend überaltert.

Fachliche internationale Lexika

161. Bailey, D.—Kenneth, C.: An Etymological Dictionary of Chemistry and Mineralogy, 1929
162. Beringer, C.: Geologisches Wörterbuch, 5. Aufl., Stuttgart 1963
163. Chambers Mineralogical-Dictionary, 1948
164. Huebner, W.: Geology and Allied Science, A Thesaurus of Coordination english and german terms, 1939, Vol. 1, Vol. 2 German-English
165. Lenk-Börner: Technisches Fachwörterbuch der Grundstoff-Industrie, Teil 1/Deutsch-Engl. 54
166. Murawski, H.: Geologisches Wörterbuch, 1963
167. Novitzky, A.: Multilingual Mining — Metallurgical — Geological — Mineralogical — Petrographical and Petroleum Dictionary. Englisch, Spanisch, Französisch, Deutsch und Russisch, 1951
168. Pearl, R. M.: Guide to Geologic Literature, 1951
169. Webster's Geographical Dictionary, 1949

Bildwerke

170. Cavenago-Bigami: Gemmologia, 1964, Hoepli, Mailand
171. Feininger: Photographierte Steine, Econ, Düsseldorf 1960
172. Gübelin, Eduard: Edelsteine, Serie Orbis Pictus Bd. 11, Bern 1960, Hallwag
173. Bank, H.: Aus der Welt der Edelsteine, Pinguin-Verlag, Innsbruck und Umschau-Verlag, Frankfurt, 1971
174. Ladurner-Purtscheller: Das große Mineralienbuch, Pinguin-Verlag, Innsbruck und Umschau-Verlag Frankfurt, 1970
175. Metz, R. und Franck, A. E.: Antlitz Edler Steine, Chr. Belser-Verlag, Stuttgart 1963
176. Pieri, Mario: I Marmi d'Italia. Graniti e Pietri ornamentali, 1950, Hoepli, Mailand
177. Pieri, Mario: I Marmi Esteri, 1952, Hoepli, Mailand
178. Scaioni, E.: Les Belles Roches — beaux Christaux, erschienen bei Libraire Larousse, Paris 1958
179. Schnack, Fr.: Schöne Steine und Kristalle, W. Goldmann-Verlag, München 1961/62
180. Seidler, Ned.: Schmuck und Edelsteine, Knaur-Droemer, Bunte Welt, München-Zürich 1964
181. Streckeisen, Albert: Minerale und Gesteine, in Hallwag-Taschenbücher Band 70, Bern, Schweiz 1962
182. Artia-Verlag, Prag: Bildband Edelsteinkunde
183. Fisher, P. T.: Jewels, by B. T. Bartsford, London oder deutsch Das Juwelenbuch, Moderne-Verlags-GmbH.

Sachweiser zu den drei Hauptteilen: Mineralien, Edelsteine und Gesteine

(Die Abkürzungen bedeuten: M = Mineral, E = Edelstein und G = Gestein, sowie F = Farbtafel mit Nummer der Abbildung)
(Zahlen in Klammern: **Nr.** der Mineraltabellen **1–200** der wichtigsten Mineralien [Fettdruck])

A

B

C

D

E

F

G

H

I

J

K

L

M

N

O

T

U

V

W

X

Z

Geh vom Häuslichen aus
und verbreite dich,
so du kannst,
über die ganze Welt.

Auf keine Naturwissenschaft paßt dieses Wort Goethes besser als auf die Geologie, die Wissenschaft vom Bau und Werdegang unserer Erde.

Wenn der Geologe erzählt, daß Gebirge aus dem Meeresschoß aufsteigen und Festländer verschwinden, daß früher ganz andere Tiergeschlechter gelebt haben als heute, und daß der Stein in meiner Hand steingewordene Spuren von kriechenden Würmern einer seit undenklichen Zeiten verflossenen Periode enthält – das sollen wir ihm glauben? Kein Mensch ist Zeuge dieser Ereignisse gewesen. Woher will ein Mensch das also wissen? Ist nicht das ganze farbenbunte Gemälde der Erdgeschichte eitel Dunst und Phantasie?

Eine Einführung in geologisches Wissen und Denken darf sich nicht mit der Schilderung der „Erdgeschichte" begnügen, sondern muß versuchen, den Leser den Weg zu führen, den die Forschung ging. Ein Buch allein kann das Ziel der Hineinführung ins Wesen der Erdgeschichtsforschung nicht erreichen – es bedarf mehr dazu: den Willen des Lesers, selbst zu sehen, selbst zu prüfen, selbst weiterzubauen. Es braucht den offenen Sinn des Natur- und Heimatliebenden, den festen Willen des Suchenden, das unermüdliche Auge des immer Wandernden und den prüfenden und sichtenden Verstand des Forschenden.

Mit solchen Überlegungen hat Prof. Dr. Kurd von Bülow das Werk *Geologie für Jedermann* angelegt als erste Einführung in geologisches Denken, Arbeiten und Wissen. Dieses jetzt in zehnter Auflage vorliegende KOSMOS-Volksbuch von der Erde und ihren Kräften und der KOSMOS-Naturführer *Welcher Stein ist das?* ergänzen sich gegenseitig.

Als KOSMOS-Naturführer gibt es außerdem den Band *Welche Versteinerung ist das?* von Prof. Dr. K. Beurlen. Er bringt – mit 790 Illustrationen – Übersicht und Bestimmungsmerkmale der wichtigsten Versteinerungen von Pflanzen und Tieren in den verschiedenen geologischen Schichten.